国家社会科学基金项目"逆全球化背景下中国制造业减税降费效应的综合评价及改进机制研究"（19BJY231）研究成果

逆全球化背景下

中国制造业减税降费效应的综合评价及改进机制研究

NIQUANQIUHUA BEIJING XIA

ZHONGGUO ZHIZAOYE JIANSHUI JIANGFEI XIAOYING DE

ZONGHE PINGJIA JI GAIJIN JIZHI YANJIU

吕久琴 著

中国财经出版传媒集团

经济科学出版社
Economic Science Press
北京

图书在版编目（CIP）数据

逆全球化背景下中国制造业减税降费效应的综合评价
及改进机制研究／吕久琴著 . -- 北京：经济科学出版
社，2024.9. -- ISBN 978 - 7 - 5218 - 6200 - 3

Ⅰ. F426.4；F812.422

中国国家版本馆 CIP 数据核字第 2024R3G771 号

责任编辑：张　燕
责任校对：王肖楠
责任印制：张佳裕

逆全球化背景下中国制造业减税降费效应的综合评价及改进机制研究

NIQUANQIUHUA BEIJING XIA ZHONGGUO ZHIZAOYE JIANSHUI

JIANGFEI XIAOYING DE ZONGHE PINGJIA JI GAIJIN JIZHI YANJIU

吕久琴　著

经济科学出版社出版、发行　新华书店经销

社址：北京市海淀区阜成路甲 28 号　邮编：100142

总编部电话：010 - 88191217　发行部电话：010 - 88191522

网址：www. esp. com. cn

电子邮箱：esp@ esp. com. cn

天猫网店：经济科学出版社旗舰店

网址：http://jjkxcbs. tmall. com

固安华明印业有限公司印装

710 × 1000　16 开　16 印张　250000 字

2024 年 9 月第 1 版　2024 年 9 月第 1 次印刷

ISBN 978 - 7 - 5218 - 6200 - 3　定价：86.00 元

（图书出现印装问题，本社负责调换。电话：010 - 88191545）

（版权所有　侵权必究　打击盗版　举报热线：010 - 88191661

QQ：2242791300　营销中心电话：010 - 88191537

电子邮箱：dbts@ esp. com. cn）

前　　言

　　减税降费作为中国特色的税收政策，对减轻我国制造业企业税费负担、促进其转型升级、激发其创新活力，具有重要的理论意义和政策意义。早期我们团队研究的兴趣点来源于"营改增"及其经济后果，梳理了"营改增"的政策背景以及其对企业绩效、投资等方面的影响，写出了几篇工作论文（working papers）。后来我们关注到了集成电路企业所得税优惠及减免政策、高端装备制造业税收负担与非税负担的差异，分析了政策作用于企业绩效的效果，完成了几篇硕士学位论文的指导工作。

　　在国家社科基金立项之后，团队集中于减税降费政策的综合评价，起初我们收集并梳理了 2008～2018 年中央政府及各部委颁发的 278 项减税降费政策，后来重新整理为 305 项、339 项政策，再后来拓展至 2021 年的 478 项政策，采用文本分析法对政策进行了赋分与综合评价，从异质性视角研究了减税降费在地区、企业特征上的差异。接着从经济波动的视角，分析了减税降费政策作用于制造业企业固定资产投资的机制。在研究了研发费用加计扣除政策、集成电路企业所得税减免等相关案例之后，决定将减税降费政策的经济后果集中于企业研发投资上，经过几篇工作论文的实践、投稿杂志的反馈意见以及参加相关会议获得的修改建议，形成了本书的框架和研究内容。

　　首先，我们从减税降费政策的优惠性入手，分析了减税降费作用于制造业企业研发投资的路径，发现了税费负担的中介作用，进一步研究了企业家信心（包括宏观基本面信心与个体非理性信心）、企业现金持有水平等的渠道机制作用，分析了信贷资金供给、外部资金依赖度以及投资机会的调节机制，然后从生命周期、风险承担水平和产权性质等企业特征方面分析了减税降费激励企业研发投入的效果。其次，从减税降费的"波动性"入手，分析了政策波动作用于企业研发投资的路径，透视了税费负担的中介作用，研究了企业家宏观基本面信心与个体非理性信心等的渠道机制作用，探究了信贷资金供给、外部资金依赖度以及投资机会的调节机制，分析了企业特征的异质性差异效果。再次，从地方政府的视角，分析了地方政府意愿、财政实力、财政压力在减税降费影响企业研发投资效果中的作用，从地方政府层级和东部、中部、西部地区差异等方面，论证了减税降费政策的研发投资效果。探究了地方政府通过财政补助、税收征管和非税收入等方式"被动"回应减税降费的行为以及通过创新竞争、创新开放度等方式"主动"回应减税降费的行为。最后，立足于2016年国务院颁发的"降成本"政策，从单一政策的视角研究其对企业研发创新投入的效果。将税费负担拓展为税收负担、非税负担，区分了它们对研发投入的差异效果。采用熵权TOPSIS刻画了企业税费负担趋向于"理想解"的欧式距离，将其作为税费负担合理性的衡量标准，分析了税费负担合理性与税费负担降低之间的关系，以及对企业研发投资的效果，同时论证了企业家信心的作用机制。上述问题的研究结论为政策建议提供了思路，建议中央政府强化前瞻指引，发挥减税降费政策的信号引导作用。建议地方政府从长远视角看待减税降费，培育企业家创新的环境和氛围。建议企业重视减税降费的信号作用，通过积极的企业家信心提升研发投入水平。

在整理并完成本书稿的同时，笔者心里并没有完全松口气，对减税降费政策的研究兴趣有增无减，诸多减税降费政策效果等待着我们进一步研究，希望未来的研究集中于单一的减税降费政策，目前已经在构思如何研究增值税"留抵退税"以及"降成本"政策的演变等方面的内容与框架了。路漫漫其修远兮，吾将上下而求索。

吕久琴

2024 年 8 月

目　　录

第1章 导 论

1.1 研究背景与意义

1.1.1 研究背景

减税降费是部署国家发展战略的重要财税政策,它具有中国特色,对我国经济的高质量发展具有战略意义,对推进国家治理现代化具有深远意义。首先,减税降费政策服务于国家重大发展战略的布局与推进,它在统筹推进"五位一体"总体布局、协调推进"四个全面"战略布局方面具有重要意义,能够助力构建新发展格局、推动经济的高质量发展。有目的、有计划的减税降费政策布局与实施,可以引导企业在新发展格局中改变思维方式,调整发展方向,成为经济高质量发展的推动者和受益者。比如,通过调整研发费用(R&D)加计扣除比例、实施留底退税、减免集成电路企业所得税等优惠政策,引导企业加强关键领域核心技术的攻关,促进技术和产品的更新迭代,减少无效和低端供给,为实施创新驱动发展战略、深化供给侧结构性改革提供有力的支持。其次,减税降费政策的实施,可以疏通与调理政府与市场关系,完善中央与地方的税权划分以及推动税制改革。将短期性税费缓缴和长期性减税降费有机结合起来,努力熨平经济的大幅波动,使防风险与稳增长实现均衡,推进国家治理现代化的实现。

根据党中央的部署与习近平总书记的指示:"要加大减税力度""推

进增值税等实质性减税，而且要简明易行好操作，增强企业获得感""减
税降费政策措施要落地生根，让企业轻装上阵""要完善推动企业技术创
新的税收政策，激励企业开展各类创新活动"。① 减税降费还是减轻微观
市场主体负担、激发市场主体活力、促进经济转型升级、稳定市场预期的
重要政策手段。一方面，减税降费更能够减少对微观市场主体行为的扭
曲。减税降费以税收中性与公平为原则，能减少税收对市场主体的干预，
降低企业的超额负担。减税降费可以使企业避免因税负过重而产生偷逃
税的动机和行为，削弱并约束企业的违法行为。比如，近年来实施的留抵退
税政策，将占用的增值税金返还给企业，提升了企业的现金流支配力度，
有助于更好地发挥增值税的中性作用；同时又畅通和完善了增值税抵扣
链条的各个环节，降低了企业财务风险，助力企业进行技术改造，加大
创新方面的投资。再比如，通过实践摸索"组合式"税费减免政策，使
得减税与退税并举，减少了"费"的征收范围和内容，降低了企业的
"费感"，通过缩减退税过程中的复杂环节，使优惠的资金直接到达企
业，便利了要素资源的自由流动，促进了市场的公平竞争，减少了政策
对市场主体行为的不当干预。另一方面，减税降费有助于激发微观市场
主体的激情、热情与活力。减税降费有助于在生产、交换环节疏通和便
利各种资源的流动，提升资源的使用和配置效率，发挥市场配置资源的
作用，便于全国统一大市场的建设。从生产环节来看，减税降费能够降
低企业在运行中由于规制而多付的成本以及由于体制机制而增加的成
本，使企业有更多的资金进行投资，充分发挥投资的乘数效应，使企业
具有良性循环发展的基础。而且，更大规模、更强力度的减税与降费政
策，有助于企业融资约束的缓解，增强企业抗风险能力，促使企业努力
提升研发创新水平。从交换环节来看，减税降费可能会改变部分产品的
相对价格，影响企业的利润水平，借此机会通过产品的迭代更新与产业
结构的转型升级，可以提升企业的绩效，以实现创新驱动发展，进入良
性循环的发展之路，促进经济的高质量发展。

---

① 马海涛. 减税降费的重大成效和重要意义［N］. 经济日报，2022 - 11 - 22.

　　制造业是立国之本、强国之基，是国家经济命脉所系。制造业高质量发展是我国经济高质量发展的重要内容，关系到创新驱动发展、制造业从大国迈向强国等关键战略的实现，从根本上决定着我国未来的创新实力和国际竞争地位。我国制造业的发展规模多年来一直保持世界第一的地位，对提升国家创新竞争力具有重要作用。依托规模庞大的制造体系，我国已经初步形成了良好的创新环境，市场的应用与创新不断突破，企业的产品、技术、流程与市场等创新优势不断凸显。2022年我国全社会研发（R&D）经费投入达到3.09万亿元，稳居世界第二，R&D经费的投入强度达到2.55%，超过欧盟国家平均水平。2022年基础研究经费达到1951亿元，连续多年稳定在6%以上。我国企业创新主体地位更加强化、更加巩固，企业R&D经费占全社会R&D经费比重达到76.9%。高新技术企业数从2012年的4.9万家增加至2021年的33万家。① 近几年，随着外部环境变化与复杂性的上升，我国制造业内在的各种矛盾也凸显出来，大而不强等问题已经成为制造业发展的瓶颈，制造业发展已经步入改革的关键时期。在新一轮科技革命和产业变革的推动下，如何通过减税降费政策的引导，使制造业企业继续成为创新的主体以及创新驱动发展的主力军，是亟须研究的重要课题。从多视角、多维度研究利用减税降费政策，优化制造业企业的资源配置，增强制造业企业的创新与活力并提升其研发投入水平，具有重要的政策意义、理论意义与实践价值。

1.1.2　学术意义与实践价值

　　在目前全球经济增长乏力、国内经济下行压力加大的背景下，减税降费是中央政府采取的刺激经济发展的重要举措。从宏观上能够助力创新驱动发展战略、制造业强国战略的实施，同时改进我国现行税制中存

---

① 杨舒.国家创新调查显示：我国稳居世界第二大研发投入国［N］.光明日报，2023 – 02 – 22.

在的问题，完善地方政府税收与非税收入体系，解决地方政府推动企业创新的能力不足问题。从中观上有助于优化制造业产业结构，完善制造业成本结构，提高制造业的国际市场竞争力，推动我国供给侧结构性改革。从微观上有利于制造业企业内部治理结构的完善，促使企业降低融资约束，提升企业家的信心，增强企业自主创新的能力，提升企业绩效与发展潜力。鉴于制造业高质量发展对经济高质量发展的重要性以及目前制造业企业亟须解决的创新难题问题，从微观视角探讨减税降费政策作用于制造业企业研发投入的逻辑、方式与路径等机理问题，具有重要的学术意义和应用价值。

在理论与学术研究方面，本书从综合政策力度的视角，研究 2008 ~ 2021 年中央及各部委的 478 项减税降费政策综合作用于制造业企业创新投入水平的机制，不仅评估了政策优惠性对制造业企业创新研发的影响机制，还研究了政策波动性的影响效果，旨在提供改进和完善政策的经验证据，探索供给学派减税理论在我国应用的空间和场所，丰富我国减税降费政策理论的内容；同时探讨减税降费政策信号传递与甄别在企业研发创新投入中的应用，拓展信号理论的应用空间与范围。在此基础上，将地方政府行为纳入分析框架，分析地方财政宣传与推广政策的动机、意愿与实力保障，透视地方政府行为背后的逻辑，完善了公共政策执行理论与地方政府创新理论的应用，拓宽了理论应用的空间与范围。进一步地，企业外部融资环境与内部治理因素也是影响减税降费政策效果的因素，将这些因素纳入研究框架，研究内容才更完整、更丰富。本书提供了企业税费负担、企业家信心、对外融资依赖度、风险承担水平、生命周期、产权性质等内部因素以及信贷资金供给等外部因素在减税降费政策效果中的影响机制，从中介机制和调节机制两方面进行了探讨，丰富了企业研发创新的理论，拓展了影响企业研发投入的研究领域，增加了影响企业创新的内容，提供了提升企业研发投入水平的路径及其相关的经验证据。最后从 2016 年国务院"降成本"政策出发，利用熵权 TOPSIS 方法衡量税费负担的优化（合理化）水平，探讨单个政策的企业研发投入效果，分别从税费负担合理性（优化）以及税收负担、非税负担内部结构合理性（优化）等多维度视角，研究政策如何优化了税费负担及其内部结构，从而提升了制造业企业的研发创新投入水平。该研究拓展了最优税收理论的应用范围，丰富了其研究内容，并提供了实证经验证据。此外，还探讨了非税负担对企业研发投资的作用，为完善非税负担的相关理论提供了可供借鉴的方法与扎实的经验证据。

在政策意义与实践应用价值方面，从 2008 年以来，我国的减税降费政策经历了"结构性减税"（2009 年）、"结合税制改革完善结构性减税政策"（2013 年）、"定向减税和普遍性降费"（2015 年）、"普惠性减税与结构性减税并举"（2019 年）、"坚持阶段性措施和制度性安排相结合，减税与退税并举"（2022 年）等发展历程①，也积累了改进和完善政策措施的丰富经验，学者们从结构性减税、增值税改革、普遍性降费、所得税税率下调等方面研究了政策措施的经济后果，但是研究综合性减税降费政策作用于制造业企业研发投资的机制等方面的文献相对较少，本书立足于减税降费政策本身，构建政策力度指标，首先立足于综合性政策的优惠性、波动性、地方政府的作用等视角，从中介渠道作用、调节机制、异质性等方面探讨企业内外部因素影响政策效果的机理。在此基础上，以 2016 年国务院"降成本"政策为节点并采用双重差分法检验，研究"降成本"政策以及"四部门"②的降成本措施影响企业研发创新投入的路径、方式与效果，为提升政策效率和改进政策效果提供了充足的经验证据，丰富了减税降费政策推广和应用的方法与手段，本书研究具有较强的政策意义和实践应用价值。其中，对地方政府行为的研究为未来地方税制改革、缓解地方财政压力、促进地方政府创新等提供了可借鉴的策略和手段，研究结果具有较强的现实意义。最后从企业的视角，不仅探讨了综合性的政策优惠性、波动性以及地方政府作用等对企业研发创新影响的机理，还分析了国务院 2016 年的"降成

---

① 马海涛，姚东旻. 我国减税降费政策的特征及其理论内涵［N］. 光明日报，2022 - 06 - 07.

② 国家发展改革委、工业和信息化部、财政部和中国人民银行等四部门从 2016 年开始，连续多年发布具体"降成本"措施。

本"政策等单个政策作用于企业创新投入的机制，研究结论为提升企业创新研发投资提供了新视角与新证据，具有较强的实用价值。在分析单个"降成本"政策时，利用熵权 TOPSIS 衡量企业税费负担趋向于"理想解"的程度，研究政策通过税费负担合理化及其税收负担、非税负担内部结构优化作用于研发投入的效果，对我国的税制改革包括直接税与间接税的结构优化具有较强的现实意义，有助于企业提升对税费负担及其结构的认识。

1.2　研究问题

本书立足于中央政府及各部委自 2008～2021 年发布实施的 478 项减税降费政策，以减税理论、信号理论、公共政策执行理论、最优税收理论等为基础并结合文献综述与评述，采用归纳与演绎相结合、规范与实证结合、文本分析法、熵权 TOPSIS 等方法，从政策的优惠性、政策的波动性、地方政府的作用、企业税费负担差异与合理性（或优化）四个方面，研究政策作用于制造业企业研发创新投入的机制，探讨减税降费政策通过何种中介渠道机制、调节机制以及企业异质性等影响企业的研发投入，为制造业企业研发创新投资水平的提升提供了可供推广与借鉴的路径与方式。

1.2.1　减税降费的优惠性与企业研发投入

在文献综述的基础上，从减税降费政策的优惠性入手，探讨其影响企业研发投入的效果。首先，以信息经济学的信号理论、微观经济学的死角损失理论为基础，以 2008～2021 年的制造业上市公司为研究对象，采用文本分析法衡量减税降费政策力度，论证减税降费通过税费负担影响企业研发投入的中介渠道机制。其次，以社会心理学的相关理论为基础，采用文本分析结合情感分析法衡量企业家信心，区分企业家的宏观基本面信心与"动物精神视角下"的个体非理性信心，研究减税降费、税费负担与企业家信心、企业现金持有量等之间的关系，探讨减税降费政策通过信号引导企业家信心的过程，分析税费负担下降提升企业家宏观基本面信心与个体非理性信心的实际效果，研究政策与税费负担产生的合力通过企业现金持有量的中介渠道机制影响企业研发投资的效果。再次，企业研发的投入不仅需要企业对未来有乐观的预期，还需要有资金的保障。银行提供的信贷资金量以及整个行业的融资难易度，关系到企业从外部获取资金的便利与难易，影响到企业进行研发所预备的资金以及筹集资金的能力。因此，有必要从外部资金供应、对外融资依赖度以及未来投资机会等方面，从调节机制的视角研究减税降费政策的创新投资效果。最后，企业的特征既会影响其对减税降费政策的领悟与应用，也会影响企业对风险投资比如研发创新投入的决策，因此从企业生命周期、风险承担水平以及产权性质等异质性方面探讨减税降费政策的研发投资效果具有重要的理论和现实意义。

1.2.2　减税降费政策波动与企业研发投入

减税降费政策会随着财政政策调控经济的策略变化而不断调整，其波动具有客观性。政府与企业之间的信息不对称是减税降费政策波动的主观原因。围绕减税降费政策的波动性或者不确定性，首先，基于实物期权理论与金融摩擦理论，研究减税降费政策波动影响企业研发投入的效果以及税费负担在其中的中介渠道作用。其次，基于社会心理学的相关理论与企业创新理论，分析减税降费政策波动、税费负担变化等对企业家信心的影响，探讨企业家信心在减税降费的研发投资激励中的中介渠道作用，同时研究现金持有量对减税降费政策效果的作用。再次，探讨外部信贷资金供应量、企业对外部资金依赖度以及未来投资机会在减税降费政策效果中的调节机制作用。最后，在异质性检验中，考察了企业生命周期、风险承担水平以及产权性质等的差异，尝试探究政策的波动与不确定性对企业研发投入的影响，这深化了研究层次且对于政策的稳健实施具有现实意义。

1.2.3　地方政府在减税降费影响企业研发投入中的作用

依据范霍恩和范米特尔（Van Horn & Van Meter，1975）的政策执行模型以及企业创新理论，探讨地方政府在何种情况下更具有执行减税降费的动机和意愿，在何种情况下政策激励企业研发投入的效果更好；分析地方政府的创新偏好是否会影响其推广和实施减税降费政策。探讨地方财政实力、财政压力是否会影响减税降费政策的研发投入效果。由于各级地方政府财政收入来源及其财权与税权的匹配和分布状况存在差异，决定了中央的减税降费政策在省级（包括自治区、直辖市）、市级、县乡级存在执行意愿与执行能力的差异，进一步分析各级地方政府执行减税降费政策的差异效果以及东部、中部、西部地区执行减税降费政策的意愿和能力差异。此外，财政压力的上升使得地方政府执行政策的主观动机发生变化，进而对减税降费政策效果产生"冲抵效应"。当财政压力较大时，地方政府可能会通过减少研发补助、增强税收征管、扩大非税收入等策略性"被动"行为来缓解财政压力。地方政府对于区域内企业的创新活动具有导向性作用，其创新竞争度、创新开放性的"积极"行为特征有利于提升减税降费对企业研发的激励效果。研究结论对进一步完善减税降费政策、优化政策的地方执行效果、提升财政可持续性以及激发企业研发创新活力等具有一定现实意义。

1.2.4　"降成本"政策与企业研发投资

上述三个研究问题都是以减税降费政策合力作为研究基础，为了深入探讨强有力的减税降费政策效果，基于2016年国务院提出的"降成本"政策，结合双重差分法，将"降成本"政策执行效应聚焦于企业的研发活动，从税费负担差异及其合理化或优化的视角，评估政策对制造业企业的减负效应及研发激励效应。先分析"降成本"政策对制造业企业税收负担与非税负担的减负效果差异，以及对制造业企业研发投资激励效果的作用差异。在此基础上，构建我国企业税费负担评价体系，运用熵权 TOPSIS 评价模型测算企业实际税费与理想税费的趋近程度，作为合理化的衡量，研究"降成本"政策是否优化（合理化）了制造业企业的税费负担水平从而提升企业研发投资意愿。进一步探究税费负担与研发投资的中间传导机制，分析税收负担与非税负担的渠道作用是否在企业信心方面存在差异。此外，挖掘"降成本"政策对三个税收负担、四个非税负担的差异效果并分析其中的缘由。该研究对评估"降成本"政策的微观效果、优化税费负担水平以及激发制造业企业研发创新活力等具有一定的现实意义。

上述四个问题的逻辑关系如图 1.1 所示。

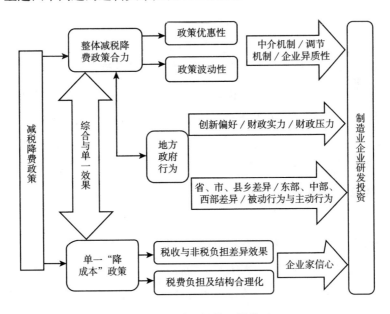

图 1.1　研究问题的逻辑关系

1.3　基本概念界定

1.3.1　减税降费

"减税"指通过各种税收减免、优惠等措施降低纳税人（企业）负担，主要涉及增值税、企业所得税、其他流转税等税种；"降费"指降低企业的费用（非税）负担，涉及行政事业性收费、政府性基金收费、公共事业费（包括"三通"等费用，即通水、通电、通气等）、融资费用和社会保险基金缴费，属于广义的费用。

本书通过手工收集中央及各部委的减税降费政策，共获得 2008～2021 年的 478 项政策文件。根据政策性质（P_h）、政策颁发部门数（D_h）、政策主题词频数（PG_h）等因素，计算各行业每个年度各政策主题词分值，汇总后作为政策自身效果的分值，其中，分值越大，政策力度越强。政策主题词包括退税、免征、减半征收、不征收、不征税、先征后退、先征后返、出口退税、下调、调整、优惠、扣除、抵扣、减征、抵免、减按、退还、即征即退、留抵、免予补缴、免税、减免、简易办法、暂免征收、部分征收、免除、免费、降费、暂不（征税）、延长（时间）等共计 32 个。

1.3.2　企业税收负担

税收负担是指一定时期因为国家征税而给纳税人造成的经济利益损失；或是一定时期内纳税人因国家课税而承受的经济负担，反映了社会产品在国家与纳税人之间的税收分配数量关系，简称"税负"。在格林沃尔德主编的《现代经济词典》中，税负是所征税收的最后着落。美国经济学家塞里格曼认为，税收负担是用以支付公共福利所需的费用。在上海辞书出版社的《经济大词典》（财政卷）中，税负是纳税人在一定时期内所应交纳的税款。

税收负担的类别很多，依据税收负担水平衡量方式，税收负担可分为绝对税负和相对税负。依据纳税人承受的实际税负，可分为名义税负和实际税负。依据税负是否转移，可分为直接税负和间接税负。依据纳税人的多少，可分为宏观税负和微观税负。前者是一个国家或地区所有纳税人税收负担的总和，一般用"税收收入总额/GDP"的比率表示（小口径的计算）。后者是指单个纳税人的税收负担及其相互关系（刘晓宁，2003）。本书探讨的是企业层面的微观主体税收负担。

1.3.3　企业非税负担

关于非税负担（又称为广义的"费用"）的界定，学术界尚未形成一致、清晰明确的定义。在发达国家，费用是自然人或者法人因为享受服务支付给国家机关或公共机构的款项。服务型收费和管理型收费是国家机关或公共机构收费的两种形式（Musgrave，1959）。我国关于企业费用的范围更广，更多地使用"非税负担"来指代。也有学者认为，企业向政府缴纳的各种非税费用都是非税负担的表现形式，例如行政事业性收费、政府性基金、经营服务性支出以及其他涉企收费等（刘蓉等，2017；彭飞等，2020）。也有研究将非税负担与政府非税收入等同，进一步与政府收费及中介收费等同（吕炜和陈海宇，2015）。

2017 年的政府工作报告指出了企业"非税负担"的五个方面，即政府性基金、涉企行政事业性收费、涉企经营性收费、"五险一金"、制度性交易与用能、物流等成本。本书参考政府工作报告关于"非税负担"的内容，借鉴傅娟等（2019）的做法，界定"非税负担"的内容包括政府性收费、经营服务性收费、社保缴费、公用事业产品收费和融资费用等方面。

"政府性收费"涵盖政府性基金和行政事业服务性收费，其中，行政事业服务性收费按照收费类别，可分为行政管理类、资源补偿类、鉴定类、考试类、培训类、其他类等六类收费；参考国家发展改革委 2017 年公布《政府定价的经营服务性收费目录清单》，"经营服务性收费"是指征信服务收费、垄断环节服务收费、公证服务、司法鉴定服务等一系列中介服务费；"社保缴费"是指企业负担的为职工而上交的费用，包括职工养老保险、失业保险、医疗保险、工伤保险和生育保险；"公用事业产品收费"是企业承担的、与公共事业产品有关的费用，包括水、电、气等能耗（统称"三通"费用）、交通与物流、用地与房租等费用；"融资费用"可视为资金的垄断价格，和公用事业产品成本属于同类性质，企业融资成本涵盖了银行信贷、票据贴现、民间借贷、股权融资、债券融资、设备租赁融资等方面。

为便于研究，本书将税收负担与非税负担统称为"税费负担"，即税费负担是个综合概念，包含了企业在日常经营过程中负担的增值税、企业所得税、其他流转税、政府性收费和经营服务性收费、融资费用、公用事业产品收费、社保缴费等内容。

1.3.4 税费负担的合理性

从微观层面探讨税收负担的合理性问题涉及效率与公平。效率问题是指税收负担是否扭曲了企业或个人的经济行为。公平问题是指税收负担是否达到了横向和纵向的公平（潘春燕，1998）。降低对企业或个人行为的扭曲程度，可以提升经济效率。企业或个人之间在同等条件下获得相同或大致相同的税收负担，即表明了税负的公平。

征税对微观企业主体造成的经济效率损失主要是指超额负担问题。当企业所遭受的经济损失超过了其纳税额，就会导致超额负担。英国经济学家庇古（Pigou，1928）认为，一种税的公布照例引起人们改变他们的行为，以图或多或少地避免这种税的压力。即企业纳税的数量超过了一定的限度，挤占了企业的最低生产与运营的资金，超过了企业的税收负担能力。也就是说，税收引起了商品或产品相对价格结构的变化，从而会改变企业的生产和投资动机，产生企业效率问题。限于我国的经济发展水平和政府征管能力，商品税是主要的税收来源，政府对商品税的依赖不利于企业的经营，影响了企业效率。就公平问题而言，尽管我国

1994 年的税制改革在公平问题上作出了重大改变，比如统一了企业所得税，清理了各种滥用的减免税、优惠等行为，但由于税制问题、政策规定与优惠所及范围的差异等，依然存在着地区间与行业间的企业税负不均、国有企业和非国有企业的税负不均等问题。公平和效率也是实现税收负担合理性的保证。

超额的税费负担会影响企业的研发投资意愿与决策，从而影响企业的创新水平。本书所指税费负担的合理性是指税收负担与非税负担共同对制造业企业效率与公平的影响。如果企业的税费负担合理，那么不同企业、同一企业的不同会计期间，针对相同或相似的经济业务，就会征收（缴纳）相同或者大致相同的税费。本书尝试使用熵权 TOPSIS 衡量每个样本企业税费负担趋近于"理想值"的程度，越趋近于"理想值"，则认为税费负担越合理。当某一年的税费负担趋近于"理想值"的程度大于上一年的同比程度时，认为企业税费负担得到了优化，即更为合理。

1.4　研究方法和研究框架

1.4.1　研究方法

1.4.1.1　归纳与演绎法

归纳法（induction）是以一个或多个命题假设为起点，通过实证分析，即观察或实验、收集和分析数据、验证假设，对命题假设进行证实或证伪判断的过程。也就是说，它是从诸多个别事例推出一个较具概括性的规则，即通过观察很多的特殊性，从中概括出同类事物的特征。一般来说，观察需要安排在"各种各样条件"下，而且事例必须与研究主题密切相关，这样一来，被观察事例范围越广，结论就越可靠（刘文君，1982）。

演绎法（deduction）是以一个或多个命题为起点，通过运用不包含任何实证研究的纯粹逻辑推理，得出与该命题等价的其他命题的过程。也就是说，演绎法是从既有的结果，推出个别特殊情形的一种研究方法。

归纳法是从实践上升到认识的总结升华，演绎法则是认识指导实践的主要形式。前者所需的命题假设，必须是后验的、可以证伪的。归纳法所使用的是实证分析，并不是逻辑推演。演绎中的起点命题，可以是先验/超验的内容，要想通过演绎得出靠谱的结论，首先起点命题本身必须是靠谱的，其次推理的过程没有逻辑瑕疵。实际上，归纳与演绎是彼此不可分离地相互渗透着、相互联系着（刘文君，1982）。

本书将在文献综述方面应用归纳法，对同主题不同视角的文献进行分析，对其结论进行概括。在减税降费政策的优惠性、波动性效果以及地方政府在其中的作用、"降成本"政策的经济后果等方面，将使用归纳法概括出不同主题的研究假设，通过实证检验，概括出不同研究问题的意义及其相应的政策建议。本书在假设的推导方面将演绎法贯穿其中。首先，在减税降费政策的优惠性、波动性影响企业研发投入的机制方面，借助于相应的理论内涵，使用演绎法推导研究问题。其次，在研究地方政府干预减税降费政策效果的行为中，利用政策执行理论，通过严谨的推导过程，发现地方政府的执行意愿及其相应财力对减税降费政策激励企业研发的效果起着重要作用。最后，立足于最优税收理论，通过逻辑推理，发现税费负担及其结构的优化会显著改进企业研发投资策略。

1.4.1.2 规范与实证相结合的方法

一般来说，规范研究法是指通过概念上的解析，或者通过推理，反映事物发展变化的规律，剖析事物产生的根源，找出解决问题的对策。即它重点解决"为什么""怎么做"的问题。通常使用"三段式"，即提出问题、分析问题和解决问题。规范研究旨在透过现象看本质，通过综合性分析，找出本质性和规律性的东西。该方法的主要局限性在于其缺乏数据分析，结论的可信度可能会受到影响。由于缺乏系统性的"量"

的分析，所得出的对策与建议有可能会受到质疑（郭复初，2016），进而影响操作性。

广义的实证研究方法涵盖的面较广，包括问卷调查、实地调查、数据统计分析等。狭义的实证研究方法是运用历史数据、调查数据或案例，通过设计模型，揭示事物发展变化的规律。它重点解决"是什么"的问题（郭复初，2016）。实证研究过程一般包括文献综述与命题提出、证明命题的假设、研究设计（包括数据收集和变量设计）、实证检验、研究结论、政策建议等。在应用该方法时，如果选题具有理论与现实意义、假设推导过程合理、数据全面且真实、模型科学合理，则研究结论的可信度就高。相反，如果样本具有选择性，设计的模型不能真实、有效地反映研究的问题，存在内生性与多重共线性问题，就可能会使研究结论具有片面性。而且样本选择、变量衡量以及数学模型设计等容易受个人兴趣偏好的影响，削弱了该方法的科学性，可能会导致形式主义问题。

规范研究方法与实证研究方法的结合可以弥补双方的诸多缺陷。实证研究的命题提出、理论基础与假设推导常常依赖规范研究。而规范研究的数据分析与结论验证常需要实证研究的支撑（郭复初，2016）。本书研究中的所有命题都是采用规范与实证相结合的方法提出。在研究减税降费政策优惠性、波动性作用于企业研发投入的机制、地方政府行为影响减税降费政策效果，以及"降成本"政策的研发投入效果时，运用规范研究方法进行研究假设的推导，运用实证研究方法验证研究假设，此外，机制分析也通过规范与实证结合的方法。两种方法的结合使用增强了结论的可靠性，也使得政策建议具有更强的可操作性意义。

1.4.1.3　文本分析法

文本（text）是由一定的符号或符码组成的信息结构体，能够用语言、文字、影像等方式表现出来。文本的语义反映了制作人的立场观点、价值取向和利益。文本分析法是基于定性、定量或两者结合的方法对文本内容进行语言分析的一种研究方法。文本分析法的理论资源非常丰富，来自阐释学和人文主义，它更多适用于偏向于文学、叙事类的研究（艾尔·巴比，2005）。

政策文本反映了中央政府及各部委对减税降费的认知和关注程度，从政策文本可以由表及里把握政府发布减税降费政策的深层意义，探究隐含在政策中的减税降费力度。因此，本书研究在衡量减税降费政策力度时，使用文本分析法。通过收集到的478项减税降费政策以及提取的32个关键词，应用文本分析法探究关键词的词频数量，再通过对政策颁发的部门级别赋分并计算颁发部门的数量，汇总后作为政策自身效果的分值，该分值越大，则减税降费政策力度越强。

上市公司年报中的"管理层讨论与分析"反映了该公司管理层对公司过去经营状况的回顾与总结、未来经营方向与策略的预测和信心，在一定程度上映射了公司管理层对公司未来经营、投资的认知和预期。把这部分年报文本一字一句地解释开来，就能获得该企业的信心指数。因此，在研究企业家信心影响减税降费政策效果的中介效应时，通过收集上市公司2008~2021年的年报，利用文本分析法提取积极、消极等关键词词频，计算后获取每个样本公司年度企业家信心指数。

在研究地方政府的作用时，研发补助的衡量也是通过文本分析获取。具体地，根据上市公司财报附注披露的信息，手工收集政府补助相关明细，识别"科技""科研""技术""研发""研究""创新""专利"等关键词，通过文构财经文本数据平台（WinGo）的深度学习相似词功能，并结合人工阅读，构建新的"研发"词库。最后将各公司当年所获全部类型的词频加总后取自然对数，得到政府研发补助变量。

1.4.1.4 熵权 TOPSIS 法

熵权 TOPSIS 是一种将熵权法和 TOPSIS 相结合的、非常有效的决策分析方法，它可以识别和评估复杂环境中的不同选项，帮助企业作出更好的决策。熵权法是一种客观赋值法，能减少主观赋值带来的偏差。基于信息熵的思路，它能够客观地反映不同指标之间的差异性和重要程度，计算结果较为准确，不受主观因素的影响，不存在专家打分的风险，计算结果更加客观可靠，还可以避免层次分析法可能存在的不稳定性、不一致性的情况。当然，熵权法不能考虑到指标之间的相关性，其结果受数据误差的影响较大（魏敏和李书昊，2018）。TOPSIS 法常用于多方案的对比分析。TOPSIS 需要花费时间进行收集和输入数据，计算量较大，指标需要尽可能地符合正态分布。

本书在衡量税费负担合理性时，使用熵权 TOPSIS 计算税费负担以及税收负担、非税负担内部各项目趋近于"理想值"的程度。鉴于每个税种、每项非税负担对企业的影响有不同的路径，为了衡量这些税种、非税负担在企业税费中的比重及其影响程度，使用熵权 TOPSIS 方法对这些税费项目进行排序。熵权法可以获得各评价指标的权重值，利用权重值与原始数据的乘积进行 TOPSIS，得到各评价对象的相对接近度 η_i 值，作为税费项目合理性（或优化）的标准。具体地，其一，将原始数据进行标准化处理；其二，用熵值法计算各指标的权重；其三，将权重和标准化的数据相乘后的数据作为 TOPSIS 原始数据；其四，用 TOPSIS 计算各评价对象与最优方案的接近程度 η_i（即各样本的综合评价指数）；其五，根据 η_i 进行排序，结合综合评价指数进行分析。

1.4.2　研究框架

本书立足于中央政府及其各部委发布实施的减税降费政策，以制造业上市公司为研究对象，采用规范与实证相结合、归纳与演绎相结合、文本分析、熵权 TOPSIS 等方法，研究政策作用于企业研发创新投资的机制，旨在寻求政策激励效果的经验证据。具体研究对象、研究问题、研究内容和政策建议的具体联系如图 1.2 所示。从研究对象推导出研究问题，再将研究问题具体化，形成不同主题的研究内容，应用理论分析与经验证据推导研究假设，在此基础上，用实证研究方法验证研究假设，最后归纳出政策建议。

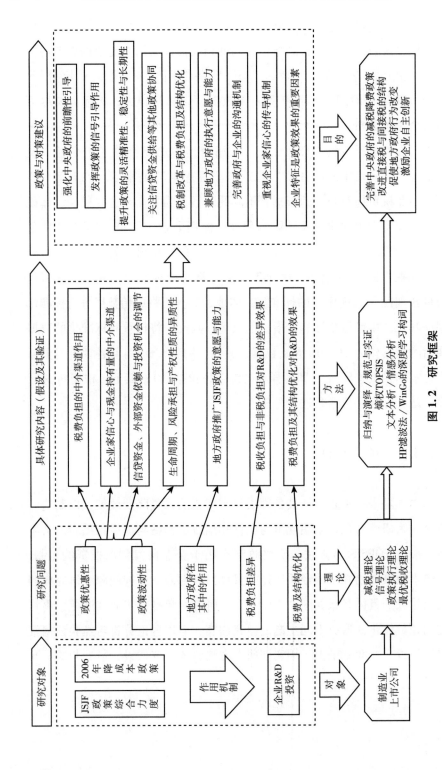

图 1.2 研究框架

注：JSJF 指减税降费；R&D 指企业研发投资。

1.5　创新点

1.5.1　理论创新

本书紧扣党的二十大报告和中央经济工作会议精神，贯彻党中央、国务院关于企业减税降费的大政方针。首先，立足于 2008～2021 年中央政府及各部委的 478 项减税降费政策，研究政策作用于制造业企业的机理。探讨西方减税理论在我国应用的可能性，分析其局限性。在此基础上，从微观视角研究中国减税理论的内涵及其在减税降费政策中的具体应用，分析减税降费政策通过中介机制、调节机制影响制造业企业研发投资的机理，该研究丰富了我国的减税降费政策理论，为摸索具有中国特色的减税理论提供了经验证据，拓展了减税降费理论在企业研发创新投资中的应用。

其次，将信号理论应用到减税降费政策的研发激励效果中，分析政策执行过程中信号发出者和接收者的行为，探讨政府与企业行为的动机、原因及其经济后果，分析政府与企业之间信息不对称的影响因素，从中找出帮助信号发挥作用的有利因素，探究避免信号失灵的措施。该研究拓展了信号理论的应用空间，检验了其在减税降费政策中的应用效果。对优化税制结构，推动经济的高质量发展具有理论意义。

再次，鉴于地方政府是中央减税降费政策推广与实施的中坚力量，根据政策执行理论，研究地方政府宣传和落实减税降费政策的动机、意愿与实力，透视了地方政府在财政压力下的"被动回应"行为与"主动积极应对"行为特征，丰富了政策执行理论的内容，拓展了理论研究范围，为约束和改进地方政府行为以促进企业研发创新提供了数据支撑。

最后，利用最优税收理论，探讨最优所得税、增值税的理论内涵，分析了最优税收理论在制造业企业研发创新投入中的应用，依据 TOPSIS 计算制造业上市公司的税费负担趋向于"理想解"的欧式距离，作为企业税费负担合理性的代理，分析了各种税种、费用的结构，提出相应的改进直接税与间接税结构的政策建议，为优化我国的税制结构、改革地方税收体系等积累了经验证据。

1.5.2 视角创新

首先，本书立足于量化的减税降费政策，评价政策优惠性、波动性作用于制造业企业研发创新投入的路径，探究其内在机理，旨在发现影响减税降费政策效应的复杂因素，针对政策自身以及执行中的问题，提出短期政策与长期制度性政策协调的改进机制。

其次，不仅探讨减税降费政策优惠性、波动性作用于制造业企业研发投入的直接机制，还研究其间接机制。挖掘政策通过税费负担激励制造业上市公司研发创新的渠道机制；剖析企业家信心、企业现金持有量的间接渠道机制。在此基础上，分析信贷资金供给、企业对外融资依赖度、未来投资机会对减税降费政策效果的调节作用。进一步分析企业生命周期、风险承担水平以及产权性质等企业特征异质性的差异效果。

再次，从地方政府视角探讨中央减税降费政策作用于制造业上市公司研发创新投入的效果，剖析了地方政府推广政策的动机、意愿以及实力，尤其是不同层级地方政府的行为，区分中央减税降费政策在省级、市级、县乡级地区的执行效果差异，分析政策在东部、中部、西部地区的差异效果，为改进地方政府行为提供经验证据，为推进地方税制改革、缩小地区差异提供政策建议。

最后，从税收负担与非税负担的差异视角，研究中央减税降费政策作用于制造业企业研发投入的效果差异。进一步利用 TOPSIS 方法，设计了四级指标体系，构建了税费负担优劣排序的方案；同时分析税与费的负担优化对企业研发创新投入的效果差异。从税费负担及其优化等两个视角探讨企业提升自主创新投入的效果，为我国改进税制结构以激励企业创新提供了新视角。

1.5.3 应用价值

首先，本书分年度地对中央政府及其各部委 2008~2021 年的 478 项减税降费政策进行了量化与综合评价，从政策的优惠性与波动性两个视角深入研究政策执行对制造业企业研发投入的效果，提出了改进政策效果的建议与对策，为未来大规模减税降费提供可资借鉴的经验证据。

其次，对减税降费政策执行中的地方政府行为进行了剖析，分析了不同区域、不同层级地方政府在政策实施中的行为，探索了财政压力下地方政策的策略性行为以及积极主动性支持创新的行为，为约束地方政府行为并激励其推广政策提供了可行路径，研究结论为未来的地方税制改革提供了经验数据支持。

再次，在减税降费政策执行过程中，对企业家信心以及现金持有等企业行为进行详细分析，未来的减税降费更应该关注其信号引导作用，重视对企业家信心的培养，区别企业家的宏观基本面信心与个体非理性信心因素的差异，通过制度性与普惠性的组合拳政策，引导制造业企业转型升级，通过创新培养企业增强核心竞争力的能力，为打造制造业强国奠定扎实的产业基础。

最后，从微观视角探究制造业企业税费负担的合理性，有利于政府深刻了解企业"税负痛苦指数"的含义。探究税收负担、非税负担及其各自内部结构的合理化有利于政府"有的放矢"，采取有针对性的减税降费政策措施。该研究有利于降低企业的税费负担，改进直接税与间接税的结构比例，优化我国税制结构。

第 2 章　文献综述

2.1　减税降费与研发投资

2.1.1　减税降费的研发投资效果

从减税降费的文献来看，国外的文献主要集中于减税方面，而国内的文献则侧重于减税与降费并存。国外学者对企业所得税的优惠与减免效果做了大量研究，比如有的学者研究发现，R&D 税收优惠能够激励企业加强创新活动和提高专利申请倾向（Medina & Schneider，2017；Czarnitzki et al.，2011）。布鲁姆等（Bloom et al.，2019）发现，税收优惠显著降低了企业的 R&D 成本，提升了 R&D 强度。税收支出每下降 10 个百分点，长期来看 R&D 投入至少增加 10 个百分点。也有学者认为，减税降费可能会减少政府的财政收入，尤其是地方财政收入，促使政府削减公共产品的投入比如科研、基础设施以及教育支出等，可能会对企业创新产生不利影响（Cai et al.，2018）。国外学者针对增值税的研究主要在于其价格传导和资源配置的作用（Carbonnier，2007；Giesecke & Nhi，2010），投资效应的文献相对较少。

我国学者研究的减税降费不仅包括所得税、增值税、其他流转税的优惠与减免，还包括各种费（即非税负担）的优惠与减免方面。研究所得税政策效果的文献主要体现在研发加计扣除政策的经济后果以及针对集成电路企业、科技型企业、中小微企业的所得税减免等，比如刘怡等（2017）、庞凤喜和牛力（2020）、邓力平等（2020）、高正斌等（2020）的研究。肖鹏和黎一璇（2011）发现，企业所得税税负的降低有利于其持续地投入研发的人力资本和资金资源。

我国的增值税转型改革起始于2004年，聂辉华等（2009）、刘怡和聂海峰（2009）、申广军等（2016）研究了东北三省增值税转型的效果。随着2012年"营改增"试点、2016年全面推广"营改增"以及最近几年增值税税率的多次下调，从增值税视角研究减税降费影响企业研发的文献大量增加。彭飞等（2017）探索了"营改增"对于企业分工的影响；肖春明（2022）发现，增值税税率下调能显著提升企业创新投资规模，有效抑制企业非效率投资，提升企业效率。制造业行业是减税降费政策的最大获益者，减税降费对于制造业企业投资产生正面的促进作用。

在非税负担影响研发投资方面，现有文献发现，非税负担影响着企业利润空间、未来发展以及长期价值（Modigliani & Miller，1963）。非税负担引致了企业的现金流出，增加了企业的融资约束，影响了企业的投资、信贷、经营等决策行为。周强（2015）研究发现，隐性税收和政府行为的不规范增加了纳税人的心理负担，提升了企业的研发投资成本。毛德凤和彭飞（2022）认为，非税负担挤占了企业资源，降低了企业拥有的自由现金流，加大了外部融资风险。因此，减轻非税负担可以消除企业对税费的"痛感"（刘蓉等，2017），改善企业的税费感知度，提升企业自由现金流水平，激励企业增加创新投入。在非税负担的构成中，社保缴费也是重要的构成部分，它影响着企业的用工成本，提高社保费率会增加企业现金流压力，降低企业利润，挤占企业用于创新投入的资金（Autor et al.，2007），降低企业生产效率（赵健宇和陆正飞，2018）。

综观现有文献，大部分学者认为，减税降费政策作为税收激励措施，对企业投资与技术创新产生显著的正向影响，能够提升企业研发投资的总体水平（倪婷婷和王跃堂，2016；石绍宾等，2017；刘怡等，2017；刘金科等，2020）。减税降费在降低企业负担的同时，能促进企业创新能动性、积极性的提高，有利于降低企业生产要素的投入成本（栾强和罗守贵，2018）和企业创新成本（冯泽等，2019），提升了企业的研发规模和强度（李香菊和杨欢，2019），改善了企业的创新效率与效果（伍红和郑家兴，2021）。

也有学者认为，减税降费并不一定能促进企业研发投入，甚至可能会抑制企业研发投入和创新。刘怡等（2017）发现，增值税转型对企业投资具有抑制作用。企业的创新投入更多地受制于其自身行为的影响，与政府发布的各种税收优惠政策似乎无关，政府针对技术创新的税收优惠政策，无论如何提升政策力度，也不能有效影响企业创新投入（李艳艳和王坤，2016）。陈昭和王坤（2019）的证据表明，减税并不能对企业投资起促进作用，反而会削弱企业投资意愿。林志帆和刘诗源（2017）采用世界银行通过调查获取的中国企业数据，发现增值税负担对创新的负面影响大于企业所得税负担。

尽管现有文献从增值税、所得税等视角探讨了减税降费政策对企业研发投资的效果，但较少有文献探讨非税负担及其各个构成项目是如何影响企业研发投入的。傅娟等（2019）、傅娟（2020）都是围绕非税负担进行研究的，前者借助于云南省200多家企业的调查数据，发现企业非税负担在企业总成本中占比约为1/4。后者则立足于减税政策和降费政策与社会舆论之间存在的矛盾，通过逻辑推理，试图找出导致矛盾的真实原因，并提出了税制结构改革、供给侧结构性改革以及打破行政性垄断等政策建议。这两篇文献深刻剖析了非税负担对企业成本空间的侵蚀以及对利润空间的挤压，但是较少进一步探究非税负担对企业创新投入的影响。

再从政策波动的视角来看，现有文献大多发现了政策波动性对研发投入的负面影响，但较少文献探究政策波动作用于企业创新投入的中介机制与调节机制。当外部环境发生变化时，政府干预企业的战略与方针也会发生变化，国家的财政政策、税收政策也会随之变化（陈富永，2021）。由于我国税收制度不完善、税收竞争不公平等因素的存在，地方政府可能会出台一些不规范的税收优惠政策，无形中会增加税收环境的不确定性（龚旻等，2017）。当减税降费政策出现"不确定性"时，企业有可能认为政府支持其"降成本"的决心在变动，企业的决策成本就会相应增加（李香菊和祝丹枫，2018），研发创新活动的信心就会动摇（郭田勇和孙光宇，

2021）。进一步地，随着减税降费政策的波动，外部融资环境可能会变差，企业融资的压力变大。较高的不确定性使企业变得非常谨慎，企业就会减少风险性的研发投资，因为一旦创新投资项目失败，企业将很难收回不可逆程度较高的投资（谭小芬和张文婧，2017）。由此减税降费政策变动可能会对企业投资产生"二阶距冲击"，促使企业降低对未来研发创新投入所产生收益的预期（Gulen and Ion，2016）。

2.1.2 减税降费影响企业研发投资的路径与方式

从融资约束、现金流、经营利润等视角研究减税降费影响研发投资的文献较多，这类文献的研究者认为减税降费可以降低企业税费负担，节约企业现金流支出，缓解企业融资约束，从而激励企业研发投入，比如罗宏和陈丽霖（2012）、曹越和赵婷（2018）、付敏杰和张平（2016）等的研究。增值税通过提高企业现金流水平和经营利润两方面对企业创新投入产生影响。当增值税税率下降时，企业的收入可能会发生变化，与增值税相关的附加税，比如城市维护建设税和教育费附加也会发生变化，企业利润会受到间接的影响。降低企业增值税税率可以提高企业的现金流水平，而充裕的现金流水平会为企业的创新活动提供强大保障。

从企业家信心视角研究减税降费影响研发投入效果的文献相对较少，企业家信心会影响其行为意向，决定了企业家评价投资项目的预期风险与回报率（耿中元等，2021）。有信心的企业往往风险偏好更强，更愿意进行风险投资；缺乏信心的企业则往往会选择规避行为（Heath & Tversky，1991；吴卫星和付晓敏，2011）。较高水平的企业家信心往往会推动企业增加风险投资。张世敬和高文亮（2022）认为，减税降费提升了企业对未来经济发展向好的信心，但尚未继续研究对企业创新投入的作用。李真和李茂林（2021）发现，企业家信心增强是减税降费促进实质性创新的主要激励机制之一，但尚未进一步挖掘不同类别的信心产生的差异性作用。

从企业性质来看，不同规模企业执行减税降费政策的效果存在差异。大规模企业更有能力进行政治游说，税务筹划的能力更强，节税、避税的目的更容易达到（Siegfried，1974），大规模企业更有实力从事研发创新活动。斯蒂克尼和姆茨吉（Stichney & Mcgee，1982）发现，企业规模与平均有效税率呈正相关关系；波卡诺（Porcano，1996）发现，企业规模越大，其有效税率越小。曼松和斯密斯（Manzon & Smith，1994）的研究结果显示，不同税制下的企业规模与其有效税率没有关系。谢夫林和波特（Shevlin & Porter，1992）比较了两个规模存在差异企业的有效税率，发现税收改革显著增加了规模较大企业的税收负担，降低了其研发创新投入。此外，企业的生命周期（沈剑飞和陈艺丹，2021）、风险承担水平（刘巍和何威风，2020）、产权性质等也会影响减税降费政策效果。我国特殊的制度背景使得国有企业与民营企业受到政府关注的程度存在差异，享受的资源和获取的资源存在差异，这些差异可能会影响企业的税务筹划、对政策的认识和理解，以及上交的税负，从而可能会影响减税降费政策执行的效果（黄策和张书瑶，2018）。税收优惠会影响不同产权性质企业的税费负担，刘骏和刘峰（2014）发现，国有企业与非国有企业相比，其税负相对较低，中央政府控制的国企与地方政府控制的国企相比，其税负也相对较低。也有文献认为国有企业的税费负担较重（曾庆生和陈信元，2006）。刘慧龙和吴联生（2014）发现，国有与非国有的研发创新活动存在显著差异。因此从企业性质入手，考察减税降费的研发投资效果非常有必要。

2.2　地方政府的政策执行作用

从减税降费的实施过程来看，地方政府是影响其效果的中间环节。地方政府行为对减税降费激励企业研发创新具有调节作用，地方政府的执行意愿和执行能力是需要考量的因素。减税降费是否为政策执行主体推广政策提供了激励手段，关系到执行主体的主观意愿。减税降费政策是否能够落实还受制于地方政府是否能够承受政策所带来的税费减少、财政压力增大、财政收支结构改变等问题，这关系到执行主体的能力问题。地方财政实力决定了政府推广政策的积极性，地方治理能力影响了政策执行的广度和深度。

现有文献从财政分权、分权程度和税收努力程度等方面，分析了对所得税税负、有效平均税率、税收负担率的影响（张敏等，2015；贾俊雪和应世为，2016；田彬彬和范子英，2016），但是较少将地方政府纳入中央及其各部委减税降费政策研究中，探究其对政策作用于辖区内企业研发创新投入的效果。在我国现有的财政分权体制下，地方政府拥有的财权与所需承担的支出责任等事权不匹配，叠加政治晋升激励和政府间竞争，带来了财政资源配置的扭曲（沈坤荣和付文林，2006）。当地方政府的财政实力不足以应对减税降费政策带来的财政收入减少时，政策执行中就会出现逆向选择或者机会主义行为（Chen，2017；马恩涛，2006）。部分政策实施就会存在"重政策制定，轻执行管理"的问题（何平，2017；黄智文，2020）。减税降费是否会形成地方财政压力，取决于政策传导机制的效率，政策激励的方向及其演变会影响政策执行过程的通畅性、实时性，对地方财政压力可能会产生多重影响（刘明慧等，2021）。郭月梅和史云瑞（2021）发现，减税降费政策推升了地方财政压力，但是税基扩大在一定程度上延缓了地方财政压力的增速。

另外，地方政府财政实力的强弱并不必然导致财政压力，如果既定财政实力下地方政府提供公共服务成本的增速大于其财政收入的增速，收支不均衡增长（Bailey，1999；Brixi et al.（2002），收支责任不对等（Bahl，2004），这种情况下地方财政压力就出现了。财政压力改变了地方政府的行为偏好（姚凯辛等，2022）。财政压力会使地方政府无法全部履行其财政职能，提供公共产品和服务的数量与质量也会受到影响（Raphael et al.，2010）。地方财政压力较大时，就不会去推广减税降费政策，更可能转向预算外或者体制外去汲取各种资源，从而增加企业的税费负担，尤其是非税负担。

分税制形成了中央政府和地方政府之间的分权框架，理顺了两者之间的关系，地方政府获得更多的自主权。但是，我国现行法律制度还不够完善，税收立法进程还远远没有达到要求。地方政府在实际税收征管中具有较大的自主权、较为弹性的决策权（黄策和张书瑶，2018），可以通过多种渠道影响企业税负，合规渠道有很多，比如税收征管、税务稽查、税收大检查等；不合规的方式也有很多，比如强制摊派、各种罚款、过头税等，使企业税负呈顺周期特征。陈（Chen，2017）发现，地方县级政府的收入损失可以通过更严格的税收征管、税务稽查等来抵消，税收收入不仅不会减少，还有可能会增加。周雪光（2005）发现，随着上级政府财政约束的强化，地方政府可能会通过罚款、摊派等方式不断地向下索取资源。有时地方政府为了实现政绩目标或者为了官员晋升，可以通过改变身份来"敲诈"地方国企，增加企业的负担（曹越等，2015）。地方政府还可以通过高管的任免干预企业正常的经营活动，甚至通过口头的"指令"迫使企业上交更多的税收（黄策和张书瑶，2018）。

当然，在中央政府减税降费政策的鼓励下，地方政府也有发展地方经济的欲望（Li & Zhou，2005），并且通过制度保障促进区域内企业的创新活动（李政和杨思莹，2018）。企业家深谙当地的政府行为，了解地方的财政实力与创新激励所传递出来的信号，并能依此信号作出相应的研发投资决策。由此，从政府创新偏好等方面探讨减税降费政策实施中的地方政府行为及其对辖区内企业创新投入的影响具有较强的理论与现实意义。

2.3　企业最优税费问题

现有文献研究了税收负担、非税负担的原因及其对企业创新的影响，但是较少探讨两种负担对企业研发创新投入的差异效果。从微观企业视角研究税费负担合理化的文献相对较少，即减税降费政策背景下税费负担在什么样的水平上对企业是合适的，也较少有文献探讨税收负担、非税负担作为中介机制如何影响减税降费的研发创新投入效果。

随着减税降费政策的颁布与实施，制造业企业的税费结构发生了一些变化，成本结构获得了明显改善，融资规模稳步上升，税负成本、融资成本出现下降，人工成本上升的势头得到遏制（张金昌等，2020），物流成本、原材料成本以及企业用能用地成本等也有所下降。但是，政府降费政策年年推进，企业的税负感却日益加重（傅娟，2020），非税负担是我国宏观税负不高而企业感受税负重的重要原因（张德勇，2017；吕炜和陈海宇，2015）。2016 年的"降成本"政策之后，企业对非税负担的感知度依旧强烈（彭飞等，2020）。赵仁杰和范子英（2021）发现，增值税转型在减税的同时加重了企业非税负担。非税负担过重不利于提升企业纳税遵从度，降低了企业创新能力，抑制了企业成长（李林木和汪冲，2017）。

企业非税负担较重的原因在于，首先，人工成本高（贺登才，2014），社保缴费是企业用工成本的重要组成部分，提高社保费率会加大企业成本，增加企业的现金流压力，降低企业利润，挤占企业用于创新的资金投入（Autor et al.，2007），降低企业的生产效率（赵健宇和陆正飞，2018）。其次，各种隐性成本支出较多，比如公关招待费等。在营商环境较差的地区，企业的"隐性"支出可能更多。其他隐性支出还包括乱罚款、乱收过路费、无故增加各种手续杂费。隐性非税负担和政府行为的不规范会增加企业家的心理负担（周强，2015），挫伤企业家从事风险性研发投入的积极性。最后，垄断性产品的价格刚性也推高了企业的支出，国有企业在能源、电力、金融、通信等方面的自然垄断，拉高了其利润增长，抬高了国民与企业的成本。

企业税负存在行业差异、地区差异、所有制和规模差异（倪红福等，2020）。经济增长速度较快的地区或省份，由于相对较好的营商环境，企业的税费负担率相对较低。营商环境相对较差的地区，企业税收负担、非税负担相对较高。申嫦娥（2006）、杨杨和杜剑（2011）等都发现，我国税收从西部转移至中东部，中西部地区的企业承担了较高的税费，而东部相对发达省份的企业则承担了较低的税费。鉴于我国地区经济发展水平差异较大，各级地方政府从本地实际出发，对辖区内企业税收与非税负担施加影响，使得各地企业实际税费存在较大差异（陈晓光，2016）。

当税费不成为企业的负担，反而成为提升价值以及创新产品的驱动力时，企业的注意力就会转移到研发创新以及核心竞争力的提升上，倾向于作出与其心理状态一致的判断与活动（韩国高和胡文明，2016；芮明杰和韩佳玲，2020）。由此，从企业视角关注税收负担与非税负担影响研发投入的差异以及税费负担合理性问题，对企业的研发投入具有现实意义。从减税降费视角研究税收负担、非税负担的结构合理化问题，对我国的税制改革具有重要意义。

2.4 文献评述

减税降费是具有中国特色的财税政策，旨在帮助企业纾困以及激发企业创新动力与活力。从减税与降费的合力来探讨政策的效果，便于合理评估企业的整体税费负担水平，有利于激发企业研发创新的斗志与活力。鉴于外部经济环境的变化以及政府与企业之间信息不对称的存在，中央的减税降费政策会不断变化，当企业观察到政策信号的变化时，企业的风险投资行为也会发生变化，探讨政策变化对企业创新投资行为的影响，便于企业增强应对政策变动风险的能力，该研究具有重要的理论与现实意义。

现有文献较少探讨地方政府在减税降费政策中的作用，也较少将地方政府执行意愿与执行实力纳入政策效果评价中。实际上，中央减税降费政策的实施效果与地方政府执行意愿和实力密切相关，较高的执行意愿有利于减税降费政策的贯彻与落实，较强的执行能力便于发挥减税降费政策激励企业创新的潜能，更能增强地方政府财政可持续发展的能力。

税费负担的降低并不一定导致税费负担的合理化，但合理化的税费负担更能降低企业的税费负担感知，同时更有利于企业从长远的视角增强研发创新实力。现有文献更多地从宏观视角研究税收负担的优化，较少从微观视角研究企业愿意承担税费负担的程度问题。减税与降费具有不同的含义，各自包含的项目完全不同，从企业的视角探讨税费负担及其结构优化更能提供针对性地助力企业创新研发的措施。

综上所述，本书立足于减税降费政策的合力，首先，从政策的优惠性与波动性探究政策通过税费负担影响研发投资的中介机制，在此基础上，从企业家信心、企业现金持有量视角研究减税降费影响研发投资的渠道机制，从外部信贷资金供应量、对外融资依赖度、未来投资机会等方面分析政策影响研发投资的调节效应，从企业生命周期、风险承担水平、产权性质等剖析企业特征的异质性，旨在为评价减税降费政策效果提供经验证据，探究政策改进与完善的措施，摸索企业提升自主创新研发投资水平的路径与可能性。其次，将地方政府纳入研究框架，分析地方政府创新意愿、地方财政实力以及地方财政压力对减税降费影响企业研发投资的调节作用，进一步从省级、市级、县乡级等纵向视角以及东部、中部和西部等横向视角摸索减税降费政策作用于企业研发投入的效果，旨在探讨地方政府推广和实施中央财税政策的意愿和能力，挖掘地方政府在减税降费政策效果中的作用，从地方政府的视角探究企业提升自主研发创新投入的机制与策略。最后，基于 2016 年国务院提出的"降成本"政策，将"降成本"政策执行效应聚焦于企业的研发活动，采用双重差分的方法，从税费负担及其优化的视角，评估政策对制造业企业的减负效应及研发激励效应。同时，将减税与降费政策区分开来，探索税收负担与非税负担影响企业研发投入的中介效果差异，并将税费负担合理化程度（水平）引入研究框架，采用熵权 TOPSIS 衡量税费负担的合理化程度，分析其对企业研发投入的效果，进一步研究企业家信心的传导机制，旨在为探究税收负担、非税负担结构以及税费合理化等影响企业研发投入的效果提供经验证据，挖掘不同税种、费用项目改进与优化的空间以及路径，为制造业企业自主创新投入水平的提升提供政策建议。

第3章 理论基础

3.1 减税理论

3.1.1 西方的减税理论

3.1.1.1 古典经济学派减税理论

古典经济学派的税收理论产生于17世纪中叶，完成于19世纪初，亚当·斯密《国富论》是古典政治经济学经济体系成立的重要标志。古典学派反对重商主义关于税收来源于流通、重农学派关于税收来源于农业部门"纯产品"的观点。亚当·斯密（胡长明译，2009）指出，资本主义社会的税收来源于利润、工资和地租，由此税收分为利润税、工资税和地租税。主张经济自由放任，政府尽量少干预经济或者不干预经济，赞同税收的"公平、确定、便利、经济"等原则；主张按照收入比例平等地、公平地纳税，反对不平等的税收标准，反对以身份贵贱、财富多寡等作为税收标准；建议地租、利润、工资等都需要纳税，反对不公平、不平等地负担税负的做法。

在减税方面，亚当·斯密认为政府应尽量不对资本征税，因为一旦对资本征税，资本就会"溜走"，资本减少之后，相应地，劳动的需求就会减弱，对就业的需求就会降低，失业工人就会增加。利润税由借贷资本家负担，工资税将由资本家和地主负担。地租税是不能转嫁的，设立固定的地租税是不合时宜的，应该根据地租情况设立变动的地租税。地租情况好就增加税收，地租情况差就应该减少税收，这才能体现公平和经济原则。

3.1.1.2　凯恩斯学派减税理论

20 世纪 30 年代的世界经济危机，使凯恩斯减税理论应运而生。凯恩斯主张"国家适度干预"，认为国家应通过调控税率等方式干预经济。一方面，税收具有稳定经济运行的功能。根据宏观经济目标确定了税收目标之后，通过调整税收政策就可以刺激投资，从而增加经济发展的动力，弱化不稳定因素（刘蓉等，2016）。通过改变税收结构以及推行累进税率以提高消费需求，激发居民的消费意愿和能力，从消费端发力刺激经济的恢复。另一方面，税收对国家财政收入具有乘数作用，依托于税收乘数，以减税为手段调节国民收入，刺激经济走入良性循环发展轨道。

凯恩斯理论所提倡的减税降费政策，是经济下滑严重、市场高度失灵情况下的产物，对于调整政府收支的及时性要求极高。国外众多学者认为，凯恩斯学派的减税理论是有市场局限性的，只有经济下行期间才能在短期内体现出很明显的效果，不但不具备长久性，在经济平稳时期若想推动经济进一步增长，凯恩斯理论几乎无法激起水花。

3.1.1.3　供给学派减税理论

供给学派批评了凯恩斯主义政策导致的"滞胀"，主张从供给侧通过减税来刺激社会投资和生产（黄健等，2018）。供给学派有以下两大命题（凯莱特和奥泽乔斯基，1997）：一是市场部门产出会随着税率上升先上升后下降。高税率对要素供给具有抑制作用，高税率对生产效率的抑制是通过阻碍技术进步与扭曲资源配置实现的。二是税收收入会随着税率的上升先增加而后减少，即拉弗曲线。高税率是经济增长的"抑制剂"与通货膨胀的"推动器"，只有降低税率才能增加生产要素供给，提高资源配置效率，刺激经济增长并且解决通货膨胀问题。减税的传导机制是生产要素的相对价格或报酬。当要素供给与收入间有正价格弹性与强替代效应时，传导机制才能正常运行（刘蓉等，2016）。

供给学派认为减税政策不仅具有经济效应，还具有促进投资的作用。减税政策主要通过税收乘数效应影响财政收支、经济增长等，乘数效应发挥的关键因素是税率（Laffer，2004）。高税率会影响劳动者的积极性，减少劳动供给，降低经济效率，加大政府的财政支出与非生产性费用。减税则相反，低税率会提升劳动者的积极性，增加就业，提高生产效率，提升政府收入和经济产出水平。就投资而言，减税虽然可以激励企业投资，但也会引发政府增加赤字，使名义利率上升，导致企业资金使用成本上升。与此同时，利率的上升又会吸引资本持有者的注意，导致外国资本流入（Gale & Orszag，2004），无疑地，增加了减税投资效应测度的复杂性。减税还具有要素替代和收入反馈机制，通过刺激劳动供给和资本供给，促进经济增长。减税有利于生产要素供给和经济增长的机制，学术界尚未达成共识。也可能是因为现实中的"拉弗曲线"具体形态受到多种因素的交叉影响，从而使得学者们无法获得一致性的结论（黄健等，2018）。

供给学派减税理论对美国里根政府的经济政策产生过重大影响，美国特朗普政府同样以供给学派的理论为指导，于2018年1月颁布实施《减税和就业法案》，从减税、简化税制和弥补税收漏洞等方面调整了美国现行税制。供给学派的减税理论在刺激劳动供给上产生了较好的经济效果，在资本投资方面，虽然对政策从供给侧实现刺激的结论尚有争议，但客观上也增加了企业投资，减税政策在促进美国投资方面具有显著的积极作用，并促使美国经济开始恢复。

西方国家的三大减税理论分别从税制结构、需求侧和供给侧等方面对减税促进经济发展的效果进行了分析，在当时确实解决了西方国家经济发展中面临的问题，取得了较好的成效。当然，随着时间的推移，这些理论在不同程度上出现了失灵。我国的供给侧结构性减税政策立足于我国经济发展中的矛盾，旨在激发企业供给端投资、生产与创新的活力。2012年起，我国经济运行进入"新常态"，企业面临升级转型的压力，居民消费需求仍显不足，经济运行正处于结构调整的关键期。供给侧的主体即企业不能有效提供经济供给，拉动经济增长，此时，供给学派减税理论在从供给侧增加产出上的成功实践以及在刺激居民消费上的意外收获与收入分配的改善及政府个人所得税收入的增加上，对我国减税政策的制定与调整有着十分重要的借鉴意义（刘蓉等，2016）。

3.1.2 我国的减税降费政策理论

我国的减税降费政策具有短期"逆周期调节"和长期促进供给侧结构性改革的双重目标，是我国支持积极财政政策提升效能的重要手段，对国家创新发展战略的实现以及推动经济高质量发展具有重要的理论意义。通过税费调整实现社会供需平衡，通过短期性税费缓缴和长期性减税降费的有机结合，调节经济波动，稳定市场预期，防范系统性风险，促进经济稳定、有序增长。

减税降费是深化供给侧结构性改革的重要举措，有利于经济结构的调整，促进供给体系的质量和效率提高，增强经济持续增长的动力。在不同的历史发展时期，我国政府根据经济发展的具体情况逐步地推进改革，分阶段、分步骤地实现了减税降费预定的目标，从结构性减税阶段（2008～2011年），到定向减税和普遍性降费阶段（2012～2017年），再到组合式税费阶段（2018～2022年）（马海涛等，2023），沿着宏观经济调控的方向以及税制改革的路径，政策兼具普惠性和精准性的特点，兼顾了效率与公平，体现了政策的中国特色。该改革过程表明减税降费政策符合我国经济发展的需求，能够助力我国的税制改革顺利进行。2023年的中央经济工作会议明确，积极的财政政策要加力提效，提升针对性有效性，助力企业减负增能，激发企业信心和活力。

减税降费也是税制改革中惠企利民的重要措施，可以有效减轻企业负担、优化营商环境、激发市场主体活力。比如，我国结合税制改革推进增值税转型改革、"营改增"等政策，通过简并以及两次下调增值税税率，降低了市场主体的税收负担，激发了其创新的意愿。通过提高增值税小规模纳税人起征点、小微企业和个体工商户减半征收企业所得税和个人所得税等政策，激发了其经营的积极性。再比如，近年来我国已累计出台六次研发费用加计扣除的优惠政策，加计扣除的比例不断升级，由50%提高到

75%再到100%，充分显示了我国政府支持企业研发创新的决心；通过加大高新技术企业的税收优惠、固定资产加速折旧等政策实施力度，推动制造业企业技术设备的更新换代。长期来看，鼓励创新的减税降费政策能够为我国制造业发展和产业结构的转型升级增添持续动力。

在降费方面，近年来，我国大幅取消行政事业性收费，对市场主体进行减负，取消、免征或降低中央级与省（自治区、直辖市）级设立的多项行政事业性收费。进一步厘清了政府与市场主体之间的关系，降低了企业的费用负担，减少了行政事业收费对市场造成的扭曲，为推动建立国内统一大市场奠定了基础。2021年，财政部持续推进"放管服"改革，实现非税收入收缴"跨省通办"，在税费征收管理与服务方面更加科学、便捷、法治，进一步优化了营商环境，激发市场主体活力。

综上所述，为解决我国经济增速下滑，拉动经济增长，并实现经济的高质量发展，在具体政策选择上，可以借鉴供给学派降低边际税率的做法，同时也需要考虑我国直接税与间接税并重的税制结构。可以从经济供给侧方面制定针对企业自主创新、资本投资和产业升级的减税政策与刺激居民劳动力供给的减税政策；从需求侧方面制定增加居民消费的减税政策；从收入分配方面制定改善居民部门收入分配状况的减税政策（刘蓉等，2016）。

3.2　信号理论

信号理论包括信号传递和信号甄别，两者是解决不利选择问题的两种相似方法。前者是信息优势方先行动，后者是信息劣势方先行动。斯彭斯1974年在其论著《市场信号：雇佣过程中的信号传递》中，开创性地研究了教育水平在劳动力市场上的"信号传递"，其劳动力市场模型成为信号传递理论最经典的模型。赖利（Riley）从经验上检验了斯彭斯的信号传递模型。之后，罗斯（1977）、米尔格罗姆和罗伯茨（1982）分别将该理论应用于资本结构、产业组织等领域。罗斯柴尔德和斯蒂格利茨于1976

年通过保险市场的私有信息问题开创了信号甄别模型研究。

信号理论重点解决决策者如何在信息不对称的背景下，利用各种信号降低不确定性，从而提升决策的科学性（Spence，1974）。信号理论发展至今，已形成完整的包括信号发送者、信号接收者、信号、反馈及环境因素等要素在内的理论框架，其进步之处在于研究了决策者如何通过接收到的信号来辨明选择对象质量的优劣（Bergh et al.，2014）。对企业管理者来说，他们开始注重信息不对称的作用，并将之运用于企业的决策之中，通过关注信息不对称的程度试图来提高决策的科学性和合理性。通过信号的辨别来捕捉其内涵与信息含量，并拓展信息不对称的运用空间与范围。

信号发出方通过信号向外传递信息，信号接收方通过相应渠道获得信息。中央制定的减税降费政策具有信号的作用，信号发出方是中央政府及各部委，信号的接收方是企业。中央政府及各部委通过地方政府将信号传递给企业，试图让企业了解政策的目的及内容，并完全实施政策。由于信息的传递需要流程，传递者的认知能力和解释能力影响着信号的传递。企业接收到的信号不一定与信号发出方发出的信号完全一致，这会导致企业不能完全理解并实施政策。关注信号传递的流程与环节，重视信息发出者与接收者的沟通与交流，分析影响信号作用的各种因素，有利于提高接收方决策的准确性和效率，达到发出方和接收方双赢的局面。

减税降费政策信号的作用受到多种因素的影响，首先，信号发出的环境要素对信号传递过程有着重要影响，例如环境失真，即信号传播媒介降低了信号的可观察性。伊尔莫拉和库西（Ilmola & Kuusi，2006）认为，对于微弱的信号，接收者对环境的监测尤为重要。斯利夫卡（Sliwka，2007）通过对激励和偏好的研究，认为对信号诠释不确定的接收者会更倾向于使用他人对信号的定义。这样会导致从众效应的发生，即某信号被习惯性地以一种特定的方式诠释，但其正确性却有待商榷。很多环境因素都会对信号传递产生影响（McNamara et al.，2008），比如政策信号发布的时机、政策信号的强度，地方政府对减税降费政策的宣传与落实动机及方式也影响着减税降费政策效果。其次，接收者的特征也影响政策信号的效果。信号的有效性部分取决于接收者即企业的特性。企业之间对信号解读存在差异，不同的企业对信号的"校准"赋予信号不同的强度和意义（Branzei et al.，2004）。其他企业的正确判断也有助于促使政府发送可信度更高的信号并减少"欺诈"的发生（Connely et al.，2010）。而且，"反馈"在信号传递中具有重要作用，当企业给予政府反馈时，有助于政府了解某一信号的影响程度、影响范围等信息，从而对之后的信号进行优化。最后，当前企业的营商环境正在发生重大变化，不确定性增加，信息由不对称转向冗余和过载。此时，信号的主要作用可能不再是解决信息不对称问题，而是如何在不确定性和信息过载的情形下，传递更加清晰、更加具有吸引力的信号。其中，更重要的挑战是信息的统一性和针对不同群体的个性化之间的冲突。随着企业对信号理解的加深，决策者开始关注信息的收集，看重信号释放出的信息含量，他们已经认识到信息传递的速度与准确度会影响其决策的科学性和合理性。于是，在外部环境变化的情况下，企业决策者愈发重视准确、可靠信息的收集与识别，希望剔除掉冗余的信息，抓住核心的具有信息含量的信息。减税降费政策发布之后，如何从中识别准确的信息含量，是决策者正确研发投资决策的前提。

3.3　政策执行理论

3.3.1　公共政策执行理论

20 世纪 70 年代中期以后，研究者从不同的角度建立起若干政策执行的理论模型。其一，美国政策科学家史密斯（Smith T B）在 1973 年的《政策执行过程》中，提出了政策执行因素及其生态—执行的理论模型，认为政策执行涉及理想化的政策、执行机关、目标群体以及环境因素等四个因素。其二，美国学者范霍恩（Van Horn）和范米特尔（Van Meter）在 1975年提出了政策执行的系统模型，认为影响政策效果的变量很多，包括系统本身、系统环境等因素。有效的政策执行需要识别政策目标、执行标准、政策资源、执行者属性、执行方式以及系统环境等。其三，麦克拉夫林（Melanghin M）在 1976 年的《互相调适的政策实施》中提出了互适模型，认为政策执行者与受影响者之间的需求与观点并不完全一致，双方基于共同利益，需要相互调适，确定一个双方都可以接受的政策执行方式。相互调适的过程是双方彼此交流的过程，双方的地位是平等的。随着环境因素的变化，政策执行者的目标和手段可随之改变。其四，美国公共政策学者雷恩和拉宾诺维茨（Rein & Rabinovitz，1978）创建了以循环为特色的政策执行分析框架，认为在一定的条件下，政策执行需要经历拟定纲领、分配资源和监督执行等阶段。其五，美国政策学家萨巴蒂尔和梅兹曼尼安（Sabatier & Mazmanian，1980）提出了公共政策执行的综合（又名变数）模型，认为政策执行中主要变数包含政策问题的可处理性、政策本身的规制能力以及政策以外的变数。该模型考量了不同时期的变量对政策执行的影响，政策执行阶段可分为政策产出、标的团体的顺从、实际影响、政策评估以及政策修正等。其六，美国公共政策学者巴德奇（Bardach E，1977）把政策执行过程看作一种"博弈"，执行人员、利害关系、策略与技术、竞赛资源、竞赛规范、竞赛规则、信息沟通状况、结果不稳定程度等都是博弈的因素，政策效果取决于各方的"战略"选择。其七，麦尔科姆·高金（Malcolm L Goggin，1990）提出了府际政策执行沟通模型。将政策执行视为一种复杂烦琐的过程，认为政策执行是一系列发生于不同时间与空间的政治与行政的过程，不应忽视各种层次中执行的动态面，该模型着重探讨政策执行的动态过程。当中央政府作出决定启动政策之后，会通过形式和内容来约束政策执行人员，政策更可能是团体之间相互讨价还价的结果。地方政府会根据其偏好与行为能力回应中央政府强加的诱导和约束方式。

3.3.2 我国减税降费过程中的地方政府行为

根据霍恩和米特尔（Horn & Meter，1975）的政策执行系统模型，从政策制定到实际执行受到六个因素的影响，这些因素包括政策的目标与标准，政策实施所需资源，组织间的沟通与有效实施，执行机构的特点，政治、经济与社会环境条件以及执行者的意向。其一，一项公共政策的执行需要确定政策目标与标准，目标就是政策在贯彻之后所要达到的显性效果，政策要求就是评估政策是否达成预估要求的指标因素，是政策目标的现实展现。其二，在中央政策既定的目标之下，地方政府利用政策资源及各方面的有利因素，根据所面临的环境、自身的意向与特点，组织政策的贯彻与落实。政策资源是贯彻政策的关键扶持以及基础保证，关键的支撑资源包括人力资源、经济资源、组织资源、智力资源以及信息资源。具体地，人力资源涵盖人员数目、素养以及受教育情况等。经济资源能确保政策执行时的资金来源、资金充足状况等。组织资源是众多组织之间的帮扶、资源分享。智力资源是达成政策目标所拥有的理念以及所使用的全新方式。信息资源政策执行中所需要的服务于政策的各种信息，是各组织沟通与交流所需要的。其三，为确保政策执行的顺利进行，执行者还需要使用一定的方法，包含执行者、被执行者以及目标群体之间的沟通与交流方式，其中最为繁杂的就是互动，还有协作、合作、强制执行等交流方式。其四，执行机构的特点是其身为政策实施者的特点以及角色定位，包括执行者的价值取向和所属机关、机构规模以及执行者水平、执行组织等级、组织的资源、相同层次和不同层级组织的关系、执行机关在系统中的地位等。其五，公共政策都需要依照社会发展环境来设置，政策执行也需要根据外部经济环境来进行。外部环节包含社会、经济、政治环境等方面。其六，执行人员的价值取向表明执行者对政策的认同、认可、认知程度以及对政策的看法。政策需要执行人员来具体实施，他们的态度和价值观直接影响了政策实施效果。

显而易见，政策的精准性是以有效执行为最终目标的，不可以停留在静态的政策工具或政策内容分析上，需要动态地分析政策的执行过程。在此过程中，随着内外环境的变化，政策执行者的目标和手段也会随之改变。政策实施是否成功，执行人员对政策目标与标准的精准了解是关键，这需要执行人员具有共同的对政策的认同，并给予执行人员一定的行政能力作保障。

　　我国自 2008 年结构性减税以来，减税降费政策经历了不断随着经济形势变化而变化的过程。短期来看，我国需要通过财税政策刺激放缓的经济增长。减税降费是促进企业投资、激励个人消费的主要举措。长期来看，减税降费能够加快我国经济转型，推动经济高质量发展。无论是短期还是长期目标，中央的减税降费政策都需要地方政府去推广和执行，政策才能落实到相关企业。不同地区的地方政府有差异化的资源，比如东部、中部、西部地区的资源差异较大，地方政府在推广政策时所需要的资源优势存在较大差异。正是由于东部、中部、西部地区的制度和文化差异较大，经济发展水平不一致，导致地方财政状况有较大差异，因此，地方政府在执行减税降费政策时会有显著的差异性行为。减税降费作为分税制改革以来规模最大的制度性财税政策，其实施改变了政府的收支规模、收支结构及财政赤字状况（马海涛等，2020），从而改变了地方政府组织推广政策的动机与偏好，因此地方政府的态度及行为能力会对减税降费的激励效应产生一定影响。

　　地方政府在推广和实施减税降费政策时，需要了解政策目标，并且对政策有最大限度的认同，认同是政策得以有效实施的起点。而且地方政府需要具备一定的行政能力，它决定了政策激励企业研发投入的效果。政策资源是地方政府推广和实施政策的基础，基于既有的资源，地方政府将采用沟通与交流、协调、合作、强制执行等方式实施政策。有效的沟通是政策执行成功的重要因素，地方政府与企业之间的互动过程是双向的信息交流过程（吴小建和王家峰，2011）。地方政府的行为会影响到政企双方的互动过程。减税降费政策的实施，有利于地方政府理解中央政策的意义，减弱地方政府的机会主义行为，帮助地方政府从长远的视角培植地方税源，找出地方经济发展的新增长点，探索深化税制改革的新思路。而且新的"组合式"、大规模减税降费政策的实施，缓解了企业现金流紧张的局面，便于企业资源要素的自由流动，改进了市场环境，有利于降低税收对市场机制的干扰或扭曲。

3.4　最优税收理论

3.4.1　西方国家的最优税收理论

重商主义经济思想中的税收理论是最优税收理论的思想来源。拉姆齐（Ramsey）于 1927 年首次探讨了税收优化的问题，最优商品税的概念也首次被引入经济学研究中，标志着现代最优税收理论正式诞生。可以说，从 20 世纪 70 年代发展起来的最优税收理论，其目的是找出一种或一组税收方案，使实施后的社会福利最大，所造成的抑制性效应最小（刘玉龙，2017）。约翰·伊特韦尔等（1996）的《经济学大辞典》对最优税收理论的解释是：对国家财政中某些典型的、不可回避的问题所作的规范阐述，比如间接税（最优商品税）和直接税（最优所得税）之间的平衡。许多问题的核心是在公平与效率之间的一种权衡。在基本经济假设条件下，拉姆齐（1927）构建了最优商品税理论，米尔利斯（Mirrlees，1971）则构建了最优所得税理论框架。拉姆齐最优商品税理论的核心结论就是著名的拉姆齐法则，即逆弹性法则，其基本内容是：当消费者的效用函数是直接可加时，最优商品税率（即税收与价格的比重）与需求的收入弹性呈反方向关系。其目的是使额外负担最小，降低税收对经济效应的扭曲，它阐明了税率选择以及税收优化的基本原则。该理论的不足之处是拉姆齐法则与税收的公平原则相违背。1971 年戴尔蒙和米尔利斯（Diamond P A & Mirrlees J，1971）将拉姆齐法则从"一个家庭"的情形推广到多个家庭，同时考虑公平和效率的最优商品税率决定问题，使得拉姆齐的研究成果被学界广泛讨论。最优商品税体系中，需求弹性与对商品征税呈反比关系（Baumol & Bradford，1970）。政府的政策设计中，需要对需求弹性较小的商品开征高税，而对需求弹性大的商品征低税，这种政策具有一定的合理性（约瑟夫·斯蒂格利茨，2016）。

线性所得税理论和非线性所得税理论都属于最优所得税理论，其中，最优边际税率的决定问题是最优线性劳动所得税所研究的，以使得社会同时实现收入公平分配和线性所得税效率损失最小化，其基本结论是：劳动力的供给弹性越大，最优边际税率越小（Stern，1976）。最早研究最优非线性劳动所得税的是米尔利斯（Mirrlees，1971），它是关于累进所得税税率如何决定的理论。在罗尔斯式社会福利函数下的最优所得税税率是累退的（Myles，1995）。如果同时考虑线性商品税和非线性资本所得税，在最优非线性所得税上没有必要征收商品税，所得税足以实现社会福利最大化目标，对拥有较高技能水平的家庭最偏好的商品应该征收最高的商品税（Atkinson & Stiglitz，1976）。戴尔蒙和米尔利斯（1971）对激励相容背景下的最优所得税问题进行了研究，建议对最高、最低工资率都课以零（边际）税率。米尔利斯（1994）归纳了"税收原则"和"非税原则"。

就最优税收理论本身而言，还存在着诸多难以解决的问题，使其不能真实地反映税制的运行状态，也限制了其应用与推广（Sandmo，1976；刘玉龙，2002）。现代最优税收理论通过不断扩展基本假设条件形成新的研究框架，其中包括新动态财政理论框架下的最优税收理论和税收遵从下的最优税收理论。前者是在查姆利（Chamley，1986）最优所得税框架下，使用米尔利斯动态优化分析法研究政府设计最优税率和税制结构的问题。它综合了最优税收理论和拉姆齐的动态分析框架。后者是指在信息不对称的背景下，纳税人在厌恶风险时，其税收遵从行为受到诸多因素的影响，纳税人的收入水平、对待风险的态度以及规定的税率、税务部门的稽查、罚款的程度等都会影响税收遵从行为。

3.4.2 我国的最优税收理论

国内关于最优税收理论的研究，起始于 20 世纪 90 年代，主要内容涉及国外最优税收理论的概念解析、内容分析，学者们也探讨了我国税收政策制定的理论依据，研究了西方最优税收理论是否适用于我国的实践活动等内容。西方国家的最优税收理论是建立在严格逻辑推理、数学推导等基础上，其目的是提高税收效率和公平，实现社会福利最大化，以此为依据提出的政策主张，不属于最优税收理论的内容。在特定的条件下，以减少税收扭曲效应为目的的税收制度或政策主张，不管是属于最优商品税还是最优所得税，都应该归属于最优税收理论体系（吴小强和王志刚，2017）。最优税收理论是建立在信息不充分的条件下，所要解决的主要问题是减少税收对经济的扭曲，即通过各种方式降低税收对经济所造成的扭曲，政府决策时首先要考虑效率，同时要兼顾公平。该理论思想为我国的税制改革提供了指导，为更好地贯彻减税降费政策提供了思路。

首先，该理论为处理好减税降费与稳定财政收入之间的均衡提供了依据。减税降费对经济发展具有一定的促进作用，但同时也会为地方政府带来财政压力。只有使减税降费政策与稳定财政收入之间达到某种程度的均衡，地方政府才不会有压力，才能更好地贯彻政策，减税降费政策也才能促进经济的发展。拉姆齐法则对于商品税税率设计的政策含义是清楚的，对于我国目前的税制改革具有直接的指导意义。比如降低增值税税率，以减少其对经济的扭曲效应。增值税留抵退税政策，一方面，可以减少政府对企业的资金占用，缓解企业的资金压力，增强企业对政府支持的信心；另一方面，还可以有效避免增值税返还链条中断导致的税负沉淀，降低企业的融资成本，增强企业抵御风险的能力，提升企业家投资的信心（马海涛等，2023）。再比如，对出口商品实行零税率，目前我国出口产品的退税率仍然有进一步下降的空间；对于进口的商品，应该参照国际惯例，认真研究复合税制，比如从量税的征收标准，季节税的征收时机，临时关税的实施细则等；进一步取消征收农业税，减轻农民的超额负担，帮助农民提升农业生产效率。此外，我国针对小微企业、高新技术企业、软件与集成电路企业等所得税优惠政策，针对个人提高应税免征额等税收优惠政策，都是我国税制改革践行供给侧结构性改革的重要举措，对于激活企业活力，提升企业创新的积极性，从而增加政府财政收入等具有政策意义。总体上，减税降费贯彻税收中性的原则，秉承公平竞争的理念，降低了企业的超额税费负担，削弱了税收对市场机制的干预或扭曲程度（Rosen & Gayer，2010）。而且，低税率、轻税负、稽征便利也是税收中性的要求（侯卓，2020），从长期来看，有利于企业的公平竞争以及经济的盘活，为财政收入的可持续发展奠定税制基础。

其次，对减税降费政策的贯彻与实施，要有长远的制度安排。根据最优税收理论，需要中央政府及时地测试减税降费政策为地方政府带来的压力，评估政策实施的负面效果，确保其对地方经济的发展不会带来异常的不利影响，降低政策失灵的概率。针对不同的减税与降费政策，也要实时地进行压力测试。比如在"社保费"改为"社保税"的过程中，要确保不增加企业的额外负担，同时还要保障个人社保收入。针对增值税的优惠政策，分析和评估现有财税制度，研究差别增值税税率带来的福利损失或效率损失，降低无谓损失，争取实现帕累托效率的税收结构。

最后，减税降费的贯彻与实施，要与税制改革结合起来。研究税收遵从条件下的最优所得税问题（Myles，1995），建立提高税收遵从度的累进所得税收入分配机制以及个人所得税和社会保障体系结合的税制。探讨最优税收理论模型框架的扩展方式，比如当信息不完全时，分析地方政府税收竞争及其后果，在央地分权格局下如何构建地方税收体系（吴小强和王志刚，2017），当税源和税负背离时如何处理和化解各主体之间的矛盾。

第4章 减税降费政策与企业研发投资

4.1 引 言

在中国经济转向高质量发展阶段的过程中，创新作为引领发展的第一动力，既可以推动经济发展方式转变，也可以促进经济结构优化以及增长动力转换。对企业而言，创新是其实施动力变革、效率提升和产品质量优化的重要保证。由于创新研发活动本身具有的高风险性、长周期性及外部性等特征，并结合新冠疫情等所带来的不确定性因素，企业的创新积极性受到了严重影响，并使其研发投入低于社会最优水平（Arrow，1972；Neary，1998）。政府的减税降费政策有利于弥补此类缺陷，促使企业研发投入规模接近社会理想水平（李香菊和杨欢，2019）。

减税降费是供给侧结构性改革的重要举措，旨在激发企业创新活力，为经济高质量发展奠定税源基础。自我国实施创新驱动发展战略以来，实行了所得税税率下调、营改增、社会保险费率下调等各种税收优惠与降费措施，"实质性"减税降费越来越明显。近年来，政府进一步实施大规模减税降费，旨在发挥财税政策的国家治理效应，贯彻实施创新驱动发展战略，并唤起微观企业主体的创新与活力，激发企业提升研发投入水平（李香菊和杨欢，2019）。财政部数据表明，我国税收占 GDP 的比值已从 2016 年的 17.5% 降到 2021 年的 15.1%，2021 年国家新增减税降费累计已达人民币 1.1 万亿元①，其中制造业的升级是重点支持领域之一。2022 年减税降费政策精准度更强，继续加大对制造业等科技创新领域的减税降费力度，进一步夯实经济发展的基础，全面提升综合国力。

现有文献研究了减税降费的积极作用，比如减税降费有利于资源的流动与合理配置，提高资源配置效率（Medina & Schneider，2017），降低企业生产要素的投入成本（栾强和罗守贵，2018）和企业创新成本（冯泽等，2019），对于企业的投资策略如研发投资、人力资源投资具有引导作用（胡华夏等，2017）；减税降费在降低企业负担的同时，能促进企业创新能动性、积极性的提高，提升企业的研发规模和研发强度（李香菊和杨欢，2019），提高企业的创新效率与效果（Czarnitzki et al.，2011；伍红和郑家兴，2021）。然而，现有文献较少探讨减税降费作用于企业研发创新的渠道机制与调节机制，也往往将企业层面的税费负担作为减税降费政策的衡量（许伟和陈斌开，2016）。实际上，减税降费可看作外生的政策变量，从政策到企业的税费负担还有许多中间环节，将两者等同无疑会降低对减税降费政策评估的效果。从渠道机制来看，企业家对于政策的领悟有利于改变其投资动向，企业家的信心及其与之关联的现金持有量影响着减税降费政策的实施效果。从调节机制来看，外部的信贷资金供给量解释了企业融资环境的状况，影响了减税降费政策发挥的作用，企业对外部融资的依赖度决定了其融资约束程度，而未来的投资机会影响着企业的投资决策，这些因素都对减税降费政策激励企业研发投入的效果起着调节作用。

本书选取 2008～2021 年我国制造业上市企业为样本，以各细分行业政策为基础，结合文本分析并赋值作为减税降费的衡量指标，研究其对企业研发投入的激励作用，检验企业税费负担水平在其中的渠道效应。进一步从企业家信心、现金持有量等视角挖掘减税降费作用于制造业企业研发投入的中间渠道机制，从外部信贷资金供给量、企业对外融资依赖度、投资机会等视角挖掘减税降费作用于企业研发的调节作用。在此基础上，从企业生命周期、风险承担水平、产权性质等异质性方面探索减税降费影响

---

① 北梦原. 今年我国将实施更大力度减税降费［N］. 工人日报，2022 - 02 - 23.

研发投入的效果差异，为完善和评价政策提供经验证据，为企业提升创新能力与水平提供新思路。

4.2 理论分析与研究假设推导

4.2.1 减税降费与研发投入

制造业是我国经济高质量发展的主力军，也是我国实现创新强国战略的重要组成部分。减税降费是减轻企业税费负担，促进制造业转型升级并激发企业活力的重要支撑政策，对稳定市场预期、实现国家治理现代化具有深远意义，对实现制造业强国战略具有政策意义。从作用时效看，减税降费不是为解决一时的困难搞"大水漫灌"式强刺激，而是更为平稳地提振经济，优化结构，实现经济高质量发展。减税降费最重要的初衷之一就是激发制造业企业活力，促进企业创新。比如 2021 年"减税降费组合拳"就直接地指向了技术创新和研发项目，研发费用加计扣除比例从 75% 提高到了 100%，传递的信号是国家继续鼓励技术创新和研发项目，特别是鼓励制造业企业的技术创新和研发活动。

从信号引导作用来看，减税降费政策具有传递国家支持与鼓励制造业企业创新研发的功能。企业的科技研发投资有着高风险、高沉没成本等经济特征，使其往往受到来自外部的资金约束。中央的减税降费政策显示了国家支持企业创新的决心和信心，可以进一步向国内银行、风险投资机构等发送金融利好的信号，吸引国外金融机构投资者等的密切关注与直接注资，从而有利于增强我国企业直接筹集资金并积极进行产品研发或投资活动的资金能力，进一步缓解自身的市场融资约束（毛德凤和彭飞，2020），增强企业为创新活动筹集资金的能力（李香菊和杨欢，2019）。而且减税与降费政策均使企业实际税费支出下降，降低了企业税基涵盖的范围，增加了企业可自由支配的资金，激励企业增加研发投入（伍红和郑家兴，2021）。增强减税降费力度能够显著地提升我国区域市场内企业产品的整体创新成果产出，其中适当缓解企业内部债务融资规模约束问题是激励实质性创新成果转化的一条主要机制。总而言之，作为一种更加积极稳妥的政策信号，减税降费政策有利于加速改善国内企业技术创新的外部融资环境，拓宽企业外部融资创新渠道，缓解企业自主研发过程中存在的各种资源配置约束，提高科技研发市场资源整体配置与运行效率水平，激发企业研发投入的积极性。

从企业内部来看，减税降费可以降低企业研发成本和风险。研发投资具有高风险、高成本、外部性等特征，在一定程度上影响了企业创新的积极性，因此需要政府通过相关财税政策进行适当方式的干预（Arrow，1972）。减税降费政策如实行固定资产加速折旧、研发费用税前加计扣除、企业所得税优惠税率等，都有利于企业降低研发运营成本，激励企业多渠道、多方式增加研发投入（胡华夏等，2017；李香菊和杨欢，2019）。冯泽等（2019）分析发现，研发加计扣除政策能够显著激励企业产品创新投资。从企业成本的角度来说，减税降费间接降低了企业的研发成本，比如所得税率的下降或者应纳所得税额的减免，降低了企业的现金流出，增加企业可自由支配的现金流，相当于企业节省了创新成本（林洲钰等，2013）。从风险的视角，减税降费政策具有积极承担风险的功能，可以激励企业加大风险性收益较高的研发投资项目。加计扣除政策允许企业的高风险研发经费投入在计征所得税前准予加计扣除，就是允许研发费用能够先行一次性从相关应税收入扣除中得到抵减，这意味着我国政府部门在征收相关企业所得税时，已经主动承担了企业研发项目投资造成的部分风险。再比如，所得税优惠税率，也意味着从事较高风险研发活动的企业，其在缴纳所得税时享受了优惠，政府通过少征部分企业所得税的方式来减少企业自主研发的投资风险。

减税降费对企业研发投入的影响机理如图 4.1 所示，横坐标、纵坐标分别表示企业的研发投入、其他要素投入。企业未受减税降费影响时，其资金受限总量为 CF_1，与等产量线 Q_1 相切于 A 点，其表示当前企业的资金投入最优状态。当企业受到减税降费优惠政策激励后，其资金约束有所释放，可用资金量上升至 CF_2，相应的均衡点移动至 B，此时研发投入从 RD_1 提升至 RD_2，即减税降费政策通过融资约束渠道对企业研发产生激励作用。

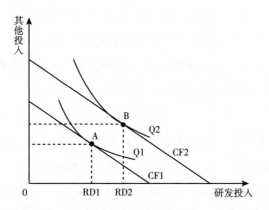

图 4.1 减税降费对企业研发投入的影响机理

由此，推出第一个研究假设。

假设 4.1：减税降费政策有利于提升制造业企业的研发投入。

4.2.2 税费负担的渠道传导作用

从微观经济学的"死角损失"理论来看，税收使生产者和消费者的福利减少了，生产者和消费者剩余的减少超过了政府筹集到的税收收入。当税收提高了消费者的价格，降低了生产者的价格，生产者和消费者就会对这些激励作出反应，随之市场规模就会下降到最优水平之下。所以税收引起了无谓损失，扭曲了对生产者和消费者的激励，引起了市场资源配置的无效。可以推测，高额税负引起的最大经济后果就是生产者、消费者和各级政府部门等三重主体利益共同受损的情况，政策制定者应考虑税负是否会妨碍企业的投资和创新（李炜光和臧建文，2017）。

对于制造业企业而言，无论属于资本密集型、技术密集型，还是劳动密集型，其生产所需的土地、机器、厂房等重资产都需要较多的银行贷款，必然面临一定的融资约束问题。外部的融资约束使得企业的大多数研发活动过多地依靠内部现金流资源（李真等，2020），较重的税费负担可能使企业生产全流程的现金流紧张，从而导致企业丧失研发投入的信心。因此，充足的现金流是企业进行研发投入的前提。

从减税降费的作用路径看，它不是先把税从纳税人手中收上来，再用于项目投资，而是直接降低企业税费负担，增加企业利润，激发市场主体活力。减税降费最直接的作用就是降低制造业企业的高额税费负担，减少企业的大额现金流出，尤其是对那些资金瓶颈约束较强的制造业企业，无异于雪中送炭，使得企业有机会降低更多成本，开展自主创新经营活动以主动应对各种外部或市场环境产生的经济快速变化。当企业的税费负担较重时，企业的现金流及其相关的资源就会紧张，可提供用于产品、工艺以及流程创新上的各类研发投入或资源需求就会减少，相关创新研究成果的预期产出可能就会大幅降低（李林木和汪冲，2017）。而且，减税降费简化了对企业税负的法定税基范围，规范了对企业的适用税费类型，缓解了对企业造成的现金流压力，便于企业未来增加对核心研发人员薪酬激励计划的经费投入，从而有利于吸引、留住更多优质的技术创新领军人才（刘蓉和汤云鹏，2020），为创新活动提供充足的人力资本。

总而言之，减税降费通过税费负担的多寡影响企业的研发创新意愿以及激情和热情。随着企业税费负担的下降，企业研发创新的积极性会提高，研发投入也会相应增加。而税费负担的增加会导致企业研发创新的下降（伍红和郑家兴，2021）。当税费负担降低引致企业各项成本费用下降时，就会提升企业的利润和现金流水平，激发企业从可持续发展的视角增加研发创新方面的投入。由此，推出第二个假设。

假设 4.2：减税降费政策通过降低税费负担水平提升企业研发投入。

4.3　研　究　设　计

4.3.1　样本选取与数据来源

本书的样本取自 2008～2021 年沪深 A 股制造业行业的上市公司，同时通过以下方法进行数据筛选：剔除 ST、*ST 和 PT 的公司样本；剔除指标严重缺失和数据异常的企业样本；对所有连续型变量进行双侧 1% 的缩尾处理。经过上述处理，共得到16742个样本观测值。研究数据来自手工收集、国泰安数据库（CSMAR）、万得数据库（Wind）。

4.3.2 变量界定

4.3.2.1 被解释变量

企业研发投入（RD_Spend）：为更全面地考察企业在研发过程中的要素投入，并考虑到数据的可得性，本书借鉴李维安等（2016）、李新等（2019）的做法，用当年研发费用除以营业收入的值来衡量企业研发投入，从资金方面来探究政策对于研发投入的影响。

4.3.2.2 解释变量

减税降费政策力度（JSJF）：现有文献往往将企业实际税率（许伟和陈斌开，2016）或"营改增"政策这一外生变量（张璇等，2019）作为减税降费的替代变量，这些衡量方法无法准确表示减税降费政策本身的力度，只是间接论证了减税降费对企业产生的作用。单一的政策指标很难综合地呈现政府的动态支持力度，在实证分析时也较难避免由于企业各财务特征和治理特征因为互相关联而产生的内生性问题（李真和李茂林，2021）。如何构建减税降费政策力度指标是探究政策是否能为企业带来良好研发创新投入的关键。事实上当前针对政策文件的文本分析法越来越受到研究者的青睐，比如吴超鹏和唐菂（2016）、金培振等（2019）。李真和李茂林（2021）利用各省（自治区、直辖市）的减税降费政策总数（取自然对数）来衡量政策力度。本书采用政策文本分析法，将手工收集的中央层面减税降费政策文本进行人工阅读，最终筛选出478项政策并进行频数统计，这种衡量方式更能刻画减税降费的真实力度。

政策力度JSJF即代表每个年度各细分行业政策的法律性、颁布的部委数、政策内容等信息的合集，根据政策内容，提取了32个主题词，用下列公式定义，其中，t表示年份，N表示政策数目，h表示第h项政策。

政策性质按照 5、4、3、2、1 赋分。根据政策性质（P_h）、政策颁发部门数（D_h）、政策主题词频数（PG_h）等计算各年度各细分行业各政策主题词的分值，汇总后作为政策自身效果的分值，该分值越大，则减税降费政策力度越强。

$$JSJF_t = \sum_{h=1}^{N} PG_{ht} \times P_{ht} \times D_{ht} \qquad (4.1)$$

4.3.2.3　中间的渠道变量

税费负担水平（Tax）：采用企业年度的总税负率来衡量税负水平，数据来自现金流量表，具体公式为"（支付的税费 − 收到的税费返还)/营业收入"。

4.3.2.4　控制变量

参考已有文献（邵悦心，2019；谢获宝等，2020；芮明杰和韩佳玲，2020；张璇等，2019)，选取如下控制变量：企业规模（SIZE）、企业年龄（AGE）、资产负债率（LEV）、成长能力（GROWTH）、资本支出比例（CAPEX）、固定资产比（CAI）、董事长和总经理兼职状况（DUAL）、董事会规模（BSIZE）、董事会独立性（INDEP）以及股权集中度（TOP1）。具体的变量选择与变量定义如表 4.1 所示。

表 4.1　　　　　　　　　　变量选择与变量定义

项目	变量符号	变量名称	变量定义
被解释变量	RD_Spend	研发投入	企业当年研发费用与营业收入的比值
解释变量	JSJF	减税降费政策力度	对计算出的政策力度取自然对数
渠道变量	Tax	税费负担	（支付的税费 − 收到的税费返还)/营业收入
控制变量	SIZE	企业规模	总资产的自然对数
	AGE	企业年龄	企业成立至当年的自然对数
	LEV	偿债能力	总负债/总资产
	GROWTH	成长能力	营业收入增长率

续表

项目	变量符号	变量名称	变量定义
控制变量	CAPEX	资本支出比例	购建固定资产、无形资产和其他长期资产所支付的现金额/年末总资产
	CAI	固定资产比	固定资产总额/年末总资产
	DUAL	两职合一	董事长兼任 CEO，赋值 1，否则为 0
	BSIZE	董事会规模	董事总人数取自然对数
	INDEP	董事会独立性	独立董事/董事总人数
	TOP1	股权集中度	第一大股东持股比例

4.3.3 模型设定

首先，构建模型（4.2）考察减税降费政策对企业研发投入的影响，该模型的被解释变量为研发投入，由 RD_Spend 表示；解释变量为减税降费程度，用政策力度 JSJF 表示，其系数 α_1 为待估参数。若 α_1 显著为正，则假设 4.1 成立。

$$RD\_Spend_{i,t} = \alpha_0 + \alpha_1 JSJF_{i,t} + \lambda Control_{i,t} + year_t + \varepsilon_{i,t} \qquad (4.2)$$

其次，设定模型（4.3）、模型（4.4）检验税费负担的渠道传递效应，模型（4.3）中解释变量为企业税负水平 Tax，在此期待其系数 β_1 显著为负。模型（4.4）同时加入政策力度 JSJF 与税负 Tax，如果模型（4.3）和模型（4.4）估计结果中系数 β_1 和 γ_2 显著，并且模型（4.4）中 γ_1 值小于模型（4.2）中 α_1 估计值，则说明减税降费政策对企业研发投入的影响作用是部分通过降低企业的税负实现的，即假设 4.2 成立。同理，验证企业税费负担的中间渠道效应。

$$Tax_{i,t} = \beta_0 + \beta_1 JSJF_{i,t} + \lambda Control_{i,t} + \mu_t + \varepsilon_{i,t} \qquad (4.3)$$

$$RD\_Spend_{i,t} = \gamma_0 + \gamma_1 JSJF_{i,t} + \gamma_2 Tax_{i,t} + \lambda Control_{i,t} + \mu_t + \varepsilon_{i,t} \qquad (4.4)$$

考虑到当前逐步法对于检验中介效应存在的局限性，参考江艇（2022）的操作建议，识别解释变量对中介变量的因果关系；证明中介变量对被解释变量的影响，且该影响是直接的、一目了然的。进一步构建如下机制分析模型（于明哲等，2022）：

$$RD\_Spend_{i,t} = \gamma_0 + \gamma_1 Tax_{i,t} + \lambda Control_{i,t} + year_t + \varepsilon_{i,t} \qquad (4.5)$$

即在模型（4.2）、模型（4.3）的影响系数 α_1、β_1 均显著的基础上，增加模型（4.5），其中系数 γ_1 可以衡量机制变量 Tax 对企业研发投入的影响，若 γ_1 系数也显著，即可证明渠道变量的传导渠道。另外，还考虑中介效应检验可能存在的偏误及内生性问题，进一步排除从被解释变量到中介变量的反向因果关系（江艇，2022）。

4.3.4　描述性统计

由表4.2的描述性统计结果可知，在企业研发投入变量中，RD_Spend 的最大值、最小值、均值分别为 0.190、0.001、0.051，说明不同公司的研发投入力度在资金上差距均较大，5.1% 的研发投入比例比较符合现行制造业的实际情况，整体上制造业企业的研发投入比例已经在不断提高了。减税降费 JSJF 的最大值、最小值、均值分别为 8.431、5.226、7.170，表明不同行业公司享受的减税降费政策存在较大差异，减税降费政策具有企业异质性特征。企业税负水平 Tax 最大值、最小值、均值分别为 0.192、-0.051、0.043，表明企业之间的税费负担差异较大，整体上的税费负担在 4.3% 左右，部分企业"返还的税费"大于其"支付的税费负担"。

表 4.2　　　　　　　　　　　描述性统计

变量	观测值	平均数	中位数	标准差	最小值	最大值
RD_Spend	16742	0.051	0.040	0.040	0.001	0.190
JSJF	16742	7.170	7.240	0.853	5.226	8.431
Tax	16742	0.043	0.040	0.043	-0.051	0.192
SIZE	16742	22.050	21.950	1.0710	20.180	25.010
AGE	16742	19.35	19.000	5.269	7.000	32.000
LEV	16742	0.356	0.337	0.180	0.055	0.812

续表

变量	观测值	平均数	中位数	标准差	最小值	最大值
GROWTH	16742	0.151	0.125	0.285	-0.461	1.495
CAPEX	16742	0.056	0.042	0.047	0.002	0.274
CAI	16742	0.231	0.202	0.130	0.026	0.582
DUAL	16742	0.270	0	0.444	0	1
BSIZE	16742	8.489	9	1.617	5	15
INDEP	16742	0.373	0.333	0.050	0.300	0.556
TOP1	16742	20.980	16.880	16.530	0.437	65.030

为了更好地分析减税降费政策对微观层面上企业个体的影响，首先根据减税降费的政策力度分组，若 JSJF 大于中位数则赋值为 1，即为政策力度较高组，反之为 0。以此进一步对样本均值进行独立样本 T 检验，结果如表 4.3 所示。可知，除了少数控制变量，其余变量均通过了显著性检验。受到政策力度优惠较多的企业组，其研发投入较多，税负水平较低。该统计结果表明，政策确实在研发投入、税负承担、其他经营活动等方面对企业产生了显著影响，为后续的模型回归检验提供了数据基础和证据。

表 4.3　　　　　　　　　　样本均值分组 T 检验统计结果

变量	减税降费政策力度较低组（0）		减税降费政策力度较高组（1）		比较
	观测值	平均值	观测值	平均值	平均值差值
RD_Spend	8485	0.0430	8257	0.0590	-0.015 ***
Tax	8485	0.0450	8257	0.0420	0.003 ***
SIZE	8485	22.07	8257	22.03	0.037 **
AGE	8485	18.19	8257	20.55	-2.358 ***
LEV	8485	0.367	8257	0.346	0.021 ***
GROWTH	8485	0.173	8257	0.129	0.043 ***
CAPEX	8485	0.0600	8257	0.0510	0.009 ***
CAI	8485	0.232	8257	0.230	0.00300
DUAL	8485	0.276	8257	0.264	0.012 *
BSIZE	8485	8.488	8257	8.491	-0.00400
INDEP	8485	0.372	8257	0.374	-0.002 **
TOP1	8485	20.81	8257	21.15	-0.332

注：* 表示 $p < 0.10$，** 表示 $p < 0.05$，*** 表示 $p < 0.01$。

　　为了考察变量在每年截面上的变化趋势与政策的力度对税负的效果，本书进一步描绘了减税降费 JSJF、企业税负水平 Tax 在 2008～2021 年的均值变动趋势图（见图 4.2）。可以看出，中央的减税降费政策在 2008～2015 年波动式变化，但波动幅度不太大；2016～2018 年，政策力度直线式上升，强度加大。这种趋势与中央降低实体经济成本的政策吻合。我国自 2015 年起明确提出供给侧结构性改革，2016 年国家出台了全面"营改增"政策和养老保险费率降低的政策。同年 8 月 22 日，《国务院关于印发降低实体经济企业成本工作方案的通知》从税费负担、融资成本、制度性交易成本、人工成本、能源成本、物流成本等六个方面提出了具体的降成本措施。国家发展改革委、工业和信息化部、财政部和人民银行等四部门连续多年共同发布了当年降成本的工作重点。这些政策凸显了国家对实体经济降成本的重视程度。再看制造业企业税费负担的变化趋势，在 2008～2015 年，税费负担曲线式上升；2015 年之后，税费负担直线式下降，一直到 2018 年。2019～2021 年尽管有些起伏，总体上与 2008～2015 年的税费负担水平相比，已经在一个相对较低的水平了。再从图 4.2 中两个图的对比来看，随着政策的起伏，税费负担在上升；随着政策力度的增强，税费负担在显著下降；但是，税费负担的变化比政策的变化较晚，说明税费负担存在黏性问题。即税费负担的变化在政策执行之后，滞后了一些时间。2018 年之后，政策力度与税费负担呈现一致的变化态势，这可能与新冠疫情的大环境有关。两幅图的对比结果基本上表明了政策力度与税费负担水平的负相关关系，这符合本书的理论假设与实际情况。

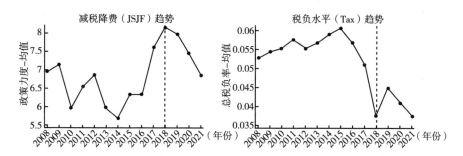

图 4.2　减税降费力度与税负水平逐年变动趋势

4.4　实　证　检　验

为了检验减税降费政策对企业研发投入的影响以及税费负担水平的中介渠道效应，利用前文建立的模型分别进行了回归分析，结果如表 4.4 所示。首先，表 4.4 中列（1）、列（2）是关于减税降费政策对企业研发投入影响的基准回归结果。在控制其他变量的情况下，减税降费力度对企业研发投入水平的系数为 0.0233，可以看出，减税降费对企业研发投入具有显著促进作用，即企业的研发投入会受到政府减税降费力度的正向影响，假设 4.1 得到验证。

表 4.4　　　　　　　　　　　多元回归分析结果

变量	假设 4.1		逐步法		改进的方法
	（1）	（2）	（3）	（4）	（5）
	RD_Spend	RD_Spend	Tax	RD_Spend	RD_Spend
JSJF	0.0275 *** (2.684)	0.0233 *** (3.636)	− 0.0124 *** （− 3.329）	0.0231 *** (3.541)	
Tax				− 0.0183 *** （− 2.635）	− 0.0250 *** （− 2.674）
SIZE		− 0.0027 （− 1.217）	0.0010 (0.760)	− 0.0027 （− 1.204）	− 0.0039 （− 1.465）
AGE		− 0.0014 *** （− 3.387）	− 0.0001 （− 0.311）	− 0.0014 *** （− 3.382）	− 0.0013 *** （− 3.283）
LEV		− 0.0457 *** （− 3.757）	− 0.0595 *** （− 5.171）	− 0.0468 *** （− 3.933）	− 0.0419 *** （− 3.538）
GROWTH		− 0.0021 （− 0.658）	0.0165 *** (3.851)	− 0.0018 （− 0.579）	0.0000 (0.012)
CAPEX		0.0044 (0.094)	− 0.0017 （− 0.081）	0.0044 (0.093)	0.0131 (0.275)

续表

变量	假设4.1		逐步法		改进的方法
	（1）	（2）	（3）	（4）	（5）
	RD_Spend	RD_Spend	Tax	RD_Spend	RD_Spend
CAI		− 0.0571 *** （− 4.645）	− 0.0459 *** （− 5.439）	− 0.0580 *** （− 4.790）	− 0.0755 *** （− 4.292）
DUAL		0.0068 （1.483）	0.0010 （0.401）	0.0068 （1.484）	0.0067 （1.380）
BSIZE		− 0.0018 （− 0.914）	0.0008 （0.776）	− 0.0017 （− 0.899）	− 0.0013 （− 0.726）
INDEP		0.0443 （1.485）	0.0132 （0.643）	0.0445 （1.486）	0.0517 * （1.674）
TOP1		− 0.0001 （− 1.392）	0.0001 * （1.718）	− 0.0001 （− 1.361）	− 0.0001 （− 0.798）
_cons	− 0.1493 ** （− 2.130）	− 0.0109 （− 0.334）	0.1038 *** （2.823）	− 0.0090 （− 0.281）	0.1675 ** （2.568）
year	Yes	Yes	Yes	Yes	Yes
N	16742	16742	16742	16742	16742
Adj − r^2	0.1232	0.3181	0.0421	0.3189	0.2856

注：括号内标注的是 T 统计量。* 表示 p < 0.10，** 表示 p < 0.05，*** 表示 p < 0.01。

其次，列（3）、列（4）列示了通过逐步回归的方式来检验渠道效应。列（3）结果显示，减税降费对税负 Tax 的影响在 1% 的统计水平上显著为负，即减税降费政策显著降低了企业税费负担水平；在列（4）对 RD_Spend 的回归中，加入渠道变量 Tax 后，其系数在 1% 的水平上显著为负，且 JSJF 的系数由原来的 0.0233 下降为 0.0231，说明减税降费对企业研发创新投入的影响部分通过税费负担渠道实现。列（5）列示了进一步机制检验，Tax 的系数 − 0.0250 在 1% 的水平上显著为负，充分证明了企业税费负担是减税降费影响企业研发投入的中间渠道，假设 4.2 得到验证。企业税负对研发创新投入在资金上也具有显著的抑制作用，这与大多数学者的已有结论一致，即制造业企业的高税负水平会降低企业的创新活动意愿，国家实行减税降费政策具有政策意义与现实意义。

4.5 稳健性检验

4.5.1 替换因变量的衡量

借鉴倪骁然和朱玉杰（2016）的做法，利用研发费用投入的总金额加 1 的自然对数（RD_Spend2）来衡量研发投入并重新回归，结果如表 4.5 的列（1）所示；将研发费用投入除以期末总资产（RD_Spend3）作为因变量的衡量，结果如表 4.5 的列（2）所示。可知经上述稳健性检验，基本结论不变。

4.5.2 工具变量法

虽然本书的解释变量减税降费（JSJF）属于国家政策层面的外生冲击因素，但却仍然无法完全排除内生性问题，如遗漏了其他相关或具有重要意义的解释性变量，减税降费与研发投入变量之间可能会存在互为因果的关系。本书采用 IV－2SLS 的方法处理内生性问题，参考杨林和沈春蕾（2021）的方法，选择企业当年同地区、同行业其他企业所享受减税降费力度的算术平均值（JSJF_iv）作为该企业减税降费力度的工具变量：一方面，企业的减税降费政策力度会受到所在省份税费征管环境因素以及所在行业优惠政策与税收制度变化的影响，满足相关性的要求；另一方面，所处省份、同行业其他企业的平均减税降费力度与该企业个体特质无关，满足了外生性的要求。表 4.5 中列（3）为工具变量法的实证结果，可知政策变量对研发投入的作用效应仍在 1% 的统计水平上显著为正，说明减税降费政策确实对企业研发具有显著的激励作用。同时，本书对该工具变量进行相关检验，不存在弱识别、识别不足和过度识别问题。

表 4.5　　　　　　　　　　　　　　稳健性检验

变量	替换变量衡量		工具变量法	滞后一期	滞后两期	滞后三期
	(1)	(2)	(3)	(4)	(5)	(6)
	RD_Spend2	RD_Spend3	RD_Spend	RD_Spend	RD_Spend	RD_Spend
JSJF/ JSJFt − p	0.5245 ***	0.0092 ***	0.0220 ***	0.0138 ***	0.0059 ***	0.0052 **
	(5.846)	(3.531)	(4.230)	(3.466)	(2.721)	(2.495)
SIZE	1.1029 ***	0.0007	− 0.0028	− 0.0066 ***	− 0.0058 ***	− 0.0046 ***
	(19.497)	(0.477)	(− 1.217)	(− 17.710)	(− 14.821)	(− 10.997)
AGE	− 0.0361 ***	− 0.0005 **	− 0.0014 ***	− 0.0016 ***	− 0.0008 ***	− 0.0013 ***
	(− 4.197)	(− 2.543)	(− 3.419)	(− 23.425)	(− 10.213)	(− 16.980)
LEV	− 1.1837 ***	− 0.0208 ***	− 0.0454 ***	− 0.0423 ***	− 0.0554 ***	− 0.0526 ***
	(− 4.774)	(− 3.044)	(− 3.772)	(− 19.731)	(− 23.462)	(− 20.276)
GROWTH	0.0958	0.0025	− 0.0020	0.0014	0.0001	0.0005
	(1.109)	(1.335)	(− 0.612)	(1.093)	(0.086)	(0.330)
CAPEX	0.4461	− 0.0100	0.0049	0.0420 ***	0.1507 ***	0.0528 ***
	(0.519)	(− 0.454)	(0.104)	(4.907)	(12.733)	(5.412)
CAI	− 0.7186 **	− 0.0286 ***	− 0.0581 ***	− 0.0767 ***	− 0.0850 ***	− 0.0950 ***
	(− 2.061)	(− 3.318)	(− 4.427)	(− 27.761)	(− 31.195)	(− 33.944)
DUAL	0.1424 **	0.0015	0.0068	0.0024 ***	0.0055 ***	0.0048 ***
	(2.068)	(0.699)	(1.478)	(2.946)	(6.747)	(5.024)
BSIZE	− 0.0193	− 0.0007	− 0.0017	0.0015 ***	− 0.0017 ***	− 0.0031 ***
	(− 0.997)	(− 1.136)	(− 0.908)	(5.993)	(− 7.095)	(− 11.750)
INDEP	− 0.0073	− 0.0017	0.0447	0.0819 ***	0.0758 ***	0.0649 ***
	(− 0.010)	(− 0.115)	(1.498)	(11.280)	(9.363)	(6.407)
TOP1	− 0.0031	0.0001	− 0.0001	− 0.0001 ***	− 0.0002 ***	− 0.0003 ***
	(− 1.430)	(0.325)	(− 1.360)	(− 2.834)	(− 11.006)	(− 12.389)
_cons	− 9.0340 ***	− 0.0285	− 0.0014	0.1045 ***	0.1653 ***	0.1817 ***
	(− 7.043)	(− 1.224)	(− 0.039)	(8.975)	(13.797)	(12.789)
year	Yes	Yes	Yes	Yes	Yes	Yes
N	16742	16742	16742	10997	10693	9411
Adj − r²	0.3593	0.2050	0.3180	0.3414	0.3300	0.3294

注：括号内标注的是 T 统计量。＊表示 $p < 0.10$，＊＊表示 $p < 0.05$，＊＊＊表示 $p < 0.01$。政策滞后一期之后，样本量从 16742 减少为 10997；滞后两期之后，样本量从 10997 减少为 10693；滞后三期之后，样本量从 10693 减少为 9411。

4.5.3 政策的延续性检验

在前文的基准模型中，使用当期的减税降费政策力度和企业研发投入指标，即可证实减税降费政策对同期企业研发的影响。在我们收集和阅读政策文本时，发现很多政策的持续时间至少为 3 年，个别政策的持续时间更长。减税降费作为一种长效激励政策，其经济效益应不仅局限于当年，还存在一定的延续性，即对未来若干年的研发活动仍具有激励作用。因此本书对解释变量 JSJF 分别滞后一期、两期、三期，回归结果如表 4.5 列（4）～列（6）所示，其中解释变量无论滞后一期、两期、三期，其估计系数仍然显著为正，与前文结论保持一致。

4.5.4 中介效应的 Bootstrap 检验

为检验税费负担传导机制作用结论的稳健性，更精准地检验税费负担在减税降费的优惠性与研发投入之间的中介关系，首先参考普里彻（Preacher）和海耶斯（Hayes）提出的中介模型 Bootstrap 法进行分析，在此将自主抽样次数设定为 5000，置信区间设为 95%，得到各中介变量间接效应置信区间上限和下限，若上限和下限区间不包含 0，则间接效应（中介效应）存在，否则检验不通过。

以减税降费政策力度（JSJF）为自变量时，政策优惠性通过税费负担影响企业研发投入的间接效应为 0.023，95% 置信区间为 [0.021，0.024]，不包含 0；直接效应为 0.028，其 95% 置信区间为 [0.026，0.030]，不包含 0，综上，可验证税费负担在政策优惠性和研发投入之间发挥部分中介作用（见表 4.6）。

表 4.6　　　　　　　　中介效应的 Bootstrap 检验结果

作用路径	直接效应			间接效应		
	效应值	95% 置信区间		效应值	95% 置信区间	
		下限	上限		下限	上限
优惠性→税费负担→研发投入	0.028	0.026	0.030	0.023	0.021	0.024

4.6　机 制 作 用 研 究

4.6.1　信心渠道机制作用

在市场经济环境中，"信心"就是预期，代表着对未来的一种期望或预断，是经济高质量发展的关键非制度性因素。企业家的信心代表着对未来经营与投资的预断，决定了企业各种投入要素的使用及其效率，影响着企业的投资决策，尤其是企业研发创新的投入决策。"提振企业家信心"是当前及未来我国重点关注的经济及社会治理议题（吕鹏和刘学，2020）。在减税降费与企业研发行为的影响关系中，企业家信心应是二者纽带上的关键一环，是产生经济活动的主要动因，在技术创新能力提升和企业价值增长中处于主导和决定性地位（于海云等，2013）。而且税费负担的降低也有利于提振企业家信心，进而增加企业的研发投资意愿。因此，非常有必要从信心的视角研究减税降费作用于企业研发创新投入的效果。

4.6.1.1　减税降费、企业家信心与研发投入

（1）信心的中介渠道机制。

根据高阶理论，企业战略决策的主要发起者或者主导者来自企业家，企业家的观念与立场、认知能力等具有差异，这些个体差异对企业投资决策产生重要的影响。熊彼特认为，企业家是经济增长的"国王"，企业家信心是经济持续增长的源泉（张维迎和盛斌，2014）。积极的企业家信心能够促进经济的持续增长，有助于企业创新性投资活动的开展（Baumol，1996）。已有研究表明，信心作为企业家强大的性格特征，是其从事创新活动的最大动力，而信心的缺乏则是企业创新活动的最大障碍（路风等，2002；于海云等，2013）。信心对投资的影响远远大于对消费的影响（Farmer，2010）。信心会影响企业家的行为意向，直接决定了管理层的投资决策方向，投资决策的效果最终会体现在企业绩效上。信心的增强往往

意味着企业家会更加充分地利用各种投资机会，开拓预期净现值大于 0 的项目。杨杨和杨兵（2020）研究发现，积极的企业家信心显著地促进了企业投资，消极的企业家信心则显著地抑制了企业投资。

根据心理学中的表述，信心是企业家对外部各种制度及环境状况的主观评价，也是企业家对自身能力或技能的感受（吕鹏和刘学，2020；Osberg & Shrauge，1986），通常表现为一种确信的心理状态，即相信某种行为选择是最优的，或者相信某个预测是正确无误的（于海云等，2013）。企业家信心是影响企业家主体行为的关键，已成为较多财税政策研究的基础，也是现实中影响企业创新意愿的原动力。越来越多的学者已经关注到了企业家信心的重要性，并对其开展了系统的研究与分析。

依据"能力效应假说"，企业在投资决策时，会着重考虑其自身对于该机会的认识和理解，即受到企业本身"主观"上认识的影响（芮明杰和韩佳玲，2020），从而倾向于作出与其心理状态、情绪状况一致的判断（韩国高和胡文明，2016）。企业家信心不仅来源于企业对其内部的认知，更会受到外部政策环境变化的影响。企业家对于政策信号是十分敏感的，会依据接收到的信息作出经营决策。只有当企业对所面临的投资机会具有充足的信心时，才会对该机会加以投资，并且更有信心的企业往往风险偏好更强，而缺乏信心的企业则往往会选择规避风险（Heath & Tversky，1991；吴卫星和付晓敏，2011）。由此推断，减税降费政策在一定程度上会通过企业家信心机制对企业的研发投入行为产生影响。企业家信心是减税降费政策促进企业创新的主要激励机制之一。当减税降费政策的优惠力度加大，企业家感知到政府扶持力度加强的信号，对于未来研发投入的预期更为乐观，风险承担意愿上升，其在研发领域的投入行为得到激励。综上所述，本书推测，减税降费政策通过提高企业家信心对企业研发投入产生激励作用。

关于企业家信心（Confidence）的衡量，目前已有的企业家信心指数属于宏观信心指数，学者通常将其季度数据二次插值为月度数据，作为衡量指标，而微观层面的企业家信心指数尚无官方的统计。本书以上市公司的年度财务报告为基础，运用文本挖掘及情感分析的方法，抓取细节信息来衡量企业家信心。具体计算步骤如下：（1）收集 2008～2021 年上市公司的年度财务报告，对年报中"管理层讨论与分析"部分进行文本提取，因为"管理层讨论与分析"对企业经营情况具有良好的预测作用（薛爽等，2010）。（2）利用 Python 的开放源"jieba"中文分词模块对提取的文本进行分词。（3）通过词频统计方式计算文本的情感倾向值，参照许文瀚等（2020）、谢德仁和林乐（2015）的方法，形成正面和负面的情感语调词语词典，将乐观词语定义为增加、增长、上升、提高等词语；将悲观词语定义为降低、下降、减少、下滑等词语。计算公式如式（4.6）所示，其中 POS 代表积极企业家信心的词汇数、NEG 代表消极企业家信心的词汇数。另外，参考祝丽敏等（2021）的方式，将"管理层讨论与分析"的各词数提前一年（t＋1）。

$$\text{Confidence}_{i,t} = \frac{\text{POS}_{i,t+1} - \text{NEG}_{i,t+1}}{\text{POS}_{i,t+1} + \text{NEG}_{i,t+1}} \qquad (4.6)$$

企业家信心数值越大，则企业对其自身的能力、未来的发展预期及政策经济环境越积极、乐观，反之企业家信心则较为缺失。该渠道机制检验结果如表 4.7 列（1）、列（3）所示。可以看出，减税降费在 1% 的水平上能够显著提升企业家信心，减税降费的系数在 1% 的显著性水平上从 0.0233 下降到 0.0230，表明企业家信心在起着部分渠道作用。表 4.7 列（2）表明，税费负担的降低（回归系数为 -0.2295）在 5% 的水平上也有利于提升企业家信心。进一步的改进机制方法研究结果中回归系数为 0.0077，企业家信心在 1% 的显著性水平上促进了企业的研发投入。证实了减税降费通过企业家信心渠道对制造业企业研发创新投入具有激励作用。

企业家信心会随着外部政策环境以及主观认识的变化而变化。从其来源看，信心不只是宏观基本情况的"信息集合"，还包含了一定的个体非理性意识和行为。从其表现形式看，企业家信心又可划分为积极的信心与消极的信心。本书进一步从不同视角对企业家信心进行提取与拆解，分别探究其在减税降费与企业研发投资中存在的其他机制作用，为提高减税降费的政策效应提供进一步证据。

表4.7　企业家信心与现金持有量渠道机制作用检验

变量	企业家信心渠道				现金持有量渠道			
	逐步法		改进的方法		逐步法		改进的方法	
	(1)	(2)	(3)	(4)	(5)	(6)	(7)	(8)
	Confidence	Confidence	RD_Spend	RD_Spend	CASH	CASH	RD_Spend	RD_Spend
JSJF	0.0147** (2.435)		0.0230*** (8.680)		-0.0068*** (-5.143)		0.0231*** (8.771)	
Tax		-0.2295** (-2.375)				0.0870** (2.474)		
Confidence			0.0071*** (6.580)	0.0077*** (7.014)				
CASH							0.0272*** (9.172)	0.0271*** (8.848)
SIZE	-0.0024 (-1.031)	-0.0060** (-2.393)	-0.0027*** (-9.307)	-0.0039*** (-13.217)	0.0035*** (2.688)	0.0052*** (5.819)	-0.0029*** (-9.858)	-0.0041*** (-13.769)
AGE	-0.0078*** (-18.089)	-0.0083*** (-19.623)	-0.0013*** (-23.421)	-0.0012*** (-21.609)	0.0025*** (11.277)	0.0018*** (10.054)	-0.0014*** (-25.196)	-0.0013*** (-23.482)
LEV	-0.0602*** (-4.479)	-0.0103 (-0.690)	-0.0453*** (-26.327)	-0.0400*** (-23.265)	-0.2596*** (-33.658)	-0.2846*** (-50.525)	-0.0378*** (-20.621)	-0.0325*** (-17.647)
GROWTH	0.1496*** (17.065)	0.0940*** (11.205)	-0.0032*** (-3.121)	-0.0015 (-1.456)	-0.0151*** (-3.464)	-0.0223*** (-6.491)	-0.0015 (-1.524)	0.0002 (0.223)

续表

变量	企业家信心渠道				现金持有量渠道			
	逐步法		改进的方法		逐步法		改进的方法	
	(1)	(2)	(3)	(4)	(5)	(6)	(7)	(8)
	Confidence	Confidence	RD_Spend	RD_Spend	CASH	CASH	RD_Spend	RD_Spend
CAPEX	0.7757*** (16.939)	0.6154*** (11.641)	-0.0012 (-0.177)	0.0072 (1.116)	0.2755*** (12.918)	0.1699*** (8.799)	-0.0002 (-0.034)	0.0087 (1.335)
CAI	-0.3531*** (-21.520)	-0.2031*** (-9.951)	-0.0546*** (-26.193)	-0.0718*** (-34.811)	-0.3933*** (-44.841)	-0.4180*** (-66.940)	-0.0457*** (-19.382)	-0.0632*** (-27.615)
DUAL	0.0444*** (9.815)	0.0300*** (6.367)	0.0064*** (10.438)	0.0063*** (10.080)	-0.0054* (-1.909)	-0.0142*** (-7.292)	0.0071*** (11.647)	0.0071*** (11.324)
BSIZE	0.0175*** (12.406)	0.0263*** (17.293)	-0.0019*** (-9.186)	-0.0015*** (-7.321)	0.0032*** (3.590)	-0.0029*** (-4.645)	-0.0017*** (-8.492)	-0.0013*** (-6.477)
INDEP	0.1467*** (3.193)	0.1708*** (3.567)	0.0432*** (7.282)	0.0503*** (8.272)	0.0592** (2.241)	-0.1691*** (-8.637)	0.0489*** (8.225)	0.0560*** (9.200)
TOP1	0.0002* (1.916)	0.0001 (1.086)	-0.0001*** (-7.108)	-0.0001*** (-5.075)	0.0006*** (8.871)	0.0005*** (9.418)	-0.0001*** (-7.736)	-0.0001*** (-5.700)
_cons	0.4471*** (6.092)	0.3560*** (4.039)	-0.0141 (-1.576)	0.1629*** (21.913)	0.2262*** (7.669)	0.3681*** (16.323)	-0.0210** (-2.349)	0.1572*** (21.589)
N	16742	16742	16742	16742	16742	16742	16742	16742
Adj-r^2	0.1962	0.1912	0.3199	0.2861	0.3309	0.3901	0.3230	0.2889
year	Yes	Yes	Yes	Yes	Yes	Yes	Yes	Yes

注：括号内标注的是 T 统计量。* 表示 $p<0.10$，** 表示 $p<0.05$，*** 表示 $p<0.01$。

（2）积极信心的"放大效应"。

信心是一种充满情感的信念，积极信心使得企业家产生积极的情绪，当前国内外学者对积极情绪在社会心理学中的作用与价值也较为关注，其中积极情绪的拓展—建构理论已成为研究积极信心与个人、组织行为表现之间的基础理论（Hayward & Shepherd，2006）。结合该理论，首先，积极情绪能够拓展企业个体的认知和行动范围，而研发投入恰恰需要企业家的创造性、前瞻性；其次，被拓展的认知和行动范围进一步使企业构建起创新活动所需的各类资源，例如智力资源可为企业的研发提供技术保障，心理资源能够使得企业家面对政策波动风险时更具韧性，以及社会资源有利于巩固政企、团队之间的社会联结。可见，积极信心有利于增强企业对政策的认同感与资源建构能力，进一步发挥政策的"优惠性"激励效果，规避政策的"不确定性"风险。

基于上述分析，本书将信心区分为积极的与消极的，进一步提取出企业家信心的乐观因子进行调节效应检验，因为调节效应能够为因果关系提供更有力的检验（江艇，2022），从而可以强化减税降费对企业研发投资的因果关系，挖掘二者关系之间更丰富的相关性。积极信心与减税降费均可视为激励企业研发的因素，二者在一定情况下会产生"相辅相成"的互补性效果（陈东和法成迪，2019），积极的企业家信心可能放大减税降费对企业研发投入的激励作用，提高企业的风险承担能力与心理承受预期。为此，建立如下模型：

$$RD\_Spend_{i,t} = \alpha_0 + \alpha_1 JSJF_{i,t} + \alpha_2 Pos_{i,t} + \alpha_3 JSJF_{i,t} \times Pos_{i,t}$$
$$+ \lambda Control_{i,t} + year + industry + \varepsilon_{i,t} \qquad (4.7)$$

其中，$Pos_{i,t}$为企业 i 在第 t 年积极的企业家信心指数，用企业文本中的积极语调词语数目占词语总数的比例衡量。$JSJF_{i,t} \times Pos_{i,t}$为减税降费政策力度与积极企业家信心的交互项，$\alpha_3$表示积极企业家信心的调节效应。由检验结果表4.8可知，积极信心（Pos）的估计系数均显著为正，表明信心的乐观程度越高，对于研发投入的激励作用越强。由列（1）可知，交互项 JSJF × Pos 的系数在 1% 的水平上显著为正，可知积极信心发挥了正向调节作用。

表 4.8　　　　　　　　　积极信心的放大效应与两类信心的传导

变量	积极信心的放大效应	逐步法		改进的方法	逐步法	改进的方法
	（1）	（2）	（3）	（4）	（5）	（6）
	RD_Spend	Spirit	RD_Spend	RD_Spend	Macro	RD_Spend
JSJF	0.0161 *** (4.905)	0.8376 ** (2.300)	0.0125 *** (9.061)		0.0077 (0.749)	0.0129 *** (10.048)
Pos	0.0003 *** (2.669)					
JSJF × Pos	0.0001 *** (3.024)					
Spirit			0.0004 *** (3.909)	0.0004 *** (4.091)		
Macro						0.0029 *** (3.005)
AGE	−0.0082 *** (−3.580)	−3.3808 *** (−5.932)	−0.0077 ** (−2.572)	−0.0079 ** (−2.568)	−0.0384 *** (−4.042)	−0.0093 *** (−3.148)
SIZE	−0.0025 *** (−3.070)	−0.3769 * (−1.705)	−0.0029 *** (−3.115)	−0.0032 *** (−3.339)	−0.0164 *** (−3.396)	−0.0030 *** (−3.000)
LEV	−0.0353 *** (−7.139)	−3.4460 *** (−2.617)	−0.0284 *** (−4.849)	−0.0261 *** (−4.351)	0.0677 * (1.716)	−0.0318 *** (−5.294)
GROWTH	−0.0019 (−1.248)	3.2168 *** (6.293)	−0.0017 (−0.868)	−0.0015 (−0.750)	−0.1446 *** (−2.815)	0.0000 (0.024)
CASH	0.0335 *** (4.257)	2.8087 * (1.920)	0.0366 *** (4.007)	0.0403 *** (4.309)	0.0321 (0.822)	0.0387 *** (4.428)
CFO	−0.0574 *** (−5.188)	−0.5132 (−0.189)	−0.0598 *** (−4.898)	−0.0681 *** (−5.423)	−0.5294 *** (−3.353)	−0.0648 *** (−5.113)
FIR	−0.0126 ** (−2.021)	−8.8226 *** (−6.353)	−0.0074 (−1.019)	−0.0070 (−0.949)	−0.0446 * (−1.733)	−0.0110 (−1.571)
year/industry	Yes	Yes	Yes	Yes	Yes	Yes
_cons	0.0202 (1.067)	14.8434 *** (2.796)	0.0445 ** (2.112)	0.1361 *** (6.791)	6.7953 *** (6.916)	0.0317 (1.365)
N	16742	16742	16742	16742	16742	16742
Adj − R²	0.1649	0.0960	0.1737	0.1520	0.0985	0.1663

注：括号内标注的是 T 统计量。* 表示 $p<0.10$，** 表示 $p<0.05$，*** 表示 $p<0.01$。

（3）"动物精神"视角下的企业家信心。

信心是企业家基于各种信息的综合判断，从信心来源方面考虑，可分为理性成分和非理性成分（Barsky，2012）。在金融市场领域，动物精神是以非理性为基本特征的，会通过影响投资者的心理预期干扰市场的"有效性"与"有限理性"，对经济造成冲击（滕建州和刘鹏，2022）。在企业经济中，这些无法用基本面信息解释的信心，事实上更容易造成企业在短期内的极端行为，从而影响企业管理者对未来的系统性偏差预期（宿玉海等，2019）。同样地，减税降费政策在实施过程中由于信息不对称及个体认知的差异，会激发企业相应的情绪，此类非理性的动物精神可能会对企业的决策产生或正面或负面的影响。那么，这些代表非理性因素的信心成分对企业的研发投入有什么影响？其在减税降费与研发活动之间发挥了怎样的传导作用？

为此，参照哈里森和韦德（Harrison & Weder，2006）的方法，将企业家信心进一步分解为宏观经济基本面信心和剔除宏观经济基本面因素后的动物精神视角下的信心，即：企业家信心 = 受宏观经济影响的基本面信心 + 与宏观经济基本面不相关的动物精神 = F（宏观经济变量1、宏观经济变量2……）+ 动物精神。具体地，以企业家信心（Confidence）为被解释变量，以一系列宏观经济变量为解释变量，构造回归模型（4.8）：

$$Confidence_{i,t} = c + Macro\_factors_{i,t-1} + \epsilon_{i,t} \qquad (4.8)$$

运用最小二乘法对该模型进行估计，其中，$Confidence_{i,t}$ 表示企业家信心；$Macro\_factors_{i,t-1}$ 表示滞后一期的宏观经济变量[①]；$\epsilon_{i,t}$ 表示动物精神视角下的企业家信心，将其记为 $Spirit_{i,t}$。

由表 4.8 可知，在动物精神视角下，列（2）、列（3）结果表明，"政策优惠性—信心—研发投入"的因果链条仍然成立，并且列（3）JSJF 的估计系数较前文有所降低，这表明非理性因素存在作用且其作用强度较综合性信心有所减弱。也说明减税降费政策一部分会较为直接地影响企业

---

① 具体包括实际 GDP 增长率、物价增长率、实际利率、实际有效汇率、M2 增长率、实际股价增长率。

家信心，通过个体效用最大化决策产生一定的"群体效应"；而另外一部分会被吸入宏观经济环境因素中，从而对企业产生间接影响。

为完善相关结论，进一步以模型（4.8）所得的拟合值作为宏观经济基本面信心（记为 Macro）再次进行回归分析。由表 4.8 列（5）、列（6）可知，从基本面视角的信心出发，政策优惠性不会直接提升企业家信心（JSJF 对 Macro 的估计系数不显著），中介机制不成立；同样地，宏观经济基本面信心本身对企业的研发投入具有显著的激励作用。

4.6.1.2　减税降费、现金持有量与研发投入

按照凯恩斯的货币需求理论，人们对货币的需要有三种动机，即交易动机、预防性动机与投机性动机（李劲松和肖利平，2003）。为了日常经营活动的正常进行，为了应对未来的不确定性或应付未曾预料的紧急事项，也为了避免资本损失或者是增加资本收益，企业需要手中握有一定量的现金。企业所处的外部环境影响了其现金持有量。预防性动机在很大程度上解释了企业持有现金的动因（Bates et al.，2009）。为应对外部经济环境波动产生的冲击，避免企业陷入财务困境，企业往往会提高现金持有量。可以说，现金是企业重要的流动资产，也是企业诸多重大决策赖以形成的基础，体现了企业资金较强的流动性，表明企业对未来发展具有较强的信心。更多的现金流为企业未来投资提供了多种选择的机会（张世敬和高文亮，2022），便于企业应对各种不利因素的出现。当企业面临较高的融资约束时，企业也有强烈的动机持有较高水平的现金（Opler et al.，1999；Weisbach et al.，2004）。充足的现金储备能够为企业带来积极影响，能够提升企业研发创新的意愿，帮助企业获取更多的市场竞争机会。

减税降费提高了企业对未来经济发展向好的信心（申广军等，2016），影响了企业持有现金的预防性动机。在物质层面，减税降费政策体现了中央政府通过降低税费负担推动制造业企业转型升级的决心，降低了企业的税费支出；在精神层面，减税降费传递了中央政府支持与帮助企业创新以实现可持续发展的信号。这种信号一旦被企业家所捕捉，就会改变企业家对未来的预期，影响企业的现金持有水平（张光利等，2017）。正是由于

中央政府的支持与背书，金融机构也会迅速作出相应的反应。企业外部的融资环境会更为宽松（王伟同等，2020）。在这种情况下，企业家就会增强信心，减少现金持有量的预防性动机，增加现金持有量的投资性动机，积极开展研发创新活动。由此，做如下推测：减税降费通过减少企业现金持有量对其研发投入产生积极影响。

参考张世敬和高文亮（2022）的做法，使用"（货币资产 + 可交易性金融资产）/总资产"衡量企业的现金持有量（CASH），利用模型（4.3）~模型（4.5）检验现金持有量的渠道机制，结果如表4.7列（5）、列（7）、列（8）所示。可以看出，减税降费政策在1%的水平上显著降低了企业的现金持有量；加入现金持有量之后，减税降费的系数在1%的显著性水平上从0.0233下降为0.0231，表明现金持有量是减税降费影响企业研发创新投入的渠道变量。表4.7列（6）表明，税费负担的降低在5%的水平上会使现金持有量下降。进一步的机制检验也验证了该结论。

4.6.2 调节机制

4.6.2.1 信贷资金供给

在不同的发展阶段，银行的信贷投放量会随国家信贷政策的调整而改变，也会随着贷款规模的变化而变化。信贷投放量影响了企业的融资选择，关系到企业的投资决策。当经济下行压力较大时，衡量经济增长的各项指标就会出现变化，一般会呈现出降低的趋势，此时中国人民银行就会调整信贷规模，扩大信贷总量。信贷一旦量化宽松，市场上的贷款供应量就会随之增加，释放出的信号就是欢迎、鼓励企业借贷，商业银行的信贷供给能力增大。与此同时，企业通过银行等金融机构获得信贷资金的成本降低，信贷资金也会更加成为企业融资时的首选。

根据金融摩擦理论，金融摩擦通过企业层面的外部融资约束以及银行层面的信贷供给约束来影响企业研发投资。在金融市场上，由于信贷中信息不对称的存在，会导致交易成本增加（蒋冠，2004），包括信息成本、控制成本、监督成本以及市场分割成本（Calomiris & Ramirez，1996）。金融摩擦是由于信贷市场中存在信息不对称问题，企业在向银行贷款时遭遇外部融资溢价，并由此产生金融加速器的机制。金融摩擦对制造业企业的生存与发展造成了威胁，还会加剧整个金融系统的不稳定程度，"加速冲击"宏观经济。根据伯南克等（Bernanke et al.，1999）所论述的金融加速器机制可知，在政策波动性提高时，由于投资主体的借贷成本及贴现率上升，可能会使投资主体的财务状况恶化，而资产负债状况的恶化又会对投资产生抑制作用。因此，在金融市场不完善的背景之下，研究银行资金供给状况对减税降费政策的研发投资效果的影响具有重要的理论与现实意义。

企业的可持续发展依赖于科技进步，科技进步依赖于企业的创新研发活动，金融摩擦会加重企业融资约束，从而影响企业的创新活动。我国经济已进入新常态发展阶段，金融摩擦的升级，会导致企业较高的风险溢价成本，这会束缚企业的创新与可持续发展。有关数据表明，当金融系统面临更多风险时，金融摩擦就会变大，使得银行和企业之间的问题愈发严重。为了避免风险，银行就会提高借贷利率，增加更多的借贷条款，迫使实力较弱企业降低贷款额度，使部分企业因无力借贷而退出资本市场，这些均会对企业造成不利的影响，增加企业的融资难度，导致研发投资加速下滑，长此以往会影响企业的创新积极性和可持续发展。因此，本书推测，银行信贷资金供给在减税降费影响研发投资的效果中起着调节作用。

借鉴傅章彦（2009）的做法，采用银行"信贷资金/GDP"比率来表示信贷资金供给量（TC），其中信贷资金供给量采用的是各省（自治区、直辖市）的银行人民币贷款余额，GDP 采用的是实际数。在模型（4.2）的基础上加上 TC 以及 JSJF×TC 的交乘项，回归结果如表 4.9 列（1）所示，可知交乘项的系数为 0.0019，在 10% 的水平上显著为正，表明银行信贷资金供给量越大，减税降费的激励效果越好，即验证了我们的推测，信贷资金供给量在减税降费的激励效果中起着显著的调节作用。

表 4.9 　　　　　　　　　　　　　　调节机制检验

变量	信贷资金供给	外部融资约束	未来投资机会
	(1)	(2)	(3)
	RD_Spend	RD_Spend	RD_Spend
JSJF	0.0238 *** (3.924)	0.0234 *** (3.709)	0.0119 ** (2.935)
TC	0.0229 * (1.767)		
TC × JSJF	0.0019 * (1.763)		
FINA		0.0000 (0.022)	
FINA × JSJF		0.0005 (1.081)	
TQ			0.0023 * (2.062)
TQ × JSJF			0.0011 *** (3.514)
SIZE	−0.0042 * (−1.667)	−0.0026 (−1.116)	−0.0014 (−0.687)
AGE	−0.0012 *** (−3.828)	−0.0014 *** (−3.259)	−0.0012 ** (−2.743)
LEV	−0.0364 *** (−3.832)	−0.0479 *** (−4.256)	−0.0454 ** (−3.084)
GROWTH	−0.0018 (−0.581)	−0.0019 (−0.606)	−0.0054 (−1.464)
CAPEX	0.0078 (0.175)	−0.0017 (−0.035)	0.0021 (0.038)
CAI	−0.0509 *** (−4.245)	−0.0566 *** (−4.497)	−0.0533 *** (−6.161)
DUAL	0.0069 * (1.750)	0.0065 (1.455)	0.0043 (1.055)

续表

变量	信贷资金供给	外部融资约束	未来投资机会
	（1）	（2）	（3）
	RD_Spend	RD_Spend	RD_Spend
BSIZE	−0.0012 （−0.688）	−0.0017 （−0.890）	−0.0015 （−1.036）
INDEP	0.0518* （1.782）	0.0466 （1.574）	0.0485*** （3.431）
TOP1	−0.0001 （−0.778）	−0.0001 （−1.420）	−0.0002** （−2.744）
_cons	−0.0210 （−0.770）	−0.0172 （−0.504）	0.0365 （0.977）
N	16742	16742	16742
Adj−r^2	0.3462	0.3193	0.2929
year	Yes	Yes	Yes

注：括号内标注的是 T 统计量。* 表示 $p < 0.10$，** 表示 $p < 0.05$，*** 表示 $p < 0.01$。

4.6.2.2　外部融资依赖度

前已述及，减税降费影响了企业家的信心与企业手中持有的现金流，从而影响了企业的研发创新投资。而研发投入不仅需要企业对未来有乐观的预期，还需要有资金的保障。银行提供的信贷资金量以及整个行业的融资难易度，关系到企业从外部获取资金的便利与难易，从而可能影响到企业进行研发所预备的资金以及筹集资金的能力，也关系到减税降费对企业研发创新性投资的效果。因此，有必要从企业融资约束以及外部资金供应等方面研究减税降费政策的创新投资效果。

融资约束是企业在融资时面临的各种限制，影响融资约束的因素很多，比如信息不对称、交易成本、代理问题等（Fazzari and Athey，1987）。企业的研发活动具有风险大、投资高、周期长等特征，公司为了自己的利益，其研发活动信息往往不会被完全公开，即使公开也是非常有限的信息。债权人借钱给企业考虑更多的是企业的还本付息能力，投资人投资给企业往往考虑企业未来的可持续发展与壮大，债权人和投资人一般通过企业披露的信息来获取企业偿债能力、盈利能力以及可持续发展能力的信息，以此来判断其资金安全性。研发活动关系到企业未来的经营实力、竞争优势，其信息披露的有限性会影响债权人和投资人对企业未来的判断，也影响到他们的借贷和投资决策，增加了企业的外部融资约束（Hall et al.，2016），影响了企业研发创新投入的愿望。而且，企业的外部融资往往需要担保，研发创新投资形成的无形资产，由于其无实物形态、创造价值具有较大的不确定性等特征，使其难以作为担保，更增加了企业研发活动融资的难度（Almeida & Campello，2004）。减税降费降低了企业现金的流出，节省了企业的成本，便于缓解企业的融资约束，有利于激发企业研发创新的愿望。本书推测：融资约束在减税降费影响研发投资的效果中起着调节作用。

本书采用"（资本支出－经营性现金流量净额）/资本支出的中位数"来衡量企业对外部融资的依赖度 FINA，其中，资本支出用"购建固定资产、无形资产和其他长期资产所支付的现金"来衡量，行业划分是按照证监会 2012 年分类标准进行。在模型（4.2）的基础上，加上 FINA 以及 FINA×JSJF 的交乘项，回归结果如表 4.9 的列（2）所示，可见企业对外部融资的依赖度正向影响企业的研发创新投入，但在统计上并不显著。可能的原因是，减税降费对企业节省现金流流出的资金量有限，并不能在很大程度上缓解企业对外部融资的依赖度，也说明减税降费的信号引导作用可能比节省的资金量对企业研发投入的意义更大。

4.6.2.3 未来投资机会

投资机会是指对企业投资有利的环境和时机。一般来说，一个投资方案的价值，在于其现有资产的使用，外加一个投资机会选择（Myers，1977）。企业价值主要由与未来投资机会无关的在用资产价值和基于未来投资决策的增长期权价值等构成（Myers，1984），其中，增长期权给企业所带来的益处或价值就是"投资机会"。还可以将投资机会看作面向现在或未来的实物期权选择权（Kester，1984）。在复杂多变的外部竞争环境中，企业管理层的决策依靠的是自身的判断力，当管理层认为该项目能够为企业带来正的现金流时，就会选择投资该项目，在资金一定的情况下，选择该项目就会放弃其他项目，这种投资选择权就是投资机会。每个企业都有自己的投资组合，通过管理与运作投资，以提升企业的实物期权，增加企业价值。以实物投资为标的资产的期权，具体表现为在经营、管理、投资等经济活动中，使企业在将来具有活动空间和投资的可能性，并能根据市场的变化，以各种形式获得进行决策的权利（刘志新，2001）。

影响企业投资机会的因素很多，其中外部政策环境就是很重要的因素。外部环境发生变化时，企业的市场需求可能会发生变化，市场需求变化的结果可能是收入下降，现金流与投资收益率减少，投资机会降低（Gulen & Ion，2016）。当外部环境变化时，企业与外部信息不对称的程度加剧，企业管理层如果不能有效地识别或者分析行业、市场等现状，就无法抓住投资机会（Pastor & Veronesi，2013）。然而，当中央发布减税降费政策时，它作为一种积极的信号，预示着政府对企业研发创新的支持与鼓励。企业就会积极利用一切可能的投资机会，为产品创新、技术创新和市场创新努力奋斗。而且，中央政府的支持能在一定程度上解决企业的融资约束问题，降低企业的现金流出，打破企业研发投资所受到的外部融资环境限制，便利企业的研发创新投入。由此推测，当企业面临较多的投资机会时，减税降费政策更能够激励企业的研发投入。

参考前人做法（袁振超和饶品贵，2018），将托宾 Q（TQ）作为投资机会的代理指标。在模型（4.2）的基础上，加上 TQ 以及 JSJF × TQ 的交乘项，回归结果如表4.9列（3）所示，显而易见，交乘项的系数为0.0011，在1%的水平上显著为正，说明企业的投资机会越多，减税降费的激励效果越好。即验证了投资机会对减税降费政策效果起着显著的调节作用。

4.7　异质性检验

企业特征诸如生命周期、风险承担程度、产权性质、所处地区与行业等都会影响企业对政府减税降费的反应。不同特征的企业，其融资能力、资金需求程度、研发创新意愿等存在差异，减税降费政策的信号引导与缓解融资约束对不同特征企业具有差异性的效果，故而对中央政府减税降费激励研发创新的效果可能存在差异。

4.7.1 企业的生命周期

关于企业生命周期的研究，最早可以追溯到海尔（Haire，1959），随后人们进行了大量的研究，形成了丰富的研究成果。研究者对企业生命周期的划分多种多样，阿迪兹（Adizes，1988）将企业的生命周期划分为孕育期、成长期和老化期三个时期，进一步细化为孕育期、婴儿期、学步期、青春期、盛年期、稳定期、贵族期、后贵族期、官僚期和死亡期等十个时期，格雷纳（Greiner，1998）将企业生命周期分成创造、指令、授权、协调与监督、协作等五个阶段。国内很多学者认为，企业生命周期可以分为初创期、成长期、成熟期、衰退期等四个阶段（明泽和潘颉，2018；舒长江和洪攀，2020）。在我国以上市公司为对象的研究中，考虑到证监会有关上市条款对企业成立年限等的要求，一般认为样本上市公司已过初创期，现有研究通常保留成长期、成熟期、衰退期三个阶段（沈剑飞和陈艺丹，2021）。

从不同生命周期企业的特点来看，对于成长期的企业，一般处于快速发展与增长阶段，企业应对外部环境的策略与方式尚处于摸索中，生存风险相对较高，对资金的需求较多，盈利结构单一，所赚取的利润不能满足对外扩张和投资的需求。通常情况下，企业无法吸引大量外部投资，尽管企业进行产品创新、技术创新与市场创新的意愿较强，但融资约束也相对较强，研发创新投入的约束性与风险性更大。此时，中央的减税降费政策对企业降低成本、稳定手中的现金流、增强创新意愿有重要的现实意义。成熟期的企业经营状况趋于稳定，市场占有率相对固定，企业的投资机会相对较多，能够相对容易地获取新的盈利增长点机会；有充足的盈余和利润，投资风险较低，企业更容易获得外部融资。对比成长期的企业，成熟期的企业融资约束的程度相对较小（黄宏斌等，2016），进行研发创新的意愿相对成熟与稳定。中央的减税降费政策对成熟期的企业而言，具有锦上添花的意义。衰退期的企业，整体上开始走下坡路，企业的市场份额逐渐下降，内部现金流开始变得紧张，财务业绩也开始变差，面临的融资约束更大；这一时期的企业不能很有效地吸引外部投资者的关注（沈剑飞和陈艺丹，2021），因此企业进行产品创新、技术创新与市场创新的意愿较弱，反而生存的意愿更强。由于企业内部现金流的短缺，中央的减税降费政策能够在一定程度上缓解现金流短缺的状况，但往往是杯水车薪，不能够从实际上解决企业的问题。企业需要从转型升级以及多元化发展等方面寻求新的利润增长点。综上所述，在不同生命周期阶段的企业，减税降费激励企业研发创新投入的效果存在差异。

本书借鉴曹裕等（2016）、狄金森（Dickinson，2011）的做法，基于经营现金流量、投资现金流量和筹资现金流量，使用现金流组合法，分别对样本公司的生命周期代理变量符号进行判断，划分为成长期、成熟期、衰退期三个阶段，依次赋值为 1、2、3，分别进行回归分析。

表 4.10 的列（1）~ 列（3）的结果表明，对处于成长期和成熟期的制造业企业而言，回归系数分别为 0.0287、0.0125，说明减税降费在 1% 的水平上能够显著地激励企业的研发投入，且成长期企业的激励效果更好。对处于衰退期的企业，回归系数为 - 0.0085，说明减税降费政策负向影响企业的研发投入，验证了企业将减税降费节省的现金流用于维持生存并且减少了研发创新投入等观点。上述推测得以验证，减税降费激励研发投入的效果在不同生命周期的企业之间具有显著的异质性。

表 4.10　　　　　　　　　　　**异质性检验**

变量	企业的生命周期			企业的风险承担水平		产权性质	
	（1）成长期	（2）成熟期	（3）衰退期	（4）风险承担水平较高	（5）风险承担水平较低	（6）非国有企业	（7）国有企业
	RD_Spend	RD_Spend	RD_Spend	RD_Spend	RD_Spend	RD_Spend	RD_Spend
JSJF	0.0287 *** （4.524）	0.0125 *** （4.102）	- 0.0085 *** （- 3.339）	0.0266 *** （3.251）	0.0001 （0.087）	0.0347 *** （3.205）	0.0011 ** （2.495）
SIZE	- 0.0072 *** （- 3.199）	- 0.0003 （- 0.262）	0.0007 （0.502）	- 0.0021 （- 0.770）	- 0.0023 *** （- 2.756）	- 0.0057 ** （- 2.297）	0.0012 *** （3.073）

续表

变量	企业的生命周期			企业的风险承担水平		产权性质	
	(1) 成长期	(2) 成熟期	(3) 衰退期	(4) 风险承担水平较高	(5) 风险承担水平较低	(6) 非国有企业	(7) 国有企业
	RD_Spend	RD_Spend	RD_Spend	RD_Spend	RD_Spend	RD_Spend	RD_Spend
AGE	-0.0009 *** (-3.580)	-0.0014 *** (-4.884)	-0.0009 *** (-3.805)	-0.0019 *** (-2.992)	-0.0005 *** (-2.863)	-0.0015 *** (-3.787)	-0.0006 *** (-7.879)
LEV	-0.0349 *** (-4.314)	-0.0320 *** (-5.087)	-0.0439 *** (-5.683)	-0.0628 *** (-3.052)	-0.0300 *** (-6.136)	-0.0473 *** (-3.015)	-0.0371 *** (-16.877)
GROWTH	-0.0008 (-0.262)	-0.0092 ** (-2.307)	-0.0048 ** (-2.019)	0.0054 (0.986)	-0.0095 *** (-6.083)	0.0003 (0.087)	-0.0063 *** (-4.937)
CAPEX	0.0523 (1.317)	-0.0898 *** (-3.193)	0.1120 *** (3.169)	-0.0082 (-0.132)	0.0531 *** (3.709)	-0.0044 (-0.090)	0.0019 (0.204)
CAI	-0.0390 *** (-5.167)	-0.0404 *** (-4.094)	-0.0049 (-0.520)	-0.0651 *** (-3.492)	-0.0199 *** (-2.912)	-0.0592 *** (-4.080)	-0.0180 *** (-5.604)
DUAL	-0.0025 (-0.468)	0.0093 *** (3.184)	0.0073 *** (2.867)	0.0073 (1.173)	0.0046 *** (2.658)	0.0081 * (1.734)	0.0020 ** (1.998)
BSIZE	0.0007 (0.855)	-0.0032 *** (-3.375)	0.0015 * (1.718)	-0.0035 (-1.286)	0.0004 (0.786)	0.0003 (0.337)	-0.0008 *** (-3.416)
INDEP	0.0508 * (1.854)	-0.0453 (-1.595)	0.0785 *** (3.147)	0.0476 (1.237)	0.0417 ** (2.548)	0.0768 *** (2.858)	0.0128 (1.618)
TOP1	-0.0001 * (-1.887)	-0.0001 * (-1.852)	-0.0002 ** (-2.208)	-0.0001 (-0.493)	-0.0001 ** (-2.389)	-0.0001 ** (-1.979)	-0.0001 *** (-5.268)
_cons	0.0080 (0.255)	0.0570 * (1.704)	0.0554 * (1.678)	-0.0199 (-0.469)	0.0707 *** (3.639)	-0.0667 (-1.642)	0.0333 * (1.841)
year	Yes	Yes	Yes	Yes	Yes	Yes	Yes
N	7503	6020	3219	10665	3781	11898	4844
Adj-r^2	0.4546	0.2520	0.5941	0.4350	0.3487	0.3808	0.3495

注: 括号内标注的是 T 统计量。* 表示 $p < 0.10$, ** 表示 $p < 0.05$, *** 表示 $p < 0.01$。由于风险承担水平变量三年一期的测算, 样本量从 16742 减少为 14446。

4.7.2　企业的风险承担水平

企业风险承担是指其主动承担风险的一种决策行为，表现为企业主动选择具有一定风险的投融资项目（刘晓霞等，2020）。风险承担水平是一种风险承受能力，反映了企业对风险的态度，以及企业为谋求高利润愿意承担风险的意愿（刘巍和何威风，2020）。一般来说，为了企业价值的最大化，理性的企业管理者会选择预期净现值为正或投资报酬率较高的项目进行投资。研发投资具有风险性大、投资金额高、周期长等特征，只有风险承担水平较高的企业才有可能寄希望于通过研发创新寻求企业未来发展之路。而且企业的风险承担具有较强的资源依赖性，一旦企业缺乏资源支撑，其风险承担水平必然下降（张敏等，2015），这会引起企业的避险动机，投资行为也会变得短视，由此创新意愿可能会下降。根据代理理论，管理者需要承担企业决策的风险。当风险承担水平下降时，为避免职业声誉和个人财富损失，或者为了履行业绩承诺，管理者往往选择较为保守的投资策略，放弃投资风险较高的项目（张敏等，2015）。短视理论表明，管理者为了提高企业短期绩效，往往倾向于投资回报快的项目，不太愿意投资回报慢的研发项目（虞义华等，2018；欧丽慧等，2018）。

只有较强的信贷资源支持以及较强的经营活动现金流创造能力，才能使企业有足够的信心从事研发创新投资。减税降费作为中央支持企业创新的政策，具有信号引导的作用，它显示了政府对企业研发创新的鼓励与支持，也向银行等信贷资金提供者传递了政策鼓励的信号，由此银行的信贷资金供给量可能会增加。对于风险承担能力较强的企业，其向银行融资的可能性增加，这无疑能够激励企业研发创新的意愿。而且，减税降费降低了企业的税费支出，缓解了企业的现金流压力，增加了企业的信心，提升了企业的风险承担能力，便于企业将更多的资金用于研发投入。由此推测：减税降费激励企业研发创新投入的效果在不同风险承担水平的企业之间存在异质性。

本书参考约翰等（John et al.，2008）、余明桂等（2013）的做法，选取3年作为一个观测时段，先用行业层面的 ROA 均值对企业每一年的 ROA 进行调整，然后计算企业在观测时段内（t，t+2）经行业均值调整后 ROA 的标准差，得到风险承担水平（Risk），并根据中位数区分高、低风险承担能力样本组。

表4.10 的列（4）、列（5）展示了不同风险承担水平下减税降费的效果。可见，在风险承担水平较高的企业，回归系数为0.0266，减税降费在1%的显著性水平上提升了企业的研发投入。在风险承担水平较低的企业，回归系数为0.0001，减税降费提升企业研发投入的效果在统计上不显著。验证了减税降费激励研发的效果在不同风险承担水平的企业之间存在异质性。

4.7.3　产权性质

国有与非国有的产权性质差异决定了它们对外部财税政策的反应态度，也影响了其向银行、创投基金等外部金融部门以及相关基金融资的能力。国有企业的政府出资人背景使其受到外部政策影响的程度较小，获取外部资源的能力较强，尤其是获得信贷资金的程度较高。中央的减税降费政策对不同产权性质的企业而言，税费降低的程度可能会存在差异。鉴于国有企业承担了诸多的社会稳定、就业、经济发展等职责，国有企业的税负压力相对较大，中央的减税降费政策对原本负担较重的国有企业，可能税费负担降低的程度不如非国有企业。非国有企业对减税降费政策的敏感性更强，反应程度更大。由此推测：减税降费激励企业研发创新的效果在不同产权性质的企业之间存在异质性。

将实际控制人为政府以及国资委代持股份的企业界定为国有企业，取值为1，否则界定为非国有企业，取值为0。表4.10 的列（6）、列（7）展示了不同产权性质的回归结果。可以看出，国有企业、非国有企业的回归系数分别为0.0011、0.0347，减税降费在5%、1%的显著性水平上激励了企业的研发投入，减税降费提升研发投入的效果在非国有企业中更好。该结果验证了减税降费激励研发投入的效果在不同产权性质企业之间存在异质性的推测。

4.8　研究结论与政策建议

4.8.1　研究结论

减税降费政策旨在发挥财税政策的治理效应，唤起微观企业主体的创新与活力，激发其增加研发投入。本书基于文本分析法分析了 2008～2021 年中央针对制造业企业的 478 项减税降费政策的效果，发现减税降费确实能够激励企业增加研发投入，税费负担是减税降费政策影响研发投入的中间机制。减税降费直接降低了企业的税费负担，进而为企业节省了现金支出，有利于企业增加研发投入。替换变量、工具变量、政策的延续性检验等稳健性检验均支持上述结论。

在渠道机制检验中，发现减税降费通过增强企业家信心，尤其是企业家的个体非理性信心，进而促进了研发投入；积极的信心能够放大政策效应。减税降费还通过增加现金持有量提升了研发投入。在调节机制检验中，在信贷资金供给量较多的地区，减税降费的效果较好；在投资机会较多的企业，减税降费的效果较好。企业的特征也是显著影响减税降费激励企业研发投入的重要变量，本书从企业生命周期、风险承担水平以及产权性质等特征方面检验了减税降费的效果，发现对于成长期、成熟期的企业，减税降费的效果较好；对于风险承担水平较高的企业以及非国有企业，减税降费激励研发投入的效果较好。这些研究结论具有重要的政策意义。

4.8.2　政策建议

4.8.2.1　强化中央政府政策的信号引导作用

中央的政策影响面广、涉及的利益群体较多。鉴于减税降费优惠性的作用，建议中央政府有目的地实施精准的减税降费政策，尤其是对于那些急需政策引导、具有较强风险承担能力与创新意识的企业，政府政策的引导可能就会起到"雪中送炭"的作用。比如科技型或者高新技术的企业，风险意识较强，而且研发投入占比较高，可能会更加注重政策的信号引导作用。

4.8.2.2　关注创新环境的建设

外部环境是影响制造业企业研发创新的重要制度背景，信贷资金供给量是重要的调节减税降费激励研发投入效果的机制。通过控制与平衡信贷政策，为减税降费激励制造业企业的创新创造良好的环境，为企业的研发创新提供必要的资金支持。因此，减税降费政策需要辅之以信贷政策，宽松的信贷政策支持是减税降费政策发挥激励效果的重要调节变量。建议中央政府在颁布与推广减税降费政策时，考虑信贷资金供给量的调节作用，促使减税降费更好地发挥激励作用。

4.8.2.3　通过精准性与普惠性的"组合拳"政策增强企业家的信心

信心是企业对未来发展的预期，企业家的信心关系到未来的发展趋势、财务战略、投资战略以及创新目标和方向。只有企业家对未来充满信心，企业才有可能投资于风险性较大的研发，创新也才有可能成为企业可持续发展的源泉与根基。减税降费不仅具有信号引导的作用，还能通过实实在在的现金流出减少，增强企业家的信心，从而促使企业从可持续发展的视角重视企业的产品创新、流程创新与市场创新。建议未来的减税降费更应该关注其信号引导作用，重视对企业家信心的培养，留意企业家对宏观基本面信心与"动物精神"视角下信心的差异，通过精准性与普惠性的"组合拳"政策，使制造业企业充分地感受到税费降低的益处，引导制造业企业转型升级，通过创新培养企业增强核心竞争力的能力，为打造制造业强国、推进我国实现创新型国家发展战略奠定扎实的产业基础。

4.8.2.4　考虑不同性质企业的政策需求与创新需求

不是所有企业都能获得同等的减税降费益处的，不同企业获得税费降低的水平存在差异，从而导致其激励作用产生差异。在不同生命周期、风险承担水平以及产权性质的企业，其减税降费的效果存在异质性差异。只有关注到这些企业特征方面的异质性差异，才能发挥减税降费激励研发投入的积极作用。建议中央政府针对不同特征的企业实施不同的政策措施，通过精准的减税降费政策有目的地增强企业家对未来发展的信心，促使企业不断创新，提高核心竞争力。

第5章 减税降费政策波动与研发投资

5.1 引 言

减税降费政策是中央政府面对宏观经济的波动以及税制改革的目标，利用财税政策"调控经济"的功能，发挥减税降费政策助力税制改革的作用，既是长期内助力于经济结构转型、税制结构优化，也是服务于短期内市场主体的福利行为。财税政策具有基础性、制度性、引导性的特点，往往被用作调整经济结构的关键策略，同时它也是优化社会资源配置并提升企业经济效率的重要工具（刘尚希，2015）。当税收结构发生变动时，不同税种的经济效果就会发生变化，经济增长的路径也会出现差异（竹志奇等，2022）。从经济增长的视角来看，税收制度应与社会的市场环境和制度环境相适应，并且不断进行改革和完善。减税降费政策应沿着税制改革的大方向不断地进行调整。不同外部环境冲击下的最优规则不同，政府需要根据实际情况，在稳经济增长的基础上制定合适的减税降费政策。在这一过程中，减税降费政策将优化市场主体的福利和保障市场主体的发展壮大，市场主体的壮大则是市场经济转型的根基。减税降费政策通过资源配置影响着市场经济主体的行为（张凯强，2022）。

减税降费政策的波动还与政府对市场主体整体发展状况的真实了解有关。政府与企业是两个不同的主体，政府政策选择与市场主体行为之间通常存在联动关系。由于双方之间的信息不对称，中央政府在制定减税降费政策时，可能并不能真实地了解市场主体的现实需求，随后在观察到相应的真实情况，或者收到市场主体的反馈之后，中央政府可能会进一步完善相关政策，由此可能会使政策出现波动，而且政策的滞后实施也会造成政策的波动。近几年，由于新冠疫情的影响，企业的经营与生存都受到了严重的挑战，中央政府调整了政策的组合并加强了政策力度，但通过减税降费助力企业纾困以及促进企业科技创新的初衷并没有改变。财税政策制定过程中的非公开化、调整过程中的难以预测和执行过程中政策解读及实施的差异等因素，使得财税政策处在持续波动中，引发了政策的不确定性（朱军等，2020）。

从演变的视角，减税降费政策是随着财政政策调控经济的宗旨不断调整的。面对国内外环境的复杂性和变化性，需要实施新的减税降费政策措施，减税方式将从总量转向结构。总量性减税意味着大规模减税，比如2018 年减税降费约 1.3 万亿元，2019 年超 2.3 万亿元，2020 年超 2.6 万亿元，2021 年我国"减税降费"超过 8.6 万亿元①，2022 年将有超过 4.2万亿元税费"红包"惠及市场主体②。结构性减税并非大规模缩减总体税收规模，它是通过税负"削长"与"补短"相结合的结构性调整，政策具有针对性。比如，针对高消费税和资源税的政策（竹志奇等，2022）。已有学者研究证实，政策不确定性会扭曲企业的投资决策（龚旻等，2017）、增加企业的决策成本（李香菊和祝丹枫，2018）、抑制企业的研发（樊霞等，2020）、阻碍企业的创新活动（郭田勇和孙光宇，2021）。但是，现有文献较少研究减税降费政策的波动影响企业研发投入的机制，因此从政策波动性与不确定性的角度解释公司研发具有较强的创新意义与实际意义。

本书选取 2012③ ~2021 年我国制造业上市企业为样本，以各细分行业政策为基础，结合文本分析并赋值作为减税降费的衡量指标，探究减税降

---

① 新华网. 推动实施更大力度组合式减税降费 帮助市场主体纾困激发活力 [EB/OL].
2022 - 01 - 05. https：//news. youth. cn/sz/202201/t20220105_13379790. htm.

② 陈晨. 国家税务总局发布 2022 年税收数据超 4.2 万亿元税费"红包"惠及市场主体
[N]. 光明日报，2023 - 02 - 01.

③ 2008 ~2011 年的样本量导致 HP 滤波法使用后获得的数据较少，故而在研究政策的波动性时从 2012 年开始采集数据。

费政策的波动是否会对企业研发带来影响，检验企业税费水平的中介机制。进一步，从企业家信心、现金持有量等方面探究政策波动影响企业研发投入的渠道机制作用。从外部资金供给、融资约束、未来投资机会等方面研究减税降费政策的波动性影响研发的调节机制。在异质性检验中，考察了企业生命周期、风险承担水平以及产权性质等的差异，尝试探究政策的波动与不确定性对企业研发投入影响的企业特征差异，这深化了研究层次且对于政策的稳健实施具有现实意义。

5.2 理论分析与假设推导

5.2.1 政策波动与企业研发投入

政策设计和执行是一个动态过程，往往经历着"制定—实施—评估—调整—再实施"的流程变化。中央政府的财税政策不仅影响着产业的发展，还影响着企业的投融资及经营决策。当中央财政政策由紧缩转向扩张时，减税降费的发布比较频繁，涉及的面也比较广，此时企业倾向于采取开拓性的投资策略，比如变革组织结构、更新技术、更换设备等措施。当财政政策由扩张转向紧缩时，社会总需求将会降低，中央会减少减税降费政策的发布与实施，制造业企业会放缓资本积累的过程，往往采取保守的策略，缩减创新性投资行为。政府政策选择与企业投资行为相互依存、相互影响，一方的改变会引起另一方的策略调整。财税政策能够将要素资源引入具有强烈需求的创新型产业，从而减缓经济波动幅度，创造比较竞争优势与转型升级新模式（黄群慧和贺俊，2013）。然而，在市场均衡的实现过程中，信息扭曲是政策有效实施的最大障碍（李香菊和祝丹枫，2018）。政府希望通过减税降费，促进制造业转型升级与智能化、数字化发展。根据信号传递理论，政府根据宏观数据或者借鉴发达国家经验等调整资源要素的配置，但无法依据企业的实际需求设计出适合企业的政策。过度的干预影响了竞争环境下的自然选择，并且不能将弄虚作假骗取税收优惠的企业排除在外，从而产生劣币驱逐良币的现象，抑制了企业创新意愿。而且，政策的实施具有延时性，当企业对未来充满不确定时，往往采取规避风险的战略（Coles et al.，2005），从而降低研发创新性的投资。

当外部环境发生变化时，政府干预企业的战略与方针也会发生变化，国家的财政政策、税收政策也会随之变化（陈富永，2021）。这种调整过程既是税制改革不断完善的过程，也是市场主体不断优化资源配置，寻求未来可持续发展的过程。因此国家针对减税降费政策方向、时机和内容的调整都会影响市场主体，市场主体对政府政策的波动可能有更为强烈的反应，进而会影响企业的战略与财务决策。企业必须实时调整自身策略以适应外部环境的变化。由于我国税收制度缺乏、税收竞争不公平等因素的存在，地方政府可能会出台大量的不规范的税收优惠政策，这使得税收政策环境呈现较高的不确定性（龚旻等，2017）。企业有可能会"以为"政府针对企业"降成本"的决心在波动，无形中会增大企业的资金压力，增加企业的决策成本（李香菊和祝丹枫，2018），甚至会扭曲企业的投资决策、抑制企业的研发投资、阻碍企业的创新活动（樊霞等，2020；郭田勇和孙光宇，2021）。

减税降费政策的波动性抑制企业研发投资的基础理论是实物期权与金融摩擦理论。首先，根据实物期权理论，企业把未来的投资当作看涨期权，不确定的上升可能会提升期权的价值，因而企业将会减少当期的研发投资，等待未来的投资机会，并且期望未来的投资回报更为可观。较高不确定性产生的等待期权价值变大，公司可能会变得非常谨慎。假如投资项目失败了，企业将很难变现不可逆程度高的资本，企业的决策将会更加谨慎与审慎（谭小芬和张文婧，2017）。由此减税降费政策变动可能会对企业投资产生"二阶距冲击"的作用，使得企业降低对未来研发投入收益的预期（Gulen and Ion，2016），进而减少研发投资。其次，根据金融摩擦理论，金融摩擦通过银行层面信贷供给的约束以及企业层面的融资约束影响企业研发投资行为。银行与企业间借贷信息不对称的存在，使企业的外部融资成本要高于内部融资成本。为了减少损失，银行有可能要求企业在融资时提供抵押品，也可能会在签订借贷协议时附加更多资金使用的限制性条款。中央的减税降费政策具有信号的作用，能够引导银行、机构投资者等外部资金提供方的资金流向，向它们传递了政府支持与激励企业研发投入的信心与决心。然而，当减税降费政策出现"不确定性"时，企业税费负担下降的程度可能会发生变化，持有的现金流会出现波动的可能性，继而融资约束程度可能会提升。银行也会根据政府对企业扶持与激励的程度来提供资金供给，政策的不确定性会使得银行更为谨慎，从而缩小其信贷规模。特别是针对风险较大、成本较高的研发投入，银行更是慎之又慎。这无疑增加了企业外部融资的难度（张世敬和高文亮，2022），降低了企业研发创新投资的意愿和程度。综上所述，提出第一个假设。

假设5.1：减税降费政策的波动会抑制企业的研发投入。

5.2.2 税费负担的中介传导作用

创新是可持续发展的源泉，也是企业获得市场份额和赚取超额利润的手段。当企业面临恶劣的生存条件和激烈的市场竞争时，就会具有强烈的动机加速创新（Aghion，2005）。施瓦茨（Schwartz，2003）发现，经济政策不确定性会显著抑制R&D投资。顾夏铭等（2018）发现，政府补助、融资约束、行业特征、产权性质等都是影响政策不确定性与创新活动关系的因素。企业研发创新活动需要的资金量大，而且需要连续投资，更容易受到融资约束的影响（Hall et al.，2016）。显而易见，融资约束抑制了企业生产经营活动。当减税降费政策波动性上升时，融资约束小的企业将表现出更强的激励效应，而融资约束大的企业将会延迟甚至取消研发创新投入。

减税降费直接作用于企业的税费负担，缓解了融资约束，提高了研发创新的积极性（邓力平等，2020）。比如，增值税、所得税等优惠税率降低了企业的税费负担，提升了企业拥有的现金流，便于企业合理安排资金的利用，促使企业增强创新发展的意愿。又比如，社会保险缴费率下调一方面可以减少企业的现金流出，另一方面可以激发企业多招聘人才，两方面共同激励着企业不断地进行研发创新活动。当减税降费政策波动时，企业税费负担下降的可能性就会降低，成本降低的不确定性使得企业会将注意力转到正常的生产经营中，从而降低研发创新的意愿。较重的税费负担降低了企业的创新活动投入，减少了创新成果产出（Howell，2016；李林木和汪冲，2017）。张璇等（2019）发现，"营改增"显著降低了企业平均的税负增幅，促进了企业创新。随着税费负担的降低，企业的研发投入成本会降低，创新的积极性会提升。由此，提出第二个假设。

假设 5.2：税费负担在减税降费政策的波动性抑制企业研发投入中发挥中介作用。

5.3　研究设计

5.3.1　样本选取与数据来源

本书的样本取自 2012~2021 年沪深 A 股制造业行业的上市公司，同时通过以下方法进行数据筛选：剔除 ST、*ST 和 PT 的公司样本；剔除指标严重缺失和数据异常的企业样本；对所有连续型变量进行双侧 1% 的缩尾处理。经过上述处理，得到共计 8369 个样本观测值的平衡面板数据（波动性指标需要平衡面板数据）。本书的研究数据来自国泰安数据库（CSMAR）、万得（Wind）数据库以及手工收集。

5.3.2　变量定义

5.3.2.1　被解释变量

企业研发投入（RD_Spend）：与第 4 章的衡量一致，借鉴李维安等（2016）、李新等（2019）的做法，选取当年企业研发费用与营业收入的比值来衡量研发投入。

5. 3. 2. 2　解释变量

减税降费政策的波动性（Uncertainty）：首先采用第4章的文本分析法构建减税降费政策力度（JSJF）指标，再从中提取政策的波动值。经过对相关文献的整理，发现现有研究衡量政策波动和不确定性主要有使用各省份地区生产总值增长率的移动平均标准差（韩国高和胡文明，2016；潘凌云和董竹，2021）、区域国有资产所占比重的变化（胡晓珍等，2010）、政府核心官员的变更（陈德球等，2016）等。本书借鉴李香菊和祝丹枫（2018）的做法，使用 HP 滤波法测算政策波动值，HP 滤波法在模拟真实经济路径时不依赖周期波峰和波谷的确定，能够将趋势成分和波动成分区分开来。因此应用 HP 滤波法对减税降费政策指标的实际值进行趋势分离，以波动项与趋势项之间的比值作为政策波动的解释变量。此外利用企业减税降费政策力度指标的三年移动平均标准差来衡量政策的波动性，进行稳健性检验。

5. 3. 2. 3　中间渠道变量

税负水平（Tax）：同第4章的指标一致，采用企业年度的总税负率来衡量税负水平，具体公式为"（支付的税费 – 收到的税费返还）/营业收入"。

5. 3. 2. 4　控制变量

参考已有文献（邵悦心，2019；谢获宝等，2020；芮明杰等，2020；张璇等，2019），选取如下控制变量：企业规模（SIZE）、企业年龄（AGE）、资产负债率（LEV）、成长能力（GROWTH）、资本支出比例（CAPEX）、固定资产比（CAI）、董事长和总经理兼职状况（DUAL）、董事会规模（BSIZE）、董事会独立性（INDEP）以及股权集中度（TOP1）。具体的变量选择与变量定义如表 5.1 所示。

表 5.1　　　　　　　　　　　**变量选择与变量定义**

项目	变量符号	变量名称	变量定义
被解释变量	RD_Spend	研发投入	企业当年研发费用与营业收入的比值
解释变量	Uncertainty	减税降费政策不确定性	HP 滤波法/调整后政策指标的移动平均标准差
中间渠道变量	Tax	税费负担水平	（支付的税费 – 收到的税费返还）/营业收入
控制变量	SIZE	企业规模	总资产的自然对数
	AGE	企业年龄	企业成立至当年的自然对数
	LEV	偿债能力	总负债/总资产
	GROWTH	成长能力	营业收入增长率
	CAPEX	资本支出比例	购建固定资产、无形资产和其他长期资产所支付的现金总额/年末总资产
	CAI	固定资产比	固定资产总额/年末总资产
	DUAL	两职合一	董事长兼任 CEO，赋值 1，否则为 0
	BSIZE	董事规模	董事总人数取对数
	INDEP	董事会独立性	独立董事/董事总人数
	TOP1	股权集中度	第一大股东持股比例

5.3.3　模型设定

建立如下模型（5.1）检验减税降费政策的波动性与企业研发投入之间的关系，若 α_1 显著为负，则表明政策的波动会对企业的研发投入产生抑制作用。

$$\text{RD\_Spend}_{i,t} = \alpha_0 + \alpha_1 \text{Uncertainty}_{i,t} + \lambda \text{Control}_{i,t} + \mu_t + \varepsilon_{i,t} \qquad (5.1)$$

在模型（5.1）系数显著的基础上，建立以下模型检验税费负担的中介机制，模型（5.2）中被解释变量为（Tax），在此期待 Uncertainty 的系数显著为负。模型（5.3）中同时加入政策不确定性变量 Uncertainty 与中介渠道变量 Tax，若模型（5.2）、模型（5.3）估计结果中的系数 β_1、γ_2 均显著，且 γ_1 也显著，则说明减税降费政策波动性对企业研发投入的影响作用是部分通过税费负担实现的，中介渠道效应显著，即假设 5.2 成立。

模型中 $\text{Control}_{i,t}$ 代表可能影响被解释变量的其他一系列控制变量，year_t 表示控制年份固定效应，$\varepsilon_{i,t}$ 代表误差项。另外，为了控制异方差带来的影响，在此均对标准误差进行了公司层面的聚类调整（cluster）。

$$\text{Tax}_{i,t} = \beta_0 + \beta_1 \text{Uncertainty}_{i,t} + \lambda \text{Control}_{i,t} + \text{year}_t + \varepsilon_{i,t} \quad (5.2)$$

$$\text{RD\_Spend}_{i,t} = \gamma_0 + \gamma_1 \text{Uncertainty}_{i,t} + \gamma_2 \text{Tax}_{i,t} + \lambda \text{Control}_{i,t} + \mu_t + \varepsilon_{i,t}$$

$$(5.3)$$

考虑到当前逐步法对于检验中介效应存在的局限性，参考江艇（2022）的操作建议：识别解释变量对中介变量的因果关系；证明中介变量对被解释变量的影响，且该影响应该是直接而显然的，因此进一步构建如下机制分析模型：

$$\text{RD\_Spend}_{i,t} = \gamma_0 + \gamma_1 \text{Tax}_{i,t} + \lambda \text{Control}_{i,t} + \text{year}_t + \varepsilon_{i,t} \quad (5.4)$$

即在模型（5.1）、模型（5.2）中的影响系数 α_1、β_1 均显著的基础上，增加模型（5.4），其中系数 γ_1 可以衡量机制变量 Tax 对企业研发投入的影响，若 γ_1 系数也显著，则可证明机制变量的传导渠道。另外，还考虑中介效应检验可能存在的偏误及内生性问题，进一步排除从被解释变量到中介变量的反向因果关系（江艇，2022）。

5.3.4 描述性统计

由表5.2的变量描述性统计结果可知，在企业研发投入变量中，平均研发投入占营业收入之比达到4.5%，最大达到18.8%，最小只有0.1%，可见，研发投入在不同公司之间的差距较大。政策不确定性或波动性的均值为0.007，最大值为0.153，最小值为 - 0.149，说明在不同的行业中，减税降费政策波动性较大。在扣除税费返还之后，税费净负担占营业收入之比平均达到了4.7%，最大比例为19.2%，表明部分制造业上市公司的税费负担较重，而最小值为 - 5%，说明部分公司收到的税费返还远大于其支付的税费负担，充分享受了国家税收优惠的利益。

表 5.2　　　　　　　　　　　　　变量描述性统计

变量	观测值	平均数	中位数	标准差	最小值	最大值
RD_Spend	8369	0.0450	0.0390	0.0310	0.0010	0.1880
Uncertainty	8369	0.0070	0.0170	0.0730	−0.1490	0.1530
Tax	8369	0.0470	0.0460	0.0420	−0.0500	0.1920
SIZE	8369	22.2300	22.2400	1.0180	20.2300	25.0100
AGE	8369	19.2500	19.0000	5.6250	7.0000	32.0000
LEV	8369	0.3850	0.3820	0.1820	0.0550	0.8050
GROWTH	8369	0.1300	0.0800	0.2890	−0.4610	1.4600
CAPEX	8369	0.0510	0.0330	0.0490	0.0020	0.2740
CAI	8369	0.2460	0.2150	0.1320	0.0280	0.5820
DUAL	8369	0.2250	0	0.4170	0	1.0000
BSIZE	8369	8.6060	9.0000	1.3850	5.0000	13.0000
INDEP	8369	0.3670	0.3330	0.0490	0.3330	0.5560
TOP1	8369	23.1800	23.1900	16.2000	0.7910	64.7300

图 5.1 列示了 2012～2021 年政策不确定或波动性的趋势以及税费负担趋势,由两图对比可知,2012～2014 年政策波动在下降,而税费负担在上升;在 2014～2016 年,政策波动不稳定,税费负担也不稳定;在 2016～2018 年,政策上升式波动,而税费负担趋于下降;在 2018～2021 年,政策下降式波动,而税费负担也波动式下降。整体上,政策波动性越大,税费负担变化越大,税费负担随着政策的波动而波动。两者之间的关系为后面的实证检验提供了直观上的数据支持。

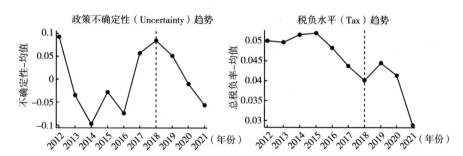

图 5.1　减税降费波动与税负水平逐年趋势

5.4 实证检验

5.4.1 基本假设的验证

为了检验减税降费政策波动的影响，本书建立的模型分别进行了回归分析，结果如表 5.3 所示。表中列（1）、列（2）是关于减税降费政策对企业研发投入影响的基准回归结果。可见，单变量、多变量回归的系数为 −0.0074、−0.0073，减税降费政策的波动性分别在 5%、10% 的水平上显著抑制了企业的研发投入，假设 5.1 得到了验证。

表 5.3 政策波动性与研发投入

| 变量 | 假设 5.1 | | 中介检验逐步法 | | 改进的中介机制 |
| | (1) | (2) | (3) | (4) | (5) |
	RD_Spend	RD_Spend	Tax	RD_Spend	RD_Spend
Uncertainty	−0.0074 ** (−2.298)	−0.0073 * (−2.000)	−0.0081 ** (−2.154)	−0.0067 * (−2.033)	
Tax				−0.0139 *** (−3.339)	−0.0139 *** (−3.337)
SIZE		−0.0027 *** (−3.481)	0.0029 * (1.964)	−0.0026 *** (−3.448)	−0.0026 *** (−3.452)
AGE		−0.0007 *** (−6.125)	−0.0008 (−1.325)	−0.0007 *** (−6.132)	−0.0007 *** (−6.130)
LEV		−0.0341 *** (−4.910)	−0.0764 ** (−2.355)	−0.0351 *** (−4.616)	−0.0351 *** (−4.621)
GROWTH		−0.0077 *** (−5.542)	0.0174 * (1.845)	−0.0075 *** (−5.671)	−0.0075 *** (−5.686)
CAPEX		0.0306 ** (2.061)	−0.0227 (−1.321)	0.0302 * (2.010)	0.0303 * (2.013)
CAI		−0.0253 ** (−2.179)	−0.0608 *** (−3.998)	−0.0261 ** (−2.183)	−0.0261 ** (−2.180)

续表

变量	假设5.1		中介检验逐步法		改进的中介机制
	(1)	(2)	(3)	(4)	(5)
	RD_Spend	RD_Spend	Tax	RD_Spend	RD_Spend
DUAL		0.0037 * (1.973)	0.0047 (1.102)	0.0038 * (2.045)	0.0038 ** (2.051)
BSIZE		0.0007 (1.366)	0.0017 (0.809)	0.0007 (1.397)	0.0007 (1.401)
INDEP		0.0339 * (2.018)	− 0.0090 (− 0.669)	0.0338 * (2.004)	0.0339 * (2.008)
TOP1		− 0.0001 (− 1.495)	− 0.0000 (− 0.141)	− 0.0001 (− 1.511)	− 0.0001 (− 1.513)
_cons	0.0122 *** (17.900)	0.0771 *** (4.397)	− 0.0174 (− 0.491)	− 0.0139 *** (− 3.339)	− 0.0139 *** (− 3.337)
N	8369	8369	8369	8369	8369
Adj − r^2	0.2375	0.3355	0.0518	0.3373	0.3374
year	Yes	Yes	Yes	Yes	Yes

注：括号内标注的是 T 统计量。* 表示 $p < 0.10$，** 表示 $p < 0.05$，*** 表示 $p < 0.01$。

利用前文设计的模型进行中介渠道效应的检验，结果如表 5.3 的列
(3)、列 (4) 所示，可知，政策的波动在 5% 的显著性水平上降低了企业
税费负担。在逐步法的检验中，Tax 在 1% 的水平上显著降低了企业研发
投入，即 Tax 越高，RD_Spend 越低，反之，Tax 越低，RD_Spend 越高，
Uncertainty 的系数从 − 0.0081 变为 − 0.0067，而且在 10% 的水平上显著为
负，说明税费负担起了部分渠道中介作用。列 (5) 是改进后的渠道中介
模型，其回归结果也支持假设 5.2。

5.4.2　原因分析

上述实证结果表明，以"科技创新"为导向的减税降费政策波动抑制
了制造业企业的研发创新投入，究其原因，一方面，减税降费政策的波动

干预了企业的创新路径。企业创新往往在其发展的低谷期,为了寻求突破走出困境,企业才有动力去尝试各种各样的创新机会。如果减税降费政策发生变化,企业可能会考虑政策引导和扶持方向的变化,也可能会重新思考现有研发创新的未来路径,从而作出改变创新思路的决策。在扩张性的财税政策下,为了获得减税降费利益,企业可能会选择政府扶持的项目。当财税政策趋于收缩时,企业获得的减税降费益处有限,有可能会重拾已经淘汰的落后产品或者技术,从价格方面寻求利润增长点。当财税政策由扩张转向收缩,企业会因为政策的波动而对未来充满疑虑。创新本身的特征,使得企业在谋划时更加谨慎与保守(Gustavo, 2011)。另一方面,减税降费政策波动动摇了企业家的信心,引起了企业家对企业未来发展不确定性的担心,转而采取了保守性的投资策略,努力规避风险性较大的研发创新活动,导致研发创新投入下降。

此外,发展程度相对较低地区的政府在减税降费政策实施过程中,倾向于"短期效益",为应对上级的绩效考核,追求专利数产出与科技支出总额,忽略企业的真正创新需求,无视创新环境的构建,人为地凭借"经验"干预企业的创新过程,最终导致企业创新积极性下降(李香菊和祝丹枫,2018)。

5.5 稳健性检验

5.5.1 替换变量衡量

借鉴倪骁然和朱玉杰(2016)的做法,利用研发投入金额加1的自然对数(RD_Spend2)来衡量研发投入并重新回归,结果如表5.6列(1)所示;使用研发费用除以期末总资产作为替换变量(RD_Spend3)重新回归,结果如5.6列(2)所示。同理,替换减税降费不确定性(Uncertainty2)的衡量方式,结果如表5.6列(3)所示。可知经上述稳健性检验,基本结论不变。

5.5.2 中介效应的 Bootstrap 检验

为检验税费负担传导机制作用结论的稳健性，更精准地检验税费负担在减税降费的波动性与研发投入之间的中介关系，首先参考普里彻和海耶斯（Preacher & Hayes，2008）提出的中介模型 Bootstrap 法进行分析，在此将自主抽样次数设定为 5000，置信区间设为 95%，得到各中介变量间接效应置信区间上限和下限，若上限和下限区间不包含 0，则间接效应（中介效应）存在，否则检验不通过。

以减税降费政策不确定性（Uncertainty）为自变量时，政策不确定性通过税费负担影响企业研发投入的间接效应为 -0.057，95% 置信区间为 [-0.083，-0.021]，不包含 0；直接效应为 -0.102，且其 95% 置信区间为 [-0.144，-0.061]，不包含 0，综上所述，可验证税费负担在政策不确定性和研发投入之间具有部分中介作用（见表 5.4）。

表 5.4 中介效应 Bootstrap 检验结果

作用路径	直接效应			间接效应		
	效应值	95% 置信区间		效应值	95% 置信区间	
		下限	上限		下限	上限
不确定性→税费负担→研发投入	-0.102	-0.144	-0.061	-0.057	-0.083	-0.021

5.5.3 政策处理效应虚拟变量的影响

5.5.3.1 政策演变历史

从 2008 年结构性减税开始，伴随着财政政策目标服务经济发展功能的变化，我国的减税降费政策走过了漫长的历程。历年的减税降费政策特点如表 5.5 所示。2008 年以稳健性的财政政策为基础，推进税制改革，"结构性"减税政策强调有增有减。2009 年开始增值税转型的试点，2012 年推行"营改增"税制试点改革，2015 年的政策不再强调减税增项，

2016 年的政策范围进一步从税收扩大到费用，2017 年加强了降费的力度，2018 年、2019 年继续加大实质性减税降费力度，让企业切实感受到减税降费的利益。2020 年继续落实减税降费政策，着力推动高质量发展。2021 年，减税降费政策聚焦支持制造业和中小微企业、科技创新，帮助市场主体恢复元气、增强活力。2022 年强化对中小微企业、个体工商户、制造业等的减税降费支持力度。2023 年将继续延续、优化、完善并落实好减税降费政策，大力支持科技创新、实体经济和中小微企业发展。

表 5.5　　　　　　　　　我国历年减税降费政策特点

2008 年	2009 年	2010 年	2011 年	2012 年	2013 年	2014 年	2015 年
一系列结构性减税	开始落实增值税转型；实行结构性减税	继续落实结构性减税政策，增强税收调控职能	继续实行结构性减税	"营改增"试点；保增长、扩内需、调结构、惠民生的结构性减税	扩大"营改增"试点行业范围	减税降费成为新常态，结构性减税降费更有针对性	推进税制改革，实行结构性减税、普遍性降费

2016 年	2017 年	2018 年	2019 年	2020 年	2021 年	2022 年	2023 年
全面"营改增"；在减税、降费、降低要素成本上加大力度	继续清理涉企收费，查处和整治乱收费	更大规模减税降费，加大地方政府专项债券规模	更大规模减税降费、扩大支出	加大减税降费力度，强化阶段性政策与制度性安排结合	以税制调整促消费；优化和落实减税降费政策	新的组合式税费政策，坚持阶段性措施和制度性安排相结合，减税与退税并举	延续、优化、完善减税降费政策，推动经济平稳健康发展

结合图 5.1 减税降费政策波动，可以发现 2014 年、2016 年、2018 年都是政策波动的拐点。2014 年减税降费成为新常态，是政策波动的一个拐点；2016 年由于全面"营改增"以及党中央、国务院对实体经济降成本的战略部署，使得 2016 年也成为政策波动的一个拐点。2018 年之后，由于更大规模的减税降费，以及一系列组合式政策的出台，使得该年也成为政策演变历史上的一个显著拐点。

借鉴段姝等（2022）对于减税降费政策效应的考察方式，本书加入政策处理效应虚拟变量建立如下回归模型（5.5），在此以 2014 年、2016 年、2018 年为政策断点加入虚拟变量 $D_{i,t}$，检验断点前后政策变动的效果。

$$RD\_Spend_{i,t} = \alpha_0 + \alpha_1 D_{i,t} + \alpha_2 JSJF_{i,t} + \alpha_3 D \times JSJF_{i,t}$$
$$+ \lambda Control_{i,t} + year_t + \varepsilon_{i,t} \tag{5.5}$$

以 2018 年为例，通过该模型可以分离出 D 分别等于 1、0 时的含义：2018 年之后的企业其模型可简化为 "$RD\_Spend_{i,t} = (\alpha_0 + \alpha_1) + (\alpha_2 + \alpha_3) JSJF_{i,t} + \lambda Control_{i,t} + year_t + \varepsilon_{i,t}$"，2018 年之前的企业其模型为 "$RD\_Spend_{i,t} = \alpha_0 + \alpha_2 JSJF_{i,t} + \lambda Control_{i,t} + year_t + \varepsilon_{i,t}$"。由此可知，$\alpha_1$ 反映 2018 年前后的企业在 RD_Spend 数值上的差异，若 α_1 在统计上显著，则代表政策节点前后的处理效应确实存在显著差异；而交互项 α_3 反映的是两类企业在 JSJF 对 RD_Spend 边际效应上的差异。若 α_1 显著为正，表明受到政策节点影响的企业其研发投入会显著增加。而 α_3 显著为正同时（$\alpha_2 + \alpha_3$）大于零，说明减税降费政策对企业的研发投入具有显著的提升效用。

具体的取值情况如下：当 2014 年为节点时，2012~2013 年取值为 0，2014~2015 年取值为 1；当 2016 年为节点时，2014~2015 年取值为 0，2016~2017 年取值为 1；当 2018 年为节点时，2016~2017 年取值为 0，2018~2021 年取值为 1。由表 5.6 列（4）、列（5）、列（6）的回归结果可得，2014~2015 年与 2012~2013 年相比，减税降费政策激励研发投入的边际效应在递减；2016~2017 年与 2014~2015 年相比，减税降费政策激励研发投入的边际效应也在递减。以 2018 年为节点的分组对比情况表明，2018 年以后政策力度对于研发投入的边际效应是低于 2016~2017 年的效应的，α_3 显著为负同时（$\alpha_2 + \alpha_3$）小于零，表明 2018 年以后，减税降费政策并没有显著激励企业提升研发投入，反而负向抑制企业的研发投入，该结果或许与新冠疫情的影响有关，故而继续检验疫情前后政策的效果。

5.5.3.2　新冠疫情的影响

2020 年由于新冠疫情暴发，企业的生产经营遭受了重大的影响，为帮助和鼓励企业走出疫情的影响，中央出台了一系列的减税降费政策"组合拳"。比如2020年中央针对制造业的减税政策达到了30项，降费政策达到了10项。通过这些政策的积极带动和引导，整体经济结构在不断调整，企业在平稳地过渡，市场的创新活力也在不断地增强，企业效益提升、效率结构改善的信心在逐渐增加。

鉴于全球性的公共卫生事件，使得企业面临的生产经营环境发生了重大变化，减税降费政策的目的与初衷也有所变化，政策力度也相应地发生变化，因此，为了检验政策在帮助企业度过危机与困难的同时是否也会有研发创新的行为，设计哑变量D2（1，0）代入模型（5.6）检验疫情前后企业减税降费政策的波动对研发投入的影响。2020年及以后，取1，否则取0。结果如表5.6列（7）所示。可知 D2 × Uncertainty 的系数为 -0.0947，在1%的水平上显著，表明疫情的影响加剧了政策波动性带来的负面影响。

$$RD\_Spend_{i,t} = \alpha_0 + \alpha_1 D2_{i,t} + \alpha_2 Uncertainty_{i,t} + \alpha_3 D2 \times Uncertainty_{i,t}$$
$$+ \lambda Control_{i,t} + year_t + \varepsilon_{i,t} \tag{5.6}$$

表 5.6   稳健性检验

变量	替换变量			加入处理效应虚拟变量			
	替换研发投入		替换不确定性	2014年为节点	2016年为节点	2018年为节点	疫情的影响（2020年）
	(1)	(2)	(3)	(4)	(5)	(6)	(7)
	RD_Spend2	RD_Spend3	RD_Spend	RD_Spend	RD_Spend	RD_Spend	RD_Spend
Uncertainty	-0.2631 *	-0.0087 **					0.0209 ***
	(-1.712)	(-2.446)					(6.613)
Uncertainty2			-0.0706 ***				
			(-3.434)				
JSJF				0.0074 ***	0.0094 ***	0.0015 ***	
				(7.315)	(4.480)	(5.715)	
D1				0.0022 ***	0.0525 ***	0.0618 ***	
				(3.135)	(3.629)	(4.386)	
D1 × JSJF				-0.0019 *	-0.0083 ***	-0.0205 **	
				(-1.899)	(-3.563)	(2.361)	

续表

变量	替换变量			加入处理效应虚拟变量			
	替换研发 投入		替换不 确定性	2014 年 为节点	2016 年 为节点	2018 年 为节点	疫情的影响 （2020 年）
	(1)	(2)	(3)	(4)	(5)	(6)	(7)
	RD_Spend2	RD_Spend3	RD_Spend	RD_Spend	RD_Spend	RD_Spend	RD_Spend
D2							0. 0205 *** (9. 928)
D2 × Uncertainty							− 0. 0947 *** (− 11. 416)
SIZE	0. 8481 *** (13. 521)	− 0. 0019 *** (− 3. 065)	− 0. 0027 *** (− 3. 490)	− 0. 0034 *** (− 5. 393)	− 0. 0041 *** (− 6. 183)	− 0. 0015 *** (− 2. 889)	− 0. 0014 *** (− 3. 713)
AGE	− 0. 0240 ** (− 2. 445)	− 0. 0002 * (− 1. 738)	− 0. 0007 *** (− 6. 132)	− 0. 0007 *** (− 6. 223)	− 0. 0007 *** (− 6. 318)	− 0. 0008 *** (− 8. 162)	− 0. 0005 *** (− 7. 996)
LEV	− 0. 3975 (− 1. 611)	− 0. 0050 ** (− 2. 315)	− 0. 0342 *** (− 4. 931)	− 0. 0374 *** (− 11. 361)	− 0. 0292 *** (− 7. 984)	− 0. 0522 *** (− 18. 725)	− 0. 0350 *** (− 17. 012)
GROWTH	0. 1309 ** (2. 350)	0. 0031 *** (2. 783)	− 0. 0077 *** (− 5. 469)	− 0. 0022 (− 1. 167)	− 0. 0042 ** (− 2. 305)	− 0. 0089 *** (− 5. 357)	− 0. 0033 *** (− 2. 577)
CAPEX	2. 3608 ** (2. 495)	0. 0228 *** (3. 170)	0. 0303 * (2. 036)	0. 0124 (1. 065)	0. 0726 *** (4. 945)	0. 0719 *** (5. 433)	− 0. 0272 *** (− 3. 973)
CAI	− 1. 0794 ** (− 2. 350)	− 0. 0192 ** (− 2. 637)	− 0. 0253 ** (− 2. 183)	− 0. 0386 *** (− 8. 886)	− 0. 0564 *** (− 12. 118)	− 0. 0582 *** (− 16. 219)	− 0. 0585 *** (− 22. 725)
DUAL	0. 1684 ** (2. 594)	0. 0017 * (1. 709)	0. 0038 * (1. 986)	0. 0038 *** (3. 004)	0. 0043 *** (3. 400)	0. 0077 *** (7. 181)	0. 0068 *** (7. 835)
BSIZE	0. 0305 (0. 922)	0. 0003 (1. 046)	0. 0007 (1. 391)	0. 0004 (0. 985)	0. 0008 * (1. 787)	0. 0011 *** (2. 875)	− 0. 0002 (− 0. 564)
INDEP	− 0. 4107 (− 0. 497)	0. 0101 (0. 883)	0. 0342 * (2. 045)	0. 0169 (1. 459)	0. 0504 *** (4. 089)	0. 0322 *** (3. 097)	0. 0260 *** (2. 946)
TOP1	0. 0040 * (1. 948)	0. 0000 * (1. 980)	− 0. 0001 (− 1. 521)	− 0. 0000 (− 1. 520)	− 0. 0001 *** (− 2. 899)	− 0. 0001 ** (− 2. 424)	− 0. 0001 *** (− 2. 645)
_cons	− 1. 7873 (− 1. 209)	0. 0463 *** (3. 396)	0. 0769 *** (4. 440)	0. 0926 *** (6. 283)	0. 0656 ** (2. 348)	0. 0748 ** (2. 572)	0. 1047 *** (12. 614)
N	8369	8369	8369	2953	3061	3232	8369
Adj − r²	0. 2753	0. 0702	0. 3360	0. 2111	0. 1844	0. 2140	0. 1778
year	Yes	Yes	Yes	Yes	Yes	Yes	Yes

注：括号内标注的是 T 统计量。* 表示 p < 0. 10，** 表示 p < 0. 05，*** 表示 p < 0. 01。

5.6　机　制　研　究

5.6.1　渠道作用机制

5.6.1.1　政策波动性、企业家信心与研发投入

（1）信心的中介渠道机制。

本书进一步探寻减税降费政策的波动性影响研发投入的作用机制。从微观层面看，企业家信心是保持企业经营活力、激发投资的重要因素。企业家的预期及信心变化对减税降费背景下企业自主创新研发决策行为产生了影响。企业家信心在很大程度上将会引导并决定着整个公司管理层未来的长期创新投资方向与行为模式（易靖韬等，2015）。企业家信心的增强将不仅依靠来自本企业内部战略与经营状况的主观认知，更大程度上可能取决于企业决策者对外部环境政策和预期变化风险所采取的主动性判断反应。减税降费通过减轻税负提高了企业家信心，促进了企业创新投资的积极性。

在新的发展阶段，减税降费政策的波动性对企业家信心，进而对企业研发投资产生更加重要的影响。首先，中央减税降费政策的波动容易造成信息混乱，企业往往依据政策信号作出投资决策。当企业无法合理评估决策成效，并产生悲观心理时，就会产生风险规避意识，从而规避风险性较大的创新投入。当政策波动时，企业就不能准确地甄别政策信号，就会担心政策波动对企业经营产生的风险，也会采取"不识变、不应变、不求变"的消极战略（李香菊和祝丹枫，2018）。

其次，企业家团队在面对中央减税降费政策不确定性加剧时，因个体异质性，更容易产生分歧，意见更难以统一（屈文洲和崔峻培，2018），这种分歧在客观上增加了决策的难度，提升了决策的成本，在主观上可能会使企业家决策时犹豫不决，摇摆不定，即企业家信心出现萎缩现象，最

终可能会降低风险较大的研发投资意愿。

最后，减税降费政策越波动，企业难以掌控的因素越多，对外部环境的判断就会越来越难。此时，为了减少决策风险，"理性"的企业家往往会选择减少新增创新投资的决策。若政策发生剧烈波动，其产生的不确定因素会引发企业家对未来研发状况、投入回报的担忧，企业家信心得到削弱，同时企业的风险承担意愿降低，更容易减少对于研发这样高风险活动的投入水平。即政策不确定性有可能会通过企业家信心渠道对公司的研发产生负向冲击（潘凌云等，2021；耿中元等，2021）。

总而言之，企业家信心是经营活力的重要源泉，也是激发企业增加研发投入的重要因素。减税降费政策的不确定性或波动性会降低企业家的信心，干预企业一贯的创新研发路径。政策变动带来的未来潜在市场不确定性程度越大，企业家对其自身未来生产经营与预期市场开拓的主观信心就越弱，这时企业可能越倾向于短平快的投资项目，尽量避免风险性较大、变现速度较慢的研发投入。一旦企业家信心萎缩，企业的风险承担意愿随之下降，从而可能会减少甚至放弃当前的创新活动，转而采取较为消极的研发应对策略。由此推测：企业家信心在减税降费政策的波动性抑制企业研发投入的效果中发挥了渠道机制作用。

企业家信心（Confidence）的衡量。参照第 4 章中关于信心的衡量[见式（4.6）]，收集 2012～2018 年上市公司的年度财务报告，对年报中"管理层讨论与分析"部分进行文本提取；利用 Python 的开放源"jieba"中文分词模块对提取的文本进行分词；通过词频统计方式计算文本的情感倾向值，并将"管理层讨论与分析"的各词数提前一年（t + 1）。获得的数值越大，则企业对其自身的能力、未来的发展预期及政策经济环境越积极、乐观，反之企业家信心则较为缺失。将 Confidence 代入模型（5.2）、模型（5.3）后回归结果如表 5.7 所示。可以看出，逐步法的结果表明，政策的不确定性弱化了企业家信心，通过企业家信心，可以抑制政策波动性对研发投入的负向影响。模型改进后的结果同样支持该结论。

表5.7 　　　　　　　　　　**企业家信心与现金持有量的渠道中介效应**

变量	企业家信心渠道			现金持有量渠道		
	逐步法		改进方法	逐步法		改进方法
	（1）	（2）	（3）	（4）	（5）	（6）
	Confidence	RD_Spend	RD_Spend	CASH	RD_Spend	RD_Spend
Uncertainty	−0.2875*** （−3.179）	−0.0065* （−1.969）		0.0557* （1.804）	−0.0071** （−2.090）	
Confidence		0.0021** （2.174）	0.0108*** （7.144）			
CASH					0.0092** （2.099）	0.0109*** （2.591）
SIZE	0.0265** （2.313）	−0.0027*** （−3.576）	−0.0020*** （−5.328）	0.0098** （2.678）	−0.0028*** （−3.674）	−0.0018*** （−4.662）
AGE	−0.0074*** （−3.641）	−0.0007*** （−6.060）	−0.0008*** （−10.864）	0.0008 （1.042）	−0.0007*** （−6.221）	−0.0008*** （−11.972）
LEV	−0.1465* （−1.814）	−0.0339*** （−4.849）	−0.0304*** （−14.395）	−0.2357*** （−10.272）	−0.0319*** （−4.404）	−0.0292*** （−12.815）
GROWTH	0.0751*** （3.175）	−0.0079*** （−5.790）	−0.0043*** （−3.266）	−0.0097** （−2.573）	−0.0076*** （−5.486）	−0.0032** （−2.468）
CAPEX	0.7140** （2.335）	0.0284* （1.965）	−0.0336*** （−4.555）	−0.0844* （−1.729）	0.0313** （2.102）	−0.0264*** （−3.516）
CAI	−0.4748*** （−5.548）	−0.0246** （−2.116）	−0.0571*** （−21.222）	−0.3089*** （−11.285）	−0.0224* （−1.875）	−0.0581*** （−19.308）
DUAL	0.0445*** （2.909）	0.0037* （1.944）	0.0071*** （8.118）	0.0013 （0.270）	0.0037* （1.976）	0.0076*** （8.712）
BSIZE	0.0042 （0.985）	0.0007 （1.367）	0.0002 （0.849）	0.0011 （0.617）	0.0007 （1.365）	0.0002 （0.852）
INDEP	−0.0303 （−0.205）	0.0339* （2.018）	0.0331*** （3.726）	0.0176 （0.501）	0.0337* （2.016）	0.0318*** （3.584）
TOP1	−0.0003 （−0.447）	−0.0001 （−1.436）	−0.0001*** （−3.421）	−0.0002 （−1.673）	−0.0001 （−1.432）	−0.0001*** （−3.871）

续表

变量	企业家信心渠道			现金持有量渠道		
	逐步法		改进方法	逐步法		改进方法
	（1）	（2）	（3）	（4）	（5）	（6）
	Confidence	RD_Spend	RD_Spend	CASH	RD_Spend	RD_Spend
_cons	0.1191 (0.583)	0.0769*** (4.391)	0.1027*** (12.377)	0.1190* (1.705)	0.0760*** (4.288)	0.1019*** (12.122)
N	8369	8369	8369	8369	8369	8369
Adj－r^2	0.1256	0.3356	0.1868	0.3231	0.3361	0.1813
year	Yes	Yes	Yes	Yes	yes	yes

注：括号内标注的是 T 统计量。* 表示 $p<0.10$，** 表示 $p<0.05$，*** 表示 $p<0.01$。

此外，为进一步验证企业家信心的中介作用，使用 Bootstrap 进行检验，结果如表5.8所示。以减税降费政策不确定性（Uncertainty）为自变量时，政策不确定性通过企业家信心影响企业研发投入的间接效应为 -0.030，95% 置信区间为 $[-0.064，-0.001]$，不包含0；直接效应为 -0.105，且其95% 置信区间为 $[-0.133，-0.077]$，不包含0，综上，可验证企业家信心在政策不确定性和研发投入之间具有部分中介作用。

表5.8 　　　　　　　　　　**中介效应 Bootstrap 检验结果**

作用路径	直接效应			间接效应		
	效应值	95% 置信区间		效应值	95% 置信区间	
		下限	上限		下限	上限
不确定性→企业家信心→研发投入	-0.105	-0.133	-0.077	-0.030	-0.064	-0.001

（2）积极信心的"放大效应"。

同第4章，将信心分为积极的和消极的两类，继续挖掘积极企业家信心的放大效应，预测放大的信心可能会加强减税降费对企业研发投入的激励作用，减弱政策不确定性为企业研发带来的负面冲击，提高企业的风险承担能力与心理承受预期。为此，建立模型（5.7），变量解释见第4章 4.6节的机制分析。

$$RD\_Spend_{i,t} = \alpha_0 + \alpha_1 Uncertainty_{i,t} + \alpha_2 Pos_{i,t} + \alpha_3 Uncertainty_{i,t} \times Pos_{i,t}$$
$$+ \lambda Control_{i,t} + year + industry + \varepsilon_{i,t} \quad (5.7)$$

检验结果如表 5.9 所示，列（1）中 $Uncertainty_{i,t} \times Pos_{i,t}$ 的系数在 5% 的水平上显著为正，说明积极信心发挥了正向调节作用。综上所述，验证了"积极的企业家信心能够削弱政策不确定性对研发投入的抑制作用"。

表 5.9　　　　　　　　　　积极信心的放大效应与两类信心的传导

变量	信心放大效应	逐步法		改进的方法	逐步法		改进的方法
	（1）	（2）	（3）	（4）	（5）	（6）	（7）
	RD_Spend	Spirit	RD_Spend	RD_Spend	Macro	RD_Spend	RD_Spend
POS	0.0001 *** (2.821)						
Uncertainty	−0.0294 *** (−3.149)	0.3554 (0.265)	−0.0045 (−1.086)		−3.0279 *** (−4.546)	−0.0085 *** (−2.946)	
Uncertainty ×POS	0.0002 ** (2.200)						
Spirit			0.0003 *** (3.545)	0.0004 *** (4.091)			
Macro						0.0030 *** (3.124)	0.0031 *** (3.149)
AGE	−0.0088 *** (−3.588)	−2.7584 *** (−4.941)	−0.0027 (−0.986)	−0.0079 ** (−2.568)	0.4221 *** (15.591)	−0.0109 *** (−3.426)	−0.0098 *** (−3.247)
SIZE	−0.0028 *** (−3.223)	−0.1795 (−0.826)	−0.0016 * (−1.958)	−0.0032 *** (−3.339)	0.1026 *** (8.181)	−0.0034 *** (−3.287)	−0.0033 *** (−3.281)
LEV	−0.0353 *** (−6.891)	−4.0460 *** (−3.032)	−0.0334 *** (−6.029)	−0.0261 *** (−4.351)	−0.5738 *** (−6.195)	−0.0294 *** (−4.698)	−0.0294 *** (−4.799)
GROWTH	−0.0008 (−0.525)	3.0790 *** (5.880)	−0.0045 ** (−2.508)	−0.0015 (−0.750)	0.1078 (1.488)	0.0003 (0.162)	0.0005 (0.267)
CASH	0.0394 *** (4.817)	1.5660 (1.074)	0.0143 * (1.675)	0.0403 *** (4.309)	−1.1090 *** (−9.703)	0.0435 *** (4.805)	0.0433 *** (4.840)
CFO	−0.0672 *** (−5.758)	1.6436 (0.590)	−0.0290 *** (−2.587)	−0.0681 *** (−5.423)	−0.3237 (−1.240)	−0.0740 *** (−5.537)	−0.0725 *** (−5.527)

续表

变量	信心放大效应	逐步法		改进的方法	逐步法		改进的方法
	（1）	（2）	（3）	（4）	（5）	（6）	（7）
	RD_Spend	Spirit	RD_Spend	RD_Spend	Macro	RD_Spend	RD_Spend
FIR	-0.0118*	-8.6115***	-0.0065	-0.0070	-0.3727***	-0.0109	-0.0111
	（-1.814）	（-6.095）	（-0.967）	（-0.949）	（-4.952）	（-1.483）	（-1.546）
year/ industry	Yes	Yes	Yes	Yes	Yes	Yes	Yes
_cons	0.1380***	16.3504***	0.0731***	0.1361***	4.5657***	0.1334***	0.1273***
	（7.840）	（3.436）	（4.138）	（6.791）	（16.006）	（5.912）	（5.701）
N	8369	8369	8369	8369	8369	8369	8369
Adj-R²	0.1453	0.1102	0.2102	0.1520	0.1086	0.1477	0.1447

注：括号内标注的是 T 统计量。* 表示 $p < 0.10$，** 表示 $p < 0.05$，*** 表示 $p < 0.01$。

（3）"动物精神"视角下的企业家信心。

同第4章，将企业家信心分解为宏观经济基本面信心和剔除宏观经济基本面因素后的动物精神视角下的信心，两个变量的衡量见第4.6节。检验结果如表5.9所示，列（2）、列（3）的结果说明"政策不确定性—信心—研发投入"的因果链条在动物精神视角下无法得到验证（Uncertainty 对 Spirit 的估计系数并不显著），即减税降费政策的波动不会显著抑制动物精神，也说明政策的不确定性更多地冲击企业的宏观基本面信心，企业家对于政策波动的决策变更需要以对宏观基本面信心的感知为前提。企业实际上具有一定的风险承受能力与信心底线，一旦政策变动风险突破企业的承受范围，才会对企业产生负面影响。另外，由列（4）的回归结果可知，动物精神元素与企业研发投入存在显著的正相关关系。

同理，以宏观经济基本面信心（记为 Macro）作为中介渠道变量进行回归，由表5.9的列（5）~列（7）可知，从基本面视角的信心出发，政策波动性显著抑制了宏观基本面的信心（Uncertainty 对 Macro 的估计系数在1%的水平上显著为负），宏观基本面的信心能够显著抑制政策波动性的负面效果。同样地，宏观经济基本面信心本身对企业的研发投入具有显著的激励作用。

结合第 4 章的研究结果，可以看出，非理性信心因素与基本面信心因素在减税降费与企业研发投资之间存在着"互补性传导作用"。具体地，减税降费的"优惠性"主要通过直接提升动物精神视角下的企业家非理性特征来影响研发投入。减税降费的"不确定性"则是主要通过抑制企业对宏观经济基本面的信心实现其渠道作用。无论是非理性还是基本面的信心，都会显著影响企业研发投入。

5.6.1.2 政策波动性、现金持有量与研发投入

在完美的资本市场，企业无须持有现金。现实环境中，企业持有现金是因为资本市场摩擦和公司治理结构缺陷（连玉君等，2010）。现金持有既关系到企业的资产配置状况，也影响着企业的流动性、资本成本及投资决策，进而决定着企业的价值增长（王红建等，2014）。根据权衡理论，企业现金持有的最优水平有利于企业价值的最大化，此时现金持有的边际收益等于边际成本。现金持有是有成本的，现金持有收益来自交易动机与预防动机（陈艳艳和程六兵，2018）。交易动机是为了满足非同步的费用支出。预防动机是为了应对突发事件或者缓冲现金短缺。预防动机理论认为，企业在不确定性上升时会出于预防性动机增持现金，其目的是避免未来陷入流动性困境。李凤羽和史永东（2016）发现，自身经营越不稳定，企业持有的现金越多。

减税降费是中央根据现实经济情况作出的旨在激发企业活力，促使企业转型升级的政策，具有导向性作用。减税降费政策的波动可能会导致企业税费支出的变化以及未来现金流的波动，也会调整投资者对企业未来的预期，投资者可能要求更高的风险溢价补偿（Pastor & Veronesi，2012），最终都会体现在企业未来的经营业绩上。为应对政策不确定带来的风险，企业可能会增加现金的持有量。同时，中央减税降费政策的波动性会增加外部的金融摩擦，企业出现现金短缺的概率增大了，交易动机和预防动机增强，导致企业持有更多的现金（陈艳艳和程六兵，2018），在权衡现金持有的成本与收益之后，理性的选择有助于企业规避较高的外部融资成

本，增加企业创新的意愿。即政府政策的波动增加了企业外部融资的风险，企业面临更高的贷款成本、更严格的非价格条款（Francis et al.，2014）。为了应对融资困难、融资成本上升企业就会增加现金持有量（陈艳艳和程六兵，2018）。

总而言之，减税降费提升了企业对未来经济发展向好的信心（张世敬和高文亮，2022），而减税降费政策的波动动摇了企业的信心，促使企业增加现金持有量，以维持企业研发创新的愿望。当政策不确定时，企业经营风险增加，预期现金持有量下降（Edwards et al.，2015）。现金持有量将影响企业的投资决策。由此推测：现金持有量在减税降费政策的波动性抑制企业研发投入中发挥渠道机制作用。

现金持有量（CASH）的衡量。本书用货币资金与短期净投资额之和与总资产的比值来衡量现金持有量。将 CASH 代入模型（5.2）、模型（5.3）检验现金持有量的渠道中介效应，结果如表 5.7 的列（4）~列（6）所示。逐步法的结果表明，政策波动减少了企业持有的现金流，企业通过提升现金持有量来抑制政策波动负向影响企业研发投入的效果。改进的机制也支持现金持有量的渠道中介效应检验。

5.6.2　调节作用机制

5.6.2.1　信贷资金供给的调节

我国银行的信贷规模调整，有利于优化经济结构，提高资源配置和利用效率。贷款供应政策和贷款利率政策共同影响着金融机构的信贷投放。实体经济尤其是制造业企业的投资高度依赖以国有银行为主体的信贷体系。银行信贷规模不仅会影响减税降费政策的发挥，还会影响制造业的投资成本。银行信贷规模影响企业借贷的难易程度，从而影响减税降费激励研发投入的效果。量化宽松的货币政策使得信贷规模增加，金融机构提供信贷的力度增加，企业更容易通过贷款来满足经营发展、创新研发等所需的资金。此时减税降费政策与宽松的货币政策相互作用，为企业筹措创新所需的研发资金提供了良好的外部环境。科尔纳贾等（Cornaggia et al.，2015）和查瓦等（Chava et al.，2013）发现，美国银行业放松管制时，信贷供给增加能促进企业的研发活动。而紧缩性的货币政策影响了银行对企业的支持力度，导致企业投资下降。黄速建和刘美玉（2020）发现，信贷收紧抑制了小微企业的创新投入与创新产出。

企业根据对商业银行信贷供给能力的预判，选择合适的信贷融资比例，优化内部投资结构，作出投资的决策。易纲和宋旺（2008）发现，银行借贷是我国企业研发投入的主要资金来源。经济政策较高的不确定性会影响银行的信贷决策，银行资金很难成为企业研发投资的主要来源。在外部经济环境变化时，银行会作出较为保守的信贷决策。许等（Hsu et al.，2014）认为，银行以及非银行金融机构比较保守，对于像研发创新类似的风险性投资，其投资意愿较低，致使企业的创新融资行为受到影响。首先，动荡的经济环境会影响金融机构对风险的认识，当金融机构认为风险增加时，就会缩小信贷规模，以寻求风险的规避。南达和尼古拉斯（Nanda & Nicholas，2014）发现，外部融资环境的动荡会改变银行的信贷决策，继而影响企业的创新活动，企业的研发模式也会随之改变，保守型的项目投资往往成为企业的选择。其次，经济政策的变动，使得银行往往根据其与企业的关系、企业规模与绩效以及对研发项目前景评估来发放贷款额度，中小企业抵御外部环境变化的能力较弱，银行倾向于减少向这些企业提供融资机会。最后，企业还可以通过抵押获得研发活动资金。信贷资金要求按时还本付息，而研发的长周期、高风险等特征使其与信贷资金的要求存在矛盾（海本禄和杨君笑，2020）。政策不确定性会加剧银行识别风险的难度，也会增加企业融资成本。

减税降费政策的波动意味着经济形势的不确定性增加，也意味着外部环境风险的提升。这些不确定性增加了金融机构的系统性风险，此时金融机构为了降低风险，会提出更为苛刻的贷款条件，如提升担保标准、加强贷款审核，有时还会提高利率、减少信贷规模，在这种情况下，企业外部融资成本上升，维持创新投资活动更加困难。另外，减税降费政策的不确定性增加了企业持有资金的不稳定性，企业的创新行为不仅需要管理层对项目进行风险评估，还需要管理层对市场状况、项目发展前景、投资回报等进行判断，只有符合成本效益原则的，管理层才会作出投资决策（孟庆斌等，2017）。由此推测，银行信贷供给对减税降费的波动影响研发投入起着调节作用。

借鉴傅章彦（2009）的做法，采用银行"信贷资金/GDP"比率来表示信贷资金供给量（TC），其中信贷资金供给量采用的是各省（自治区、直辖市）的银行人民币贷款余额，GDP 采用的是实际数。在模型（5.1）中加上 TC 与 Uncertainty 的交乘项，回归结果如表 5.10 的列（1）所示，可知交乘项的系数为 0.0136，在 5% 的水平上显著，表明银行信贷资金供应量越充足，减税降费政策波动抑制研发投入的效果越能得到缓解。

表 5.10　　　　　　　　　调节机制检验（交互项调节）

变量	信贷资金供给	外部融资约束	未来投资机会
	（1）	（2）	（3）
	RD_Spend	RD_Spend	RD_Spend
Uncertainty	-0.0248 * (-1.953)	-0.0059 * (-1.770)	-0.0207 ** (-2.682)
TC	0.0059 * (1.735)		
TC × Uncertainty	0.0136 ** (2.110)		
FINA		0.0000 ** (2.758)	
FINA × Uncertainty		-0.0000 ** (-2.136)	
TQ			0.0021 ** (2.323)
TQ × Uncertainty			0.0075 ** (2.144)
SIZE	-0.0022 ** (-2.490)	-0.0027 *** (-3.511)	-0.0017 * (-1.966)

变量	信贷资金供给	外部融资约束	未来投资机会
	（1）	（2）	（3）
	RD_Spend	RD_Spend	RD_Spend
AGE	− 0. 0005 *** （ − 4. 228）	− 0. 0007 *** （ − 6. 094）	− 0. 0007 *** （ − 6. 063）
LEV	− 0. 0330 *** （ − 3. 822）	− 0. 0342 *** （ − 4. 917）	− 0. 0330 *** （ − 4. 996）
GROWTH	− 0. 0034 * （ − 1. 877）	− 0. 0076 *** （ − 5. 439）	− 0. 0082 *** （ − 5. 812）
CAPEX	0. 0195 （1. 321）	0. 0295 * （1. 996）	0. 0292 * （1. 940）
CAI	− 0. 0504 *** （ − 4. 470）	− 0. 0252 ** （ − 2. 174）	− 0. 0240 ** （ − 2. 127）
DUAL	0. 0042 ** （2. 334）	0. 0037 * （1. 974）	0. 0039 ** （2. 129）
BSIZE	− 0. 0002 （ − 0. 355）	0. 0007 （1. 377）	0. 0007 （1. 456）
INDEP	0. 0341 * （1. 714）	0. 0341 * （2. 016）	0. 0327 * （1. 969）
TOP1	− 0. 0001 * （ − 2. 048）	− 0. 0001 （ − 1. 469）	− 0. 0001 * （ − 1. 864）
_cons	0. 1091 *** （5. 542）	0. 0771 *** （4. 398）	0. 0544 *** （3. 107）
N	8369	8369	8369
Adj − r²	0. 1681	0. 3353	0. 3392
year	Yes	Yes	Yes

注：括号内标注的是 T 统计量。＊ 表示 $p < 0.10$ ，＊＊ 表示 $p < 0.05$ ，＊＊＊ 表示 $p < 0.01$ 。

5.6.2.2 外部融资约束的调节

创新项目的成功需要技术与资金共同的支持。研发一旦成功，将会为企业带来丰厚的利润，企业也会拥有一定时期内的垄断知识产权。为了保持垄断利润，企业会动用一切资源进行技术封锁，资金的提供者就会要求更高的回报，导致外部融资成本更高。

由于存在信息成本和代理成本，外部融资成本高于企业自由现金使用成本。融资约束较强的企业，其资金成本要比融资约束较低的企业高。依据信贷配给理论，有时即使企业愿意付出更高的价格，也无法获得信贷资金从事研发活动。融资约束越强，企业受到的价格约束或数量约束也就越强，企业会减少研发以缓解融资约束。可见，融资约束对减税降费波动背景下研发投入的激励效应具有调节作用。对于融资约束强的企业，减税降费的波动能够强化其融资约束，从而抑制企业从事风险性较大的研发投资。对于融资约束弱的企业，减税降费波动性的作用可能较弱。由此推测：外部融资约束对减税降费波动性影响研发投入的效果起着调节作用。

本书采用"（资本支出－经营性现金流量净额）/资本支出的中位数"衡量企业对外部融资的依赖度 FINA，其中，资本支出用"购建固定资产、无形资产和其他长期资产所支付的现金"来衡量，行业按照证监会 2012年分类标准分类。在模型（5.1）中加入 FINA 与 Uncertainty 的交乘项，回归结果如表 5.10 列（2）所示，交乘项系数为 – 0.000，在 5% 的水平上显著为负，说明企业对外部融资的依赖度越高，减税降费政策波动抑制研发投入的效果越强。

5.6.2.3　未来投资机会

对企业来说，随着外部政策的波动，市场势力、行业前景以及顾客需求都会随之变化，企业的决策成本上升，决策风险增大（饶品贵等，2017）。当企业无法把控市场走势时，就会降低当前投资的意愿。根据实物期权理论，为规避资源错配的风险，企业会削减创新投资等不可逆的活动，等待未来的投资机会。迪克西特和平狄克（Dixit & Pindyck，1994）发现，等待信息释放的过程会很长，当新信息的价值降低并且无法补偿延缓投资的成本时，企业才会继续投资。而且，创新中任何阶段预期外政策变动都会对企业创新的策略造成影响（吉云等，2020）。由此可知，当减税降费政策波动时，其释放出来的信号使企业决策更加慎重，只有当企业确定波动性的影响后果消失，企业才会考虑继续投资。即政策越波动，企业投资越少（Bloom et al.，2007）。

增长实物期权理论认为，企业投资存在的不确定性会使企业趋于保守，对投资项目持观望态度。当企业观察到更多的有利因素时，企业才会继续投资；当不利因素充斥时，企业依然会选择观望，不再追加投资。投资的目的在于获得未来的增长期权。研发投资为企业提供了不可估计的未来发展机会。现有状况下，更多有利因素的出现会增加企业的投资机会，促使企业通过研发投资为未来提供更多可能性。而减税降费政策的不确定性带来了信息不确定性，降低了企业研发投资的意愿（陈富永，2021），因为减税降费政策不确定性提高了管理层捕捉投资机会的难度，减少了企业管理层自由裁决权，对企业风险承担提出了更高要求。这些因素叠加在一起，使得减税降费不确定性影响了研发投资的效果，较多的投资机会或许会抑制减税降费政策波动的负面影响。也就是说，一旦减税降费政策出现波动，管理层的决策就会受到影响，企业的研发投资也会受到影响，较多有利因素的投资机会将缓解政策波动引起研发投入下降的负面影响。由此推测，未来投资机会对减税降费政策波动影响研发投资的效果起着调节作用。

参考前人做法（袁振超和饶品贵，2018），将托宾 Q（TQ）作为投资机会的代理指标。在模型（5.1）中加上 TQ 与 Uncertainty 的交乘项，回归结果如表 5.10 列（3）所示，可知，交乘项的系数为 0.0075，在 5% 的水平上显著，表明投资机会越多，越能抑制减税降费政策波动负向影响研发投入的效果。

5.7　异质性检验

减税降费政策不确定性对企业研发创新的影响不能一概而论，不仅需要梳理研发创新的内涵与外延，还需要考察企业的特性。比如，梁权熙等

（2019）发现，中央政府政策的不确定性会对企业技术改造与创新产生负面影响；张峰等（2019）却发现，经济政策的不确定性对企业产品创新具有消极作用，对服务转型创新具有积极作用。减税降费政策不确定性有可能在不同性质的企业（比如不同生命周期阶段、不同风险承担水平以及不同产权性质等）存在异质性。对于处于不同发展阶段的企业，对减税降费政策波动的信号作用与反应程度存在差异，导致其研发投入决策存在异质性。风险承担水平不同的企业，应对减税降费政策波动引起的税费负担变化、现金流入流出变化的策略不同，也使其研发投入决策存在异质性。产权性质不同的企业，外部资源获取能力、社会责任承担能力等都不相同，当减税降费政策波动时，它们捕捉政策信号的能力存在差异，使得其研发创新投资策略具有异质性。

5.7.1　企业的生命周期

企业在不同生命周期中成长方式和面临的问题不同，资金需求和投资支出规模不同，对减税降费政策的反应也不同，在不同生命周期阶段，企业的经营特点、生存能力、融资约束以及所处市场环境等都可能存在差异，其创新能力和创新意愿也表现出不同的状态。对于成长期的企业，由于经营发展处于上升期，资金需求量大，投资支出较多，需要政府更多的支持与引导，故而对减税降费政策波动更加敏感。对于成熟期的企业，由于其市场占有率相对稳定，资金筹集能力相对较强，减税降费政策的信号引导作用与缓解融资约束作用相对较弱，企业对政策波动的敏感性不如成长期的企业强。对于衰退期的企业，由于其经营发展处于下行阶段，市场占有率处于下滑趋势，对资金的需求较高，需要转型升级寻找利润的新增长点，对这些企业来说，减税降费政策的信号作用与融资约束缓解作用更强，企业对政策波动所产生的反应更大。

本书借鉴曹裕等（2016）、狄金森（Dickinson，2011）的做法，基于经营现金流量、投资现金流量和筹资现金流量，用现金流组合法对样本公司的生命周期代理变量符号进行判断，划分为成长期、成熟期、衰退期三个阶段，依次赋值为 1、2、3，利用式（5.1）分别进行回归分析。表 5.11 列（1）、列（2）、列（3）的结果表明，对于成长期、衰退期的企业，减税降费波动分别在 10%、5% 的水平上能够显著抑制企业的创新研发投入，对于成熟期的企业，减税降费波动对企业的研发创新投入影响并不显著。

表 5.11 　　　　　　　　　　　　　异质性分析

变量	企业的生命周期			企业的风险承担水平		产权性质	
	（1）成长期	（2）成熟期	（3）衰退期	（4）风险承担水平较强	（5）风险承担水平较弱	（6）非国有企业	（7）国有企业
	RD_Spend	RD_Spend	RD_Spend	RD_Spend	RD_Spend	RD_Spend	RD_Spend
Uncertainty	−0.0051* (−1.882)	0.0045 (0.433)	−0.0445** (−2.051)	−0.0016 (−0.192)	−0.0076* (−1.939)	−0.0126** (−2.683)	−0.0035 (−0.438)
SIZE	−0.0028*** (−2.906)	−0.0023** (−2.281)	−0.0033** (−2.060)	−0.0022* (−1.981)	−0.0033*** (−5.488)	−0.0022** (−2.105)	−0.0034*** (−3.889)
AGE	−0.0006*** (−4.486)	−0.0007*** (−4.175)	−0.0013*** (−3.104)	−0.0008*** (−3.722)	−0.0008*** (−7.125)	−0.0013*** (−5.061)	−0.0004** (−2.376)
LEV	−0.0329*** (−4.288)	−0.0389*** (−6.157)	−0.0316*** (−3.608)	−0.0340*** (−5.485)	−0.0310*** (−9.691)	−0.0324*** (−3.241)	−0.0340*** (−6.704)
GROWTH	−0.0097*** (−4.263)	−0.0069** (−2.328)	−0.0052* (−1.940)	−0.0029* (−2.032)	−0.0081*** (−4.708)	−0.0064*** (−3.116)	−0.0081*** (−5.911)
CAPEX	0.0257 (1.362)	0.0399*** (3.432)	0.1020*** (3.423)	0.0359** (2.713)	0.0560*** (4.347)	0.0124 (0.541)	0.0465*** (3.187)
CAI	−0.0272** (−2.057)	−0.0270*** (−2.931)	−0.0175 (−0.990)	−0.0208** (−2.147)	−0.0595*** (−14.344)	−0.0264** (−2.236)	−0.0252** (−2.098)
DUAL	0.0018 (1.177)	0.0056 (1.580)	0.0065* (1.798)	0.0019 (0.809)	0.0053*** (4.535)	0.0014 (0.613)	0.0052*** (2.905)
BSIZE	0.0006 (0.963)	0.0006 (0.974)	0.0012 (1.443)	0.0010 (1.357)	0.0003 (0.774)	0.0009 (1.551)	0.0004 (0.745)

续表

变量	企业的生命周期			企业的风险承担水平		产权性质	
	(1) 成长期	(2) 成熟期	(3) 衰退期	(4) 风险 承担水 平较强	(5) 风险 承担水 平较弱	(6) 非国有 企业	(7) 国有 企业
	RD_Spend	RD_Spend	RD_Spend	RD_Spend	RD_Spend	RD_Spend	RD_Spend
INDEP	0.0318 (1.557)	0.0132 (0.771)	0.0871 ** (2.749)	0.0277 (1.231)	0.0462 *** (4.091)	− 0.0004 (− 0.033)	0.0529 ** (2.458)
TOP1	− 0.0000 (− 0.242)	− 0.0002 *** (− 5.020)	0.0001 (0.357)	− 0.0000 (− 0.756)	− 0.0002 *** (− 4.776)	− 0.0001 (− 1.304)	− 0.0001 (− 1.370)
_cons	0.0804 *** (3.717)	0.0846 *** (3.828)	0.0621 (1.538)	0.0648 ** (2.659)	0.1307 *** (10.315)	0.1045 *** (3.902)	0.0876 *** (4.341)
N	3624	2784	1961	4358	3156	5302	3067
Adj − r²	0.3112	0.3810	0.3622	0.3297	0.1807	0.3591	0.3316
year	Yes	Yes	Yes	Yes	Yes	Yes	Yes

注:由于风险承担水平变量的三年一期的测算,样本量从 8369 减少为 7514。括号内标注的是 T 统计量。
* 表示 $p < 0.10$, ** 表示 $p < 0.05$, *** 表示 $p < 0.01$。

5.7.2 企业的风险承担水平

风险承担水平是企业不断积累形成的,针对某阶段外部环境不确定性所表现出来的应对能力。它意味着企业拥有更多的风险投资和创新研发行为,现有的经营状况、绩效或投资价值具有更大的不确定性(胡育蓉等,2014)。在风险承担水平相对较低时,企业应对外部环境变化的能力较弱。在风险承担水平相对较高时,企业应对外部环境变化的能力相对较强。减税降费政策的波动对于不同风险承担水平的企业而言,其产生的研发激励效果存在差异。当企业的风险承担水平较高时,外部政策变化对企业冲击的力量不太会改变企业的投资决策,故而减税降费的波动对风险承担水平较高的企业,其研发激励效果可能不会发生变化。故而推测,减税降费波动性影响企业研发投入的效果在不同风险承担水平的企业有显著差异。

本书参考约翰等（John et al., 2008）、余明桂等（2013）的做法，选取 3 年作为一个观测时段，先用行业层面的 ROA 均值对企业每一年的 ROA 进行调整，然后计算企业在观测时段内（t，t+2）经行业均值调整后 ROA 的标准差，得到风险承担水平（Risk），并根据中位数区分高、低风险承担能力样本组，利用式（5.1）分别进行回归，结果如表 5.11 所示，可知，在风险承担水平较高的企业，减税降费政策的波动性对企业研发投入的抑制作用没有显著影响。而在风险承担水平较低的企业，减税降费的波动性在 10% 的水平上显著抑制了企业研发投入。

5.7.3 产权性质

在我国，国有企业占有比民营及外资企业相对更多的资源，这些资源涵盖了融资、投资、经营、发展规划等方面。而国有企业具有较低的从事研发创新活动的动机，也较少进行税务筹划以达到避税目的（刘慧龙和吴联生，2014）。国有企业对中央减税降费政策波动的反应较不敏感，其研发创新决策受政策影响的程度较小。对于非国有企业，由于其融资环境相对较差，可供利用的外部资源有限，致使其对中央减税降费政策波动的反应更为敏感。当中央通过减税降费政策激励企业研发投入的力度增大时，非国有企业可能会积极反应，从而增加对研发创新的意愿。当减税降费政策波动性增大时，非国有企业的反应可能更为激烈，由此可能会增大其对未来不确定性的担忧，从而降低风险性较大的研发创新投资，转向日常生产经营的维持。由此推测，减税降费政策的波动对研发投入的影响效果在不同产权性质的企业间存在差异。

实际控制人为政府以及国资委代持股份的企业，界定为国有企业，取值为 1，否则界定为非国有企业，取值为 0。分组利用式（5.1）进行回归，结果如表 5.11 列（6）、列（7）所示，可以看出，对于非国有企业，减税降费政策的波动在 5% 的水平上显著抑制了企业研发投入。对于国有企业，政策波动并不会显著影响企业的研发投入。

5.8　研究结论与政策建议

5.8.1　研究结论

本章以 2012～2021 年制造业上市公司为例，发现减税降费政策的波动会显著抑制企业的研发投资，企业税费负担在其中起着中介传导机制作用。替换自变量、因变量的衡量之后，结论依然成立。从渠道机制作用来看，企业家信心、现金持有量是探究政策波动影响企业研发投入的中介变量。从调节机制作用来看，外部信贷资金供给、企业对外融资依赖度以及未来投资机会等对减税降费政策波动影响企业研发的效果起着调节作用。进一步的异质性检验中，发现政策的波动与不确定性对企业研发投入的影响在不同的企业生命周期、风险承担水平以及产权性质等方面存在异质性，这深化了研究层次且对于政策的稳健实施具有现实意义。

5.8.2　政策建议

首先，建议强化中央政府政策的前瞻性指引。中央的减税降费政策具有激励企业投资、增强企业家信心的作用，而政策波动会负面影响企业研发创新，导致政策不能发挥其有效作用，并且会挫伤企业家投资的积极性和信心，尤其是损伤企业家对宏观基本面的信心。因此中央政府需要加强减税降费政策的宏观前瞻指引，使政策成为企业家宏观基本面信心的支撑，通过降低政策变更次数、增加政策信息透明度、构建政策反馈渠道机制，纠正企业家对政策的认识"偏差"，帮助企业家树立"未来经济发展趋势良好"的信心，激励企业家重视研发创新投资的长远影响。

其次，注重减税降费的稳定性与长期性，以提振企业家信心。政府在扩大政策优惠幅度、范围、期限的同时，还应妥善处理本次减税降费与以往减税降费的关系，避免临时性政策在短期内的剧烈波动，注重长期内政策的"一致性"问题。进一步提升企业对政策的预期和信心，使得各项良好的减税、降费优惠在稳定的政策环境中彰显成效，增加企业的研发投资积极性，激发企业的创新发展动能。

再次，建议完善政府与企业的沟通与交流机制。由于企业家信心在经济政策不确定性影响企业研发投资效果中具有中介渠道机制作用，建议中央政府在出台新的减税降费政策时，应当考虑企业家对新政策的反应。通过搭建政企沟通平台，完善政企沟通机制，了解企业家的诉求，关注企业家提出的议题，解决企业家的难题，稳定企业家信心，促使其从可持续发展的视角增强创新研发的意愿。

最后，建议政府在制定政策时考虑企业家信心的类别。鉴于企业家存在"动物精神"视角下的信心与宏观基本面信心的差异，当减税降费政策波动时，他们对政策波动的反应存在差异，这可能会部分削弱政策波动对企业创新投资的负面冲击。建议政府注重企业家的反应和建议，区分企业家宏观基本面信心与动物精神下信心的本质差异，使减税降费政策能被不同的企业家所理解，减少因政策变动使企业家陷入恐慌的可能性，引导企业家通过"羊群效应"增强对宏观基本面的信心，放大企业家的非理性信心，形成企业研发创新活动"百花齐放，百家争鸣"的局面。

第6章　地方政府在减税降费政策效果中的作用

6.1　引　言

减税降费是深化供给侧结构性改革以实施创新驱动发展战略的重要举措。在微观层面上，旨在激发市场创新与活力，助力市场主体创新与发展，这与《2022年政府工作报告》中的"增强主体创新与活力"等工作内容相符。减税降费的实质是以政府财政减收为代价换取企业效益和创新动力，其同时连接了宏观与微观，一方面影响着企业的经济表现，另一方面也改变了地方政府的财政状况（甘行琼和雷正，2022）。中央部署的减税降费政策还需要地方政府推广和执行，才能真正落实到市场主体身上。地方政府的执行态度、意愿与能力决定了减税降费政策激励企业研发创新的效果。

近年来，学者们对减税降费与企业研发投入的关系进行了研究，多数学者认为政策具有积极的效果，比如降低了生产要素投入成本（Medina & Schneider, 2017；栾强和罗守贵，2018），促进了企业研发投资（范子英和彭飞，2017；李香菊和杨欢，2019）。在企业的研发创新活动中，地方政府扮演着极为重要的"有形之手"角色。学者们也研究了减税降费对地方政府行为的影响，发现减税降费政策的实施在一定程度上减少了地方财政收入，降低了财政收入增速，加剧了财政压力，增加了财政赤字和债务风险（郭庆旺，2019；刘建民等，2022），同时也提升了财政支出效率

（莫龙炯和尹靖华，2022）。财政压力影响政府行为（孙钰鹏，2021），随着财政压力的上升，地方政府执行政策的主观动力及动机发生了变化，产生一定的"负向激励"，极有可能作出相应的策略性反应行为，进而对减税降费政策的研发激励效果产生"冲抵效应"。

综观已有文献，大多集中于政策对地方政府行为以及企业创新的单向影响结果，较少将地方政府看作减税降费的执行者，研究其行为如何影响政策的实施效果，也较少考虑不同行政级别、不同地区政府执行减税降费的效果差异。事实上，减税降费政策制定的初衷是依照期望的路线执行，政策发布后能否在执行阶段得以实质性实施，是评估政策激励效果的关键所在。其中，地方政府是连接中央减税降费政策与企业创新投资的桥梁，将地方政府纳入减税降费效果的评价中进行研究，具有重要的学术意义和政策意义。事实上，"执行主体按照政策制定者的初衷实施政策而不存在偏移"这样的理想前提难以实现（杨青等，2022）。我国的减税降费政策在执行过程中确实存在着由于地方财政压力导致企业不能完全享受政策的情况（何平，2017），部分政策存在着实施不彻底、不完全的问题。因此，有必要将减税降费的执行主体——地方政府纳入整体评估框架，研究地方政府的行为及特性影响政策激励研发创新的效果。

要考察地方政府行为对减税降费激励企业研发创新的作用，还需要考虑两个问题：一是执行意愿，减税降费政策在设计时是否提供了有效的激励措施，是否为政策执行主体推广政策提供了激励手段，这关系到执行主体的主观意愿。依据政策执行理论，执行人员对政策的共同认同是政策得以有效实施的前提。二是执行能力，政策效果的优劣不仅与执行主体的意愿有关，还与执行主体可调动的资源、资源整合以及有效的沟通能力等紧密关联。地方政府具有自身的利益，减税降费的落实效果极有可能受制于地方政府能够承受政策所带来的税费减少、财政压力增大、财政收支结构改变等问题的影响，研究减税降费政策效果需要考虑地方财政实力以及地方所承受的财政压力问题。因此，从意愿和能力两方面考察地方政府行为有助于厘清政策执行的现实状况与理想设计之间的差异，便于评价政策效果。

本书基于2008～2021年我国制造业行业上市企业的数据，以公共政策执行理论、地方政府创新理论等为基础，采用文本分析法度量减税降费的政策力度，从执行意愿和能力两个视角，研究地方政府行为对减税降费激励企业研发投入效果的调节作用。机制分析中，识别不同行政级别、不同地区地方政府执行减税降费政策效果的差异，为探索地方政府在减税降费效果中的作用提供经验证据。进一步结合减税降费与地方财政压力的现实状况进行研究，考虑地方政府"策略性应对"行为对政策效果可能存在的"冲抵效应"，这深化了研究层次，且对于减税降费政策的稳健、扎实实施具有实践意义。针对地方政府的策略性行为，探讨其对于减税降费提升企业研发创新的行为特征，为缩小政策预期与实际执行结果的差异提供经验证据，为寻求激励企业研发投入的积极性开辟了新路径。

6.2　理论分析与假设推导

根据政策执行模型（Horn & Meter，1975），从政策制定到实际执行受到多个因素的影响，比如政策的目标与标准、政策实施所需资源、组织间的有效沟通与实施、执行机构的特点、经济等各种环境条件以及执行者的意愿。一项公共政策的执行首先需要政府来确定政策目标与标准，充分利用政策资源及各方面的有利因素，执行机构根据所面临的环境、自身的意向与特点，通过组织间的沟通从而实施政策。政策实施是否成功，关键在于执行人员对政策目标与标准的了解以及对政策的共同认同，同时还需要执行人员具备一定的行政能力。

依据上述政策执行模型，对于中央的减税降费政策，首先，需要地方政府了解政策目标，并且对政策有最大限度的认同，认同是政策得以有效实施的起点。其次，地方政府需要具备一定的行政能力，行政能力决定了政策激励企业研发投入的效果。有效的沟通是政策执行成功的重要因素，地方政府与企业之间的互动过程是双向的信息交流过程（吴小建和王家峰，2011）。地方政府的行为会影响到政企双方的互动过程。减税降费作为分税制改革以来规模最大的制度性财税政策，其实施改变了政府的收支规模、收支结构及财政赤字状况（马海涛等，2020），从而改变了地方政府组织推广政策的动机与偏好，因此地方政府的态度及行为能力会对减税降费的激励效应产生一定影响。

6.2.1 地方政府执行减税降费的意愿与政策效果

地方政府是独立的经济人，往往根据自身的预算约束与效用函数来决定如何执行中央的政策，对于不符合地方政府自身利益的政策，执行中可能会出现逆向选择或者机会主义行为（Chen，2017；马恩涛，2006）。一方面，在现有的财政分权体制下，中央赋予了地方政府一定的自由决策权，但是地方政府拥有的财权与所需承担的支出责任等事权无法匹配，叠加政治晋升激励和政府间竞争，增加了政府行为的复杂性（路嘉煜和白俊红，2022），带来的可能结果是财政资源配置的扭曲（沈坤荣和付文林，2006）。此时，中央为激励企业创新的减税降费政策，很容易引发地方政府消极对抗政策的意愿（郭庆旺，2019），导致政策不能及时、完全地执行，部分政策实施存在"重政策制定，轻执行管理"的问题（何平，2017；黄智文，2020）。

另一方面，依据创新理论，地方政府是创新过程中的行动主体和关键性角色，行动主体的有效性是决定创新效果的重要因素（王法硕，2019）。当前，通过创新推动地方经济增长已成为主流趋势。辖区内企业的科技创新有利于缓解该区域内的制度环境与资源约束，提升集约化水平，促进地区经济可持续发展。地方政府官员为了谋求政治晋升考核的业绩，在中央政府减税降费政策的鼓励下，也有强烈地通过创新发展地方经济的欲望（Li & Zhou，2005）。理论上，地方政府具有提升地区创新投入水平的内在动机，并且通过制度保障促进区域内企业的创新活动（李政和杨思莹，2018）；实践中，要想从根本上解决减税降费给地方政府带来的问题，需要寻找地方财政增收的路径。在目前的经济高质量发展阶段，创新是经济发展的引擎和发动机，地方政府必须通过寻求创新策略，培养经济增长群与培育新财源增长点。因此，地方政府具有积极推进减税降费政策以激励辖区内企业创新的意愿。

　　综上所述，减税降费带给地方政府两难的选择，如何抉择，主观上取决于地方政府的创新偏好，客观上受地方财政实力与财政压力的影响。当地方政府缺乏创新偏好时，执行减税降费的主观意愿不强，表现在行动上，更倾向于支持生产性投资，偏离于创新性投资。而创新偏好强的地方政府行为有可能缓解短期内减税降费对地方财政的负面影响，进一步强化政策在企业创新方面的激励效果。首先，创新偏好强的地方政府更注重辖区内软硬件环境建设，比如保护创新活动的制度环境、知识产权保护制度的规范与建设、创新氛围营造、区域政策支持和资金协助（白俊红和卞元超，2015；Lee，2011）。其次，创新偏好强的地方政府更注重对辖区创新支出的跟踪监督与评价，并及时调整支出结构，优化创新资源配置，提升财政支出效率（李政和杨思莹，2018）。通过配套地方相关政策措施，激励辖区内市场主体协同创新，推动创新要素合理流动，优化创新资源配置（刘斌和潘彤，2022）。最后，创新偏好强的地方政府更关注减税降费政策的创新驱动力以及为企业所带来的实际绩效，愿意承担更多的财政压力风险，采纳具有产出滞后性及研发高风险性的创新项目，支持企业主动参与市场的创新活动，为地方经济发展培植新的税源基础。由此提出如下假设。

　　假设 6.1：创新偏好强的地方政府更具有执行减税降费的动机和意愿，政策激励企业研发投入的效果更好。

6.2.2　地方政府执行减税降费的能力与政策效果

　　分析地方政府的政策选择与执行行为，需要基于我国的制度特色。党的十八大以来，随着我国简政放权改革的推进，地方政府承接事权的能力在不断提高，执行中央减税降费政策的能力随之不断变化。行政执行能力过剩或者不足都不利于减税降费政策的实施，前者表现为行政机构效率低下，而后者表现为地方政府不作为。当然，地方政府的行政执行能力需要一定的财政实力作保障，当地方政府有足够的财力和能力助力企业创新时，地方政府执行减税降费政策的积极性就会提高。由此，当地方政府执行中央减税降费政策时，其政策效果会受制于财政实力以及政策所叠加财政压力的大小。

地方财政实力涵盖了地方政府财政收支状况、地方政府债务状况及财政流动性等方面。其一，财政实力强的地方政府，其收支的弹性相对较大、平衡度较高，收支之间产生的摩擦与矛盾较少，地方政府面临的支出压力较小。事实上，对地方政府而言，相对较好的财政收支状况，能够缓解政府面临的各种压力，地方政府执行中央减税降费政策时就可能有足够的财力基础和执行能力，促使政府通过政策引导企业实现创新发展。其二，财政实力较强的地方政府的债务规模与当地经济发展水平适应，且长、短期债务结构合理，具有较强的债务偿还能力，资金周转的压力较小（白彦锋和孟雨桐，2016）。其三，地方财政相对较强的流动性，还能够帮助地方政府筹措资金以应对各种突发需求，从而缓解减税降费给地方带来的不利影响。纵向来看，较高行政级别的地方政府，其财政实力要优于低级别的政府，因此其执行减税降费政策的能力更强，减税降费政策效果可能更好。横向来看，东部地区政府的财政实力要优于中、西部地区（李一花和亓艳萍，2017），因此减税降费政策的效果在东部可能更好。

总体上，财政实力是地方政府执行减税降费政策的保障，较强的财政实力可以缓解减税降费带来的税费收入增速下降、财政压力增大等问题，使得地方政府有能力克服眼前的不利因素，换取未来税基扩大、税费收入增加的有利因素。由此提出如下假设。

假设 6.2：当地方政府具有较强财政实力时，减税降费激励企业研发投入的效果更好。

地方财政压力主要来源于分税制，地方政府财政实力的强弱并不必然加剧财政压力，但是，如果既定实力下地方政府提供公共服务成本的增速大于其财政收入的增速，收支不均衡增长（Bailey，1999；Brixi et al.，2002），以及收支责任不对等（Bahl，2004），就会加剧财政压力。地方财政压力既是减税降费政策推行的后果及表现，也是影响地方政府行为的重要因素之一，财政压力改变了地方政府的行为偏好（姚凯辛等，2022），也相应改变了政企之间的动态调适过程。

首先，在较大的财政压力下，地方政府往往无法全部履行其财政职能，提供公共产品和服务的数量与质量都会受到影响（Raphael et al.，2010），减税降费政策效果必然受到影响。其次，当地方财政压力较大时，地方政府会从"收"和"支"两个维度采取策略性行为，例如寻求新的收入来源、增加土地收入、减少公共服务供给、"重生产、轻创新"的自利行为等（唐云锋和马春华，2017；余倩和邹甘娜，2022）。调整补助政策、加强税收征管强度、变相收取非税收入等都是地方政府抑制减税降费政策效果的策略，用以缓解其财政压力。最后，当地方财政压力较大时，企业技术创新所须依存的科研基础设施、产业环境、创新氛围等会受到一定的负面影响。自分税制改革以来，地方政府事权与支出责任不相匹配的情况一直存在，尤其是财力较弱的地区，收支缺口较大，财政赤字规模不断增大，地方财政可持续性面临挑战（席卫群和杨青瑜，2022）。地方政府通常会选择放弃部分非重要领域的支出，将资金支出投入到重点领域，减缓对公共事务领域、一般财政的支出，整顿与规范各级公共财政机构（郭庆旺，2019）。在此种情况下，区域内公共服务因为被压缩而呈现结构性短缺，进一步加剧了地区之间的公共服务水平差距。企业的创新环境受到影响，减税降费的风险承担作用较弱，信号引导作用受限，从而可能会抑制企业的研发投入。综上所述，提出如下假设。

假设 6.3：当地方政府具有较大财政压力时，减税降费政策激励企业研发投入的效果较差。

综上所述，本章的理论框架如图 6.1 所示。

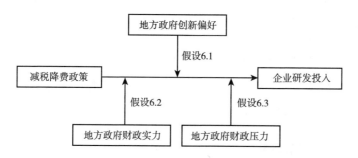

图 6.1　地方政府作用于减税降费政策效果的逻辑

6.3　数据收集与模型设计

6.3.1　样本选取与数据来源

本章的样本取自 2008～2021 年沪深 A 股制造业行业的上市公司，通过以下方法进行数据筛选：（1）剔除 ST、*ST 和 PT 的公司样本；（2）剔除指标严重缺失和数据异常的样本；（3）为避免极端值对实证结果的影响，对所有连续型变量进行双侧 1% 的缩尾处理。经过上述处理，共得到 17329 个有效的非平衡面板样本观测值。本书的研究数据来自 CSMAR 数据库、中国财政年鉴、万得（Wind）数据库、中国地方政府债务信息公开平台、国务院及各部委发布的相关政策文本。

6.3.2　变量定义

6.3.2.1　被解释变量

企业研发投入（RD_Spend）：同前文一致，借鉴马红和侯贵生（2022）的做法，选取当年企业研发费用与营业收入的比值来衡量企业研发投入。

6.3.2.2　解释变量

减税降费政策力度（JSJF）：同前文一致，采用政策文本分析法，将手工收集的政策文本进行人工阅读，并根据政策内容，提取主题词进行频数统计，汇总后作为政策自身效果的分值。

6.3.2.3　调节变量

地方政府创新偏好（CP）：借鉴李政和杨思莹（2018）的相关研究，

用"地方科学技术支出占地方财政总支出之比"来衡量。

地方财政实力（LFS）：结合白彦锋和孟雨桐（2016）、尹李峰等（2021）的研究，主要从地方政府财政收支状况和地方政府债务状况两大方面评估，其中地方财政收支状况采用收支平衡程度（一般预算收入/一般预算支出），该指标与政府财政实力成正比，记为LFS1；地方政府债务状况采用负债率（地方政府债务余额/当地GDP），该指标与地方政府财政实力成反比，记为LFS2。

地方财政压力（LFPR）：参考唐云锋和马春华（2017）、余倩和邹甘娜（2022）的衡量方式，采用财政收支缺口来度量各地方政府财政压力，并在此基础上将地区细分至企业注册所在地的各市、县或者自治州，具体公式定义为"（预算内财政支出－预算内财政收入）/预算内财政收入"。

6.3.2.4 控制变量

参考已有文献（庄序莹和周子轩，2022），选取如下控制变量：资产规模（SIZE）、企业年龄（AGE）、资产负债率（LEV）、盈利能力（ROA）、增长率（GROWTH）、资本密集度（CAI）、股权集中度（HERF）。具体的变量选择与变量定义如表6.1所示。

表6.1　　　　　　　　　　　变量选择与变量定义

项目	变量符号	变量名称	变量定义
被解释变量	RD_Spend	研发投入	企业当年研发费用与营业收入的比值
解释变量	JSJF	政策力度	对计算出的政策力度取自然对数
调节变量	CP	地方政府创新偏好	政府的财政支出中科学技术支出/地方财政总支出
	LFS	地方财政实力	地方政府财政收支状况、地方政府债务状况
	LFPR	地方财政压力	（预算内财政支出－预算内财政收入）/预算内财政收入
控制变量	SIZE	资产规模	总资产的自然对数
	AGE	年龄	企业成立至样本当年的年龄的对数值

续表

项目	变量符号	变量名称	变量定义
	LEV	资产负债率	总负债/总资产
	ROA	盈利能力	税前利润/总资产
控制变量	GROWTH	增长率	(本年营业收入/上一年营业收入) -1
	CAI	资本密集度	年末固定资产净额/年末资产总额
	HERF	股权集中度	第一大股东持股比例

6.3.3 模型设定

分别建立模型 (6.1) ~ 模型 (6.3) 探究地方政府创新偏好、地方财政实力及地方财政压力在减税降费政策与企业研发投入之间的调节作用：

$$RD\_Spend_{i,t} = \alpha_0 + \alpha_1 JSJF_{i,t} + \alpha_2 CP_{i,t} + \alpha_3 JSJF \times CP_{i,t} + \lambda Control_{i,t}$$
$$+ Year + Industry + \varepsilon_{i,t} \tag{6.1}$$

$$RD\_Spend_{i,t} = \alpha_0 + \alpha_1 JSJF_{i,t} + \alpha_2 LFS_{i,t} + \alpha_3 JSJF \times LFS_{i,t}$$
$$+ \lambda Control_{i,t} + Year + Industry + \varepsilon_{i,t} \tag{6.2}$$

$$RD\_Spend_{i,t} = \alpha_0 + \alpha_1 JSJF_{i,t} + \alpha_2 LFPR_{i,t} + \alpha_3 JSJF \times LFPR_{i,t}$$
$$+ \lambda Control_{i,t} + Year + Industry + \varepsilon_{i,t} \tag{6.3}$$

模型中分别加入调节变量 CP、LFS、LFPR 与交乘项 JSJF × CP、JSJF × LFS、JSJF × LFPR，若交乘项的估计系数 α_3 显著为正，则可验证变量的正向调节作用，反之若系数 α_3 显著为负，表示变量会抑制政策激励研发投入的效果。本书使用 OLS 模型进行回归检验，上述模型的下标 i 均表示企业，t 表示年份，$Control_{i,t}$ 代表影响被解释变量的其他一系列控制变量，Year、Industry 分别表示控制年份、行业固定效应，$\varepsilon_{i,t}$ 代表误差项。另外，为控制异方差带来的影响，对标准误差进行了公司层面的聚类调整 (Cluster)。

6.3.4 描述性统计

由表6.2的描述性统计结果可知，企业研发投入变量 (RD_Spend)

的均值为 0.047，即样本企业的研发投入平均约占营业收入的 4.7%，总
体上达到中等水平且存在进一步提升空间，其最小值、最大值分别为
0.001、0.200，表明不同公司的研发投入强度差距较大。减税降费指标
（JSJF）均值为 6.991，标准差为 0.835，说明政策的实施力度对样本企业
存在一定程度的差异。地方政府创新偏好（CP）的均值为 0.035，说明在
样本年间政府的科学技术支出占比约为 3.5%，且其最小值、最大值分别
为 0.3%、6.8%，该比例还可进一步扩大且在政府间存在一定差距。地方
财政收支平衡程度（LFS1）与政府债务负债率（LFS2）数据表明地方政
府间的财政实力具有差异。地方财政压力（LFPR）的平均值为 0.635，最
小值为 −0.093，最大值为 4.219，标准差为 0.768，表明不同地区政府
财政压力也存在较大差距。

表 6.2   变量的描述性统计

变量	观测值	平均数	中位数	标准差	最小值	最大值
RD_Spend	17329	0.047	0.039	0.036	0.001	0.200
JSJF	17329	6.991	6.869	0.835	5.226	8.492
CP	17329	0.035	0.038	0.019	0.003	0.068
LFS1	17329	0.650	0.719	0.178	0.247	0.926
LFS2	17329	0.320	0.354	0.407	0.038	1.333
LFPR	17329	0.635	0.367	0.768	−0.093	4.219
SIZE	17329	21.97	21.81	1.140	19.93	25.27
AGE	17329	8.454	2.639	9.729	0	32
LEV	17329	0.377	0.366	0.187	0.054	0.833
ROA	17329	0.049	0.046	0.061	−0.191	0.218
GROWTH	17329	0.161	0.107	0.313	−0.428	1.714
CAI	17329	0.220	0.197	0.129	0.019	0.605
HERF	17329	0.303	0.295	0.159	0.010	0.692

6.4 实证检验

为了检验减税降费对企业研发投入的影响，利用前文建立的模型分别进行了回归分析，结果如表 6.3 所示。首先，表 6.3 中列（1）是关于减税降费对企业研发投入影响的基准回归结果。在此重点关注的解释变量减税降费（JSJF）的系数在 1% 的水平上显著为正，说明企业的研发投入会受到政府减税降费力度的正向影响，该结果为后续的检验提供了基础。

表 6.3　　　　　　　　　　　　基本回归分析结果

变量	政策的激励效应	以地方政府创新偏好为调节变量	以地方财政实力为调节变量		以地方财政压力为调节变量
	（1）	（2）	（3）	（4）	（5）
JSJF	0.0104 *** (3.828)	0.0111 * (1.910)	0.0137 ** (1.979)	0.0125 ** (2.240)	0.0105 * (1.833)
CP		0.1847 *** (2.723)			
JSJF × CP		0.0234 *** (2.728)			
LFS1			0.0467 ** (2.302)		
JSJF × LFS1			0.0058 ** (2.090)		
LFS2				−0.0129 *** (−3.238)	
JSJF × LFS2				−0.0018 *** (−3.736)	
LFPR					−0.0008 ** (−2.537)
JSJF × LFPR					−0.0003 ** (−1.999)

续表

变量	政策的激励效应	以地方政府创新偏好为调节变量	以地方财政实力为调节变量		以地方财政压力为调节变量
	（1）	（2）	（3）	（4）	（5）
SIZE	− 0. 0013 *** （ − 3. 782）	− 0. 0013 *** （ − 3. 666）	− 0. 0013 *** （ − 3. 693）	− 0. 0013 *** （ − 3. 923）	− 0. 0013 *** （ − 3. 473）
AGE	− 0. 0009 *** （ − 8. 884）	− 0. 0009 *** （ − 8. 893）	− 0. 0009 *** （ − 9. 403）	− 0. 0009 *** （ − 7. 536）	− 0. 0009 *** （ − 9. 291）
LEV	− 0. 0456 *** （ − 9. 089）	− 0. 0455 *** （ − 9. 131）	− 0. 0452 *** （ − 8. 995）	− 0. 0455 *** （ − 9. 131）	− 0. 0457 *** （ − 9. 157）
ROA	− 0. 0667 *** （ − 3. 169）	− 0. 0668 *** （ − 3. 160）	− 0. 0674 *** （ − 3. 214）	− 0. 0663 *** （ − 3. 191）	− 0. 0671 *** （ − 3. 153）
GROWTH	− 0. 0011 （ − 1. 291）	− 0. 0010 （ − 1. 250）	− 0. 0011 （ − 1. 457）	− 0. 0011 （ − 1. 343）	− 0. 0010 （ − 1. 274）
CAI	− 0. 0429 *** （ − 5. 630）	− 0. 0427 *** （ − 5. 644）	− 0. 0424 *** （ − 5. 540）	− 0. 0426 *** （ − 5. 574）	− 0. 0423 *** （ − 5. 793）
HERF	− 0. 0205 *** （ − 5. 165）	− 0. 0206 *** （ − 5. 222）	− 0. 0207 *** （ − 5. 166）	− 0. 0206 *** （ − 5. 929）	− 0. 0202 *** （ − 5. 442）
Year/Industry	Yes	Yes	Yes	Yes	Yes
_cons	0. 0205 *** （3. 528）	0. 0159 *** （3. 402）	− 0. 0034 （ − 0. 072）	0. 0063 *** （3. 165）	0. 0199 （0. 506）
N	17329	17329	17329	17329	17329
Adj − R²	0. 2012	0. 2017	0. 2015	0. 2005	0. 2016

注：括号内标注的是 T 统计量。＊表示 p＜0. 10，＊＊表示 p＜0. 05，＊＊＊表示 p＜0. 01。

其次，列（2）~ 列（5）为分别加入地方政府创新偏好、地方财政实力与地方财政压力调节变量及相应交乘项之后的多元回归结果。由列（2）可知，交乘项（JSJF×CP）的系数在 1% 的水平上显著为正，表明地方政府创新偏好会显著增强减税降费对于企业研发投入的激励效应，假设 6.1得到验证。同时，地方政府创新偏好（CP）的系数显著为正，说明地方政府创新偏好的加强本身有利于该地区企业的研发意愿。

由列（3）、列（4）可知，政策与地方财政收支状况的交乘项（JSJF×LFS1）系数在 5% 的水平上显著为正，减税降费与债务状况的交乘项

（JSJF×LFS2）系数在 1% 的水平上显著为负，上述结果均证明了较强的地方财政实力会显著增强减税降费对于企业研发投入的激励效应，假设 6.2 得到验证。地方财政收支平衡程度（LFS1）的估计系数显著为正，说明地方政府可支配资金越多，该区域企业的研发活动越积极。而地方政府负债率（LFS2）的系数显著为负，说明政府债务承载能力越差，则财政实力越弱，不利于提高企业的研发投入。

由列（5）可知，交乘项（JSJF×LFPR）的系数在 5% 的水平上显著为负，表明地方财政压力会显著抑制减税降费对于企业研发投入的激励效应，假设 6.3 得到验证。另外，地方财政压力（LFPR）的估计系数在 5% 的水平上显著为负，说明财政压力在一定程度上对企业的研发活动具有负面冲击，该结果与杨青等（2022）的研究发现较为一致，也解释了企业在减税降费过程中实际获得感不强的原因。

6.5　稳健性检验

6.5.1　工具变量法

虽然本书的解释变量减税降费（JSJF）属于国家政策面的外生冲击因素，但无法完全排除内生性问题，比如遗漏其他相关重要解释变量，减税降费与研发投入变量可能存在互为因果的关系。因此采用 IV－2SLS 处理内生性问题，参考杨林和沈春蕾（2021）的方法，选择当年同省份同行业其他企业所享受减税降费力度的平均值，作为该企业减税降费力度的工具变量：一方面，企业的减税降费政策力度会受到所在省份、所在行业税费征管环境与税收制度的影响，满足相关性；另一方面，同省份同行业其他企业的平均减税降费力度与该企业个体特质无关，满足外生性。表 6.4 为工具变量法的实证结果，可知政策变量对研发投入的效应仍在 1% 的水平上显著为正，说明减税降费确实对企业研发投入具有显著的激励作用；列（2）~列（5）的交乘项系数均显著，再次验证基本回归结果中的相应结论，表明地方政府创新偏好、地方财政实力和财政压力对于减税降费激励企业研发投入具有调节作用。同时，对该工具变量进行相关检验，以列（1）为例，其不可识别检验的 LM 统计量为 153.455，且 P 值均严格小于 0.01，表明显著拒绝不可识别的原假设；弱工具变量检验的统计量为 114.827，该值大于其临界值，可拒绝弱工具变量的原假设，其余结果类似。

表 6.4　　　　　　　　　　工具变量法的稳健性检验

变量	政策的激励效应	以地方政府创新偏好为调节变量	以地方财政实力为调节变量		以地方财政压力为调节变量
	（1）	（2）	（3）	（4）	（5）
JSJF	0.0097 *** (2.931)	0.0103 ** (1.991)	0.0123 ** (1.965)	0.0113 ** (2.276)	0.0097 * (1.957)
CP		0.1710 ** (2.551)			
JSJF × CP		0.0216 *** (2.626)			
LFS1			0.0379 * (1.758)		
JSJF × LFS1			0.0046 ** (2.503)		
LFS2				− 0.0096 ** (− 2.413)	
JSJF × LFS2				− 0.0013 ** (− 2.559)	
LFPR					− 0.0004 ** (− 2.333)
JSJF × LFPR					− 0.0003 ** (− 2.291)
SIZE	− 0.0013 *** (− 3.918)	− 0.0013 *** (− 3.802)	− 0.0013 *** (− 3.844)	− 0.0013 *** (− 4.074)	− 0.0013 *** (− 3.603)
AGE	− 0.0009 *** (− 9.354)	− 0.0009 *** (− 9.370)	− 0.0009 *** (− 9.874)	− 0.0009 *** (− 7.846)	− 0.0009 *** (− 9.794)

续表

变量	政策的激励效应	以地方政府创新偏好为调节变量	以地方财政实力为调节变量		以地方财政压力为调节变量
	(1)	(2)	(3)	(4)	(5)
LEV	− 0.0456 *** (− 9.415)	− 0.0455 *** (− 9.471)	− 0.0452 *** (− 9.395)	− 0.0455 *** (− 9.511)	− 0.0457 *** (− 9.470)
ROA	− 0.0668 *** (− 3.309)	− 0.0670 *** (− 3.299)	− 0.0675 *** (− 3.355)	− 0.0666 *** (− 3.338)	− 0.0672 *** (− 3.292)
GROWTH	− 0.0010 (− 1.345)	− 0.0010 (− 1.298)	− 0.0011 (− 1.506)	− 0.0010 (− 1.380)	− 0.0010 (− 1.330)
CAI	− 0.0431 *** (− 5.853)	− 0.0430 *** (− 5.871)	− 0.0426 *** (− 5.772)	− 0.0429 *** (− 5.810)	− 0.0425 *** (− 6.017)
HERF	− 0.0205 *** (− 5.335)	− 0.0206 *** (− 5.401)	− 0.0208 *** (− 5.342)	− 0.0206 *** (− 6.251)	− 0.0203 *** (− 5.610)
Year/Industry	Yes	Yes	Yes	Yes	Yes
不可识别检验 (统计量/P值)	153.455 (0.00)	146.821 (0.00)	101.812 (0.00)	125.032 (0.00)	120.001 (0.00)
弱工具变量 检验（统计 量/临界值）	114.827 (15.19)	131.187 17.73	63.103 7.89	75.423 8.52	79.707 (9.18)
_cons	0.0253 *** (3.735)	0.0214 *** (3.606)	0.0061 (0.143)	0.0150 *** (3.440)	0.0250 (0.725)
N	17329	17329	17329	17329	17329
Adj − R^2	0.2011	0.2016	0.2015	0.2002	0.2014

注：括号内标注的是 T 统计量。* 表示 p < 0.10，** 表示 p < 0.05，*** 表示 p < 0.01。

6.5.2 替换变量衡量

进一步地，分别利用"企业研发投入金额加 1 的自然对数"（RD_Spend2）、"企业研发除以总资产"（RD_Spend3）来衡量研发投入并重新回归，结果如表 6.5 所示，可知经上述稳健性检验，基本结论不变，假设 6.1、假设 6.2、假设 6.3 仍得到验证。

表 6.5　　　　　　　　　　　　　替换变量的稳健性检验

变量	政策的激励效应		以地方政府创新偏好为调节变量	以地方财政实力为调节变量		以地方财政压力为调节变量
	（1）	（2）	（3）	（4）	（5）	（6）
	RD_Spend2	RD_Spend3	RD_Spend2	RD_Spend2	RD_Spend2	RD_Spend2
JSJF	0.2519 ** (2.311)	0.0012 *** (4.716)	0.2767 ** (2.526)	0.3145 ** (2.494)	0.3153 *** (2.643)	0.2532 ** (2.189)
CP			6.4452 *** (3.657)			
JSJF × CP			0.8166 *** (3.528)			
LFS1				1.7600 *** (4.093)		
JSJF × LFS1				0.1381 ** (2.477)		
LFS2					-0.4259 *** (-4.403)	
JSJF × LFS2					-0.0539 *** (-4.037)	
LFPR						-0.0285 ** (-2.288)
JSJF × LFPR						-0.0187 ** (-2.060)
SIZE	0.8907 *** (40.164)	-0.0014 *** (-3.931)	0.8912 *** (39.872)	0.8959 *** (38.990)	0.8900 *** (40.163)	0.8928 *** (36.798)
AGE	-0.0204 *** (-15.700)	0.0002 *** (5.078)	-0.0203 *** (-16.063)	-0.0197 *** (-25.958)	-0.0212 *** (-14.929)	-0.0190 *** (-17.035)
LEV	-0.0503 (-0.493)	0.0040 ** (2.777)	-0.0466 (-0.462)	-0.0099 (-0.102)	-0.0454 (-0.448)	-0.0531 (-0.547)
ROA	2.2905 *** (5.001)	0.0467 *** (7.153)	2.2864 *** (4.999)	2.2031 *** (5.130)	2.2998 *** (5.147)	2.2619 *** (4.806)
GROWTH	0.0311 (1.332)	-0.0003 (-0.245)	0.0318 (1.369)	0.0247 (1.134)	0.0314 (1.350)	0.0317 (1.444)

续表

变量	政策的激励效应		以地方政府创新偏好为调节变量	以地方财政实力为调节变量		以地方财政压力为调节变量
	(1)	(2)	(3)	(4)	(5)	(6) ·
	RD_Spend2	RD_Spend3	RD_Spend2	RD_Spend2	RD_Spend2	RD_Spend2
CAI	-0.4394 **	-0.0092 *	-0.4347 **	-0.3785 **	-0.4287 **	-0.3974 **
	(-2.532)	(-1.966)	(-2.518)	(-2.074)	(-2.457)	(-2.469)
HERF	-0.1793	-0.0046	-0.1834	-0.2224	-0.2062	-0.1618
	(-1.388)	(-1.664)	(-1.422)	(-1.607)	(-1.502)	(-1.456)
Year/ Industry	Yes	Yes	Yes	Yes	Yes	Yes
_cons	-4.7621 ***	0.0361 ***	-4.9230 ***	-5.3414 ***	-5.1769 ***	-4.7862 ***
	(-4.520)	(5.223)	(-4.696)	(-4.915)	(-4.568)	(-4.204)
N	17329	17329	17329	17329	17329	17329
Adj – R^2	0.6055	0.1567	0.6060	0.6157	0.6059	0.6113

注：括号内标注的是 T 统计量。* 表示 $p<0.10$，** 表示 $p<0.05$，*** 表示 $p<0.01$。

6.5.3 分组调节

依据调节变量设置相应的虚拟变量，以地方政府创新偏好为例，当企业所在地的地方政府创新偏好变量值大于年度中位数时取 1，否则取 0，并分别基于此虚拟变量进行分组回归。由表 6.6 列（1）、列（2）可知，在较强的地方政府创新偏好水平下，减税降费（JSJF）的系数在 5% 的水平上显著为正；而在较弱的创新偏好环境下，估计系数并不显著，结果表明创新偏好强的地方政府更具有执行减税降费的动机和意愿，政策激励企业研发投入的效果更好。同样地，列（3）、列（4）为基于地方财政实力（以 LFS1 设置虚拟变量）的分组回归检验，列（5）、列（6）为基于地方财政压力的分组回归检验，系数对比结果均可表明地方财政实力与压力会显著影响减税降费政策对于企业研发的激励作用，即前文的结论较稳健。

表 6.6 分组调节的稳健性检验

变量	(1) 地方政府创 新偏好较强	(2) 地方政府创 新偏好较弱	(3) 地方财政 实力较强	(4) 地方财政 实力较弱	(5) 地方财政 压力较小	(6) 地方财政 压力较大
JSJF	0.0126 ** (2.540)	0.0081 (1.600)	0.01280 * (1.835)	0.0090 (1.520)	0.0111 ** (2.531)	0.0091 (1.626)
SIZE	− 0.0014 (− 1.427)	− 0.0013 ** (− 2.089)	− 0.0007 (− 0.754)	− 0.0019 *** (− 3.003)	− 0.0020 ** (− 2.281)	− 0.0006 (− 1.448)
AGE	− 0.0010 *** (− 2.784)	− 0.0009 *** (− 8.901)	− 0.0009 *** (− 2.887)	− 0.0009 *** (− 8.816)	− 0.0009 *** (− 4.992)	− 0.0010 *** (− 9.401)
LEV	− 0.0448 *** (− 4.218)	− 0.0458 *** (− 9.050)	− 0.0475 *** (− 4.523)	− 0.0437 *** (− 8.208)	− 0.0310 *** (− 4.340)	− 0.0599 *** (− 13.333)
ROA	− 0.0736 ** (− 2.490)	− 0.0598 *** (− 3.284)	− 0.0602 ** (− 2.514)	− 0.0713 *** (− 3.482)	− 0.0482 ** (− 2.208)	− 0.0845 *** (− 3.617)
GROWTH	0.0012 (1.080)	− 0.0031 ** (− 2.460)	− 0.0003 (− 0.234)	− 0.0017 * (− 1.734)	− 0.0026 (− 1.463)	0.0004 (0.368)
CAI	− 0.0398 *** (− 3.686)	− 0.0447 *** (− 4.583)	− 0.0432 *** (− 3.791)	− 0.0410 *** (− 5.115)	− 0.0366 *** (− 3.667)	− 0.0442 *** (− 4.810)
HERF	− 0.0218 *** (− 3.379)	− 0.0191 *** (− 3.068)	− 0.0222 *** (− 2.787)	− 0.0192 ** (− 2.452)	− 0.0122 *** (− 2.956)	− 0.0284 *** (− 14.297)
Year/ Industry	Yes	Yes	Yes	Yes	Yes	Yes
_cons	0.0245 (1.450)	− 0.0069 (− 0.142)	0.0326 ** (2.018)	0.0196 (0.387)	0.0075 (0.410)	0.0504 (1.311)
N	8745	8584	8668	8661	8752	8577
Adj − R²	0.2124	0.1898	0.2065	0.1948	0.1624	0.2396

注：括号内标注的是 T 统计量。* 表示 $p < 0.10$，** 表示 $p < 0.05$，*** 表示 $p < 0.01$。

6.6 拓展性研究

6.6.1 各级地方政府执行减税降费政策的差异效果

从构成来看，省（自治区、直辖市）、市、县（市、自治县、市辖区）、乡（镇）等构成了地方财政体系，其中，省级财政是主导，市级财政是支柱，而县乡级财政却是基础环节（白彦锋和孟雨桐，2016）。分税制以来，省以下的财政体制由省级政府根据本地实际情况来确定。一般的地方政府在省级及以下实施"层层分税"，市以下实施"包干制"，县级财政主要依赖上级的转移支付来应对日常的支出。过多的行政层级导致了省以下财政包干制、分成制的僵化态势，也使基层财政非常困难。2006年，学术界提出了"财政扁平化"改革措施，建议推进"省直管县""乡财县管"的省、市、县三级扁平式财政管理模式。2022年国务院办公厅发布了《关于进一步推进省以下财政体制改革工作的指导意见》，对省以下财权和事权匹配、收入关系、转移支付等作出了详细的规定。

分税制在收入划分时，比较偏向于中央，其次是省、市，税权并没有分到省级以下，这显然不利于县乡财政。收入在不断向上集中的同时，事权却在下放，使得基层的县乡财政财权和事权并不统一（杨灿明，2006；杨龙见，2015），加上转移支付的缺陷，由此形成了县级财政的困境（吉富星和鲍曙光，2019）。而且，我国县域经济基本上处在相对较低的水平，整体产业结构失衡的现象比较严重，大部分县的经济来源于第一产业，第二、第三产业发展严重滞后，影响了县级财政收入（李一花，2015），因此财政体制改革迫在眉睫①。综上所述，各级地方政府财政收入来源及其财权与事权的匹配和分布状况，决定了中央的减税降费政策在省级、市级、县乡级存在执行意愿与执行能力的差异。

基于上述分析，在此按照上市公司的注册地即省级、市级和县乡级等对前文的三个基本假设进行分组检验，结果如表6.7和表6.8所示。首先，在分组检验中，政策变量（JSJF）系数的显著性基本上均在省级、市级、县乡级呈现依次递减，说明不同级别的地方政府执行中央减税降费政策的意愿及力度存在差异，省级的政策激励效果最好。

---

① 2022年6月13日，国务院办公厅发布《关于进一步推进省以下财政体制改革工作的指导意见》，部署进一步推进省以下财政体制改革的任务举措。

表6.7　　　　各级地方政府执行减税降费政策的差异效果（一）

变量	地方政府创新偏好（CP）			地方财政实力（LFS1）		
	（1）省级	（2）市级	（3）县乡级	（4）省级	（5）市级	（6）县乡级
JSJF	0.0036*** (2.849)	0.0052*** (3.039)	0.0037** (2.165)	0.0004*** (3.044)	0.0072*** (2.654)	0.0024 (1.109)
CP	0.4563** (1.998)	0.0737* (1.748)	0.0281 (0.205)			
JSJF×CP	0.0959* (1.735)	0.0089* (1.762)	0.0025* (1.834)			
LFS1				0.0021 (0.030)	0.0336*** (3.006)	0.0213 (0.774)
JSJF×LFS1				0.0022 (0.703)	0.0040** (2.004)	0.0011*** (3.104)
_cons	0.1143*** (2.970)	0.0365*** (3.175)	0.1441** (2.090)	0.0910 (1.245)	0.0207 (1.148)	0.1488** (2.307)
Control	Yes	Yes	Yes	Yes	Yes	Yes
Year/Industry	Yes	Yes	Yes	Yes	Yes	Yes
N	2423	13688	1218	2423	13688	1218
Adj−R^2	0.2160	0.2002	0.2197	0.2929	0.2014	0.2205

注：括号内标注的是 T 统计量。*表示 $p<0.10$，**表示 $p<0.05$，***表示 $p<0.01$。

表6.8　　　　各级地方政府执行减税降费政策的差异效果（二）

变量	地方财政实力（LFS2）			地方财政压力（LFPR）		
	（1）省级	（2）市级	（3）县乡级	（4）省级	（5）市级	（6）县乡级
JSJF	0.0077*** (3.010)	0.0073** (2.353)	0.0008* (1.690)	0.0038*** (5.901)	0.0048*** (3.445)	0.0006 (0.935)
LFS2	−0.0164 (−0.487)	−0.0120 (−1.607)	−0.0132*** (−8.152)			
JSJF×LFS2	−0.0050 (−1.260)	−0.0021 (−1.634)	−0.0031*** (−4.112)			

变量	地方财政实力（LFS2）			地方财政压力（LFPR）		
	（1）省级	（2）市级	（3）县乡级	（4）省级	（5）市级	（6）县乡级
LFPR				0.0018 （1.160）	−0.0025 （−1.625）	−0.0014 （−0.447）
JSJF×LFPR				0.0000 （0.078）	0.0001 （0.673）	−0.0005 ** （−2.216）
_cons	0.1481 * （2.263）	0.0224 （1.085）	0.1790 ** （2.680）	0.0888 *** （3.508）	0.0403 *** （4.458）	0.1295 （1.732）
Control	Yes	Yes	Yes	Yes	Yes	Yes
Year/Industry	Yes	Yes	Yes	Yes	Yes	Yes
N	2423	13688	1218	2423	13688	1218
Adj−R^2	0.3045	0.2007	0.2299	0.2939	0.2024	0.2283

注：括号内标注的是 T 统计量。* 表示 $p<0.10$，** 表示 $p<0.05$，*** 表示 $p<0.01$。

其次，由表6.7列（1）~列（3）的结果可知，基于假设6.1的分组检验，交乘项（JSJF×CP）系数均显著为正，说明不同行政级别的政府对于创新偏好在政策激励研发效果的作用中不具有异质性；由列（4）~列（6）可知，基于假设6.2的分组检验，在省级样本中，政策与地方财政实力的交乘项（JSJF×LFS1）系数并不显著，而在市级、县乡级中，系数分别在5%、1%的水平上显著为正，表明财政收支平衡程度对于政策激励效应的正向调节作用在县乡级最为显著，市级次之，省级不明显。同样地，由表6.8的列（1）~列（3）可知，交乘项（JSJF×LFS2）系数在省级与市级样本中不显著，而在县乡级样本中显著为负，表明地方政府负债率对于减税降费激励效应的抑制作用在县乡级最明显，上述结果均表明行政级别会影响政策产生的研发投入激励效应以及财政实力调节作用的发挥，且县乡级对于地方财政实力的变化最为敏感。

最后，由表6.8列（4）~列（6）可知，即基于假设6.3的分组检验，交乘项（JSJF×LFPR）系数在县乡级样本中显著为负，说明财政压力加剧对于减税降费激励效应的抑制作用在县乡级执行时最显著，也证明了地方政府财政压力的调节作用在执行级别上存在差距。因此，在实践中应重点关注县乡级地方政府的政策执行能力，进一步提升县乡级的财政实力，改善其财政环境，以"自上而下"的方式共同增强各级政府的政策执行效果。

6.6.2　东部、中部、西部地区执行减税降费政策的意愿和能力差异

长期以来，我国东部、中部、西部地区制度环境、经济发展水平、产业结构、资源禀赋、宏观税负水平等的差异，使得这些地区在政府创新偏好、财政实力与财政压力等方面存在差异。从地区科技创新综合实力来看[1]，北京、上海、广东等遥遥领先，京津冀、长三角、珠三角等区域创新能力进一步提升。中部、西部地区的安徽、江西、河南、宁夏、贵州等科技实力不断提升。根据席卫群和杨青瑜（2022）的研究，财政收支缺口从小到大的排序是东部、中部、西部、东北地区。其中，地方政府可支配财力最高的地区是东部，依次是中部、东北、西部地区。一般来说，落后地区因为经济总量低、税基窄而遭受较大的财政压力（陈晓光，2016）。鉴于不同地区的科技水平、财政实力以及财政压力存在差异，我们推测，地方政府执行中央减税降费政策的意愿和能力存在地区差异，并且会影响政策产生的研发投入激励效应。

基于上述分析，参照王小鲁和樊纲（2004）关于地区划分的标准，将样本数据划分为东部、中部、西部三组样本[2]，并基于前文的三个基本假设进行分组检验，结果如表 6.9 和表 6.10 所示。首先，结果显示在所有分组检验中，政策变量（JSJF）系数的显著性在东部、中部、西部地区依次减弱，说明东部地区的政府政策执行意愿及力度最强，研发激励效果最

---

① 中国科学技术发展战略研究院. 中国区域科技创新评价报告 2020 ［M］. 北京：科技技术文献出版社，2020.

② 东部地区包括北京、天津、河北、辽宁、山东、江苏、上海、浙江、福建、广东、海南11 个省份；中部地区包括山西、吉林、黑龙江、安徽、江西、河南、湖北、湖南 8 个省份；西部地区由于西藏数据缺失，因此只包含除西藏以外的内蒙古、广西、重庆、四川、贵州、云南、陕西、宁夏、甘肃、青海、新疆 11 个省份。

强，西部区域最弱。

表 6.9　东部、中部、西部地区执行减税降费政策的意愿和能力差异（一）

变量	地方政府创新偏好（CP）			地方财政实力（LFS1）		
	（1）东部	（2）中部	（3）西部	（4）东部	（5）中部	（6）西部
	RD_Spend	RD_Spend	RD_Spend	RD_Spend	RD_Spend	RD_Spend
JSJF	0.0120 *** (3.562)	0.0132 ** (2.437)	0.0105 * (1.710)	0.0092 *** (2.682)	0.0218 ** (2.212)	0.0123 (1.273)
CP	0.3733 *** (3.107)	0.1078 (1.205)	0.3859 (0.914)			
JSJF × CP	0.0521 *** (3.361)	0.0139 (1.278)	0.0653 (1.142)			
LFS1				− 0.0252 (− 0.623)	0.0436 (0.871)	0.1802 ** (2.197)
JSJF × LFS1				− 0.0049 (− 0.751)	0.0061 * (1.737)	0.0239 * (1.745)
_cons	0.0148 (0.325)	0.0454 (1.087)	0.0326 (1.176)	0.0018 (0.026)	− 0.0154 (− 0.210)	0.0515 (1.771)
Control	Yes	Yes	Yes	Yes	Yes	Yes
Year/Industry	Yes	Yes	Yes	Yes	Yes	Yes
N	12011	2912	2406	12011	2912	2406
$Adj − R^2$	0.1859	0.2359	0.1663	0.1860	0.2369	0.1677

注：括号内标注的是 T 统计量。* 表示 $p < 0.10$，** 表示 $p < 0.05$，*** 表示 $p < 0.01$。

表 6.10　东部、中部、西部地区执行减税降费政策的意愿和能力差异（二）

变量	地方财政实力（LFS2）			地方财政压力（LFPR）		
	（1）东部	（2）中部	（3）西部	（4）东部	（5）中部	（6）西部
	RD_Spend	RD_Spend	RD_Spend	RD_Spend	RD_Spend	RD_Spend
JSJF	0.0180 *** (5.816)	0.0120 ** (2.521)	0.0100 (1.670)	0.0125 *** (3.531)	0.0127 ** (2.496)	0.0086 (1.484)
LFS2	0.0075 (0.910)	− 0.0080 (− 1.640)	− 0.0361 *** (− 4.988)			
JSJF × LFS2	− 0.0008 (− 0.806)	0.0003 (0.368)	− 0.0054 *** (− 8.748)			

续表

变量	地方财政实力（LFS2）			地方财政压力（LFPR）		
	（1）东部	（2）中部	（3）西部	（4）东部	（5）中部	（6）西部
	RD_Spend	RD_Spend	RD_Spend	RD_Spend	RD_Spend	RD_Spend
LFPR				− 0.0090* （− 1.902）	0.0025 （0.561）	− 0.0050*** （− 3.663）
JSJF × LFPR				0.0009 （1.640）	− 0.0006 （− 0.723）	− 0.0007*** （− 3.317）
_cons	0.0167 （0.365）	0.0546 （1.500）	− 0.0100 （− 0.400）	0.0268 （0.619）	0.0522 （1.292）	0.0300 （1.070）
Control	Yes	Yes	Yes	Yes	Yes	Yes
Year/Industry	Yes	Yes	Yes	Yes	Yes	Yes
N	12011	2912	2406	12011	2912	2406
Adj − R²	0.1860	0.2396	0.1698	0.1862	0.2385	0.1670

注：括号内标注的是 T 统计量。* 表示 $p < 0.10$，** 表示 $p < 0.05$，*** 表示 $p < 0.01$。

其次，由表 6.9 的列（1）~列（3）结果可知，基于假设 6.1 的分组检验，政策与地方政府创新偏好的交乘项（JSJF × CP）系数在东部地区样本中显著为正，而在中部、西部地区不显著，表明地方政府创新偏好对于减税降费激励效应的作用在东部地区最为明显。而在其余分组检验中，交乘项系数均在东部、中部、西部样本中存在显著性差异，说明地方财政实力及压力对于政策激励效果的调节作用在不同地区之间存在异质性，且在西部地区，地方财政实力与压力的强弱变动对政策效应的发挥具有更强的调节作用。因此，在实践中应持续提升东部地区的政府创新意愿，进一步关注处于科技创新实力较弱地区的财政状况，考虑通过改善地方政府的财政实力来大幅提升减税降费的政策执行效果。

6.6.3 财政压力引起的地方政府行为

一方面，中央政府会通过目标考核、财政约束等对地方政府进行控制；另一方面，地方政府在区域发展、地方治理上具有较大的自主性、竞争性和创新性（王猛，2020）。即使受到中央政府的制约，地方政府仍具有较大的自主行为空间和自由裁量权，这使得地方政府既能够发挥政策执行及创新治理的培育作用和引导作用，也有可能成为阻碍政策实施及区域建设的力量。

近年来，我国经济加速转型升级，地方政府财政压力增大。地方政府会从"收"和"支"两个维度采取策略性行为，例如寻求新的收入来源、减少公共服务供给、增加土地收入、"重生产、轻创新"的自利行为等（唐云锋和马春华，2017；余倩和邹甘娜，2022）。减税降费作为中央政府发布实施的政策，其对企业的创新活动本身是有利的，但该积极作用会受到地方政府执行差异的影响，极有可能导致政策目标较难实现，出现效果不显著的情况。由前文的研究结论可知，地方财政压力会对减税降费与企业研发投入之间的激励关系产生调节作用。地方财政压力既是减税降费政策推行的后果及表现，也是影响地方政府行为的重要因素之一，财政压力改变了地方政府的行为偏好（姚凯辛等，2022），也相应改变了政企之间的动态调适过程。因此，在减税降费之大背景下，探究地方政府缓解其财政压力的具体途径、验证这些策略行为对减税降费激励效果的负面影响十分必要。

从地方政府行为结构的角度，地方政府行为可分为"要求性行政行为"与"支持性行政行为"，其中支持性行政行为在效用、效果等方面显著优于要求性行政行为（袁建军，2012）。结合地方政府创新理论，地方政府创新也可相应分为"被动回应型"与"积极回应型"，成功的地方政府创新结构应更多地以"积极回应型"的方式呈现，例如地方政府积极营造创新氛围，选择有助于企业创新发展的领域推进等。在持续的减税降费与较大的财政压力之下，地方政府采取的策略性行为属于前者的"被动回应型"行为，那么，后者的"积极回应型"创新行为具有哪些特征，是否有利于政策的实施效果优化？

综上所述，本书进一步将视角拓宽至地方政府行为，从研发补助、税收征管、非税收入等方面进行具体分析，探讨差异化的地方政府行为对减税降费激励企业研发所产生的调节效应。同时从地方政府的竞争程度、开放性等角度寻求增强减税降费政策实施效果的行为特征。

6.6.3.1　财政压力下抑制减税降费效果的政府"被动"行为表现

（1）研发补助。

研发补助是地方政府对企业研发活动而给予的一种资金支持，有利于降低企业的融资成本及研发活动的风险，显著影响了企业的投资决策（Bronzini & Piselli，2016；毛毅翀和吴福象，2022）。从研发补助执行的角度，一方面，地方政府对企业的研发补助需要依靠中央政府的引导和支持；另一方面，研发补助的具体实施在地方层面具有一定的灵活性与短期性。面对经济下行、债务攀升等诸多压力的叠加影响，地方政府财政约束力度不断加大，相关补助项目开支会面临缩减，加之企业创新研发周期长、研发结果不确定等原因，政府有较大可能削减或取消此类支出，原先推行的各类财政补贴和税收优惠政策面临更改。降低或延缓研发补助，会使得政策对企业研发投入的积极作用受到影响。综上可知，在财政压力状况不同的地区，研发补助对减税降费政策影响研发投入的效果存在差异，在财政压力较大地区，地方政府会选择通过降低研发补助而抵减减税降费政策的效果。

借鉴陈红等（2018）的方法，根据上市公司财报附注披露的具体信息，在样本公司中手工收集政府补助相关明细，识别其中"科技""科研""技术""研发""研究""创新""专利"等关键词，通过文构财经文本数据平台（WinGo）的深度学习相似词功能，查找具有高相似度的扩展词，并结合人工阅读，构建新的"研发"词库。最后，将各公司当年所获全部类型的词频加总后取自然对数，得到政府研发补助变量（SUB），建立模型（6.4）进行检验：

$$RD\_Spend_{i,t} = \alpha_0 + \alpha_1 JSJF_{i,t} + \alpha_2 SUB_{i,t} + \alpha_3 JSJF \times SUB_{i,t}$$
$$+ \lambda Control_{i,t} + Year + Industry + \varepsilon_{i,t} \qquad (6.4)$$

其中，交乘项（JSJF×SUB）的系数表示研发补助对于减税降费激励效果的调节作用，将该模型分别按照地方财政压力大小进行对比回归，分析地方财政压力不同时，研发补助对减税降费的效果是否存在差异。回归结果如表6.11列（1）、列（2）所示，在不同地方财政压力水平下，研发补助（SUB）的系数均显著为正，说明政府研发补助本身会对企业研发投入有一定的激励作用。在财政压力较小的样本中，交乘项的系数在5%的水平上显著为正，说明减税降费政策与研发补助政策具有互补激励效果；在财政压力较大样本中，该系数并不显著，表明当地方政府面临较大的财政压力时，地方政府极有可能降低研发补助，最终导致难以发挥减税降费政策的激励效果。

表 6.11 抑制与减弱减税降费效果的政府行为表现

| 变量 | RD_Spend | | | | | |
| | 以研发补助为行为表现 | | 以税收征管为行为表现 | | 以非税收入为行为表现 | |
	（1）地方财政压力较小	（2）地方财政压力较大	（3）地方财政压力较小	（4）地方财政压力较大	（5）地方财政压力较小	（6）地方财政压力较大
JSJF	0.0136 *** (3.513)	0.0086 ** (2.092)	0.0101 *** (3.534)	0.0043 ** (2.337)	0.0056 ** (2.869)	0.0031 ** (2.503)
SUB	0.0082 *** (4.031)	0.0057 ** (2.078)				
JSJF × SUB	0.0009 ** (3.565)	0.0007 (1.556)				
TE			−0.0203 (−1.154)	−0.0445 ** (−2.332)		
JSJF × TE			0.0026 (1.041)	−0.0065 ** (−2.162)		
NONTAXR					−0.0074 (−0.340)	−0.0239 *** (−2.655)
JSJF × NONTAXR					0.0020 (0.610)	−0.0049 ** (−1.970)
Control	Yes	Yes	Yes	Yes	Yes	Yes
Year/Industry	Yes	Yes	Yes	Yes	Yes	Yes
_cons	−0.0330 (−0.962)	0.0010 (0.027)	0.0424 * (1.885)	0.0605 *** (2.631)	0.0471 *** (6.868)	0.0494 ** (2.787)
N	5954	5413	9056	8273	9232	8097
Adj − R^2	0.2221	0.2369	0.1662	0.1357	0.2366	0.1947

注：括号内标注的是 T 统计量。* 表示 $p < 0.10$，** 表示 $p < 0.05$，*** 表示 $p < 0.01$。有些样本公司没有获取政府研发补助，没有找到类似研发补助的相关词汇，此处该组样本量减少为11367 个。

（2）税收征管强度。

税收是地方政府的主要资金来源，支撑着地方政府履行各项支出责任。在我国，地方政府没有税收的立法权，但其在税法的执行上具有较高的自由度，在征收税基、执行税收减免、给予企业税收优惠等方面均具有一定的权力。地方政府有能力依据当地财政状况进行税收安排，且有动机调整该地区税收征管强度，将财政压力转嫁于企业（孙钰鹏，2021），加大对企业税费的关注。而且，我国地方税收收入是影响税务人员连任和晋升的重要因素，税务人员在经济下行之时仍有较强的主观意愿来加强税收征管，完成税收任务（庄序莹和周子轩，2022）。

减税降费与税收征管可视为"放"与"管"的关系，减税降费需要强有力的税收征管配套措施加以保障，在实际的政策执行过程中，减税降费在一定程度上加大了地方财政压力，地方政府会相应地调整其行为措施强度，通过加强税收征管力度来提高税收收入是地方政府常用的手段（陈晓光，2016）。而税收征管力度的加强，使得辖区内制造业企业的税收负担显著增加，从而导致企业放弃投资机会，降低企业创新支出转而维持日常经营，不利于地方政府"放水养鱼"以培养财政可持续发展的税源基础。综上可知，在财政压力状况不同的地区，税收征管程度对减税降费的效果存在差异，在财政压力较大地区，地方政府会选择加强税收征管，从而减弱了减税降费政策的效果。

借鉴叶康涛和刘行（2011）的研究方法，构建下列模型衡量税收征管强度。其中，$T_{i,t}$ 为地区的税收收入；$GDP_{i,t}$ 为国内生产总值；$INDF_{i,t}$ 和 $INDS_{i,t}$ 分别为第一产业、第二产业的产值；$OPENNESS_{i,t}$ 为进出口贸易总额。将获取的上述数据代入模型（6.5）中，得到税收收入的估计值 $TP_{i,t}$。将税收征管强度（$TE_{i,t}$）定义为实际税收收入与预期税收收入之比，该比值越大，该地区的政府税收征管强度就越大。

$$\frac{T_{i,t}}{GDP_{i,t}} = \alpha_0 + \alpha_1 \frac{INDF_{i,t}}{GDP_{i,t}} + \alpha_2 \frac{INDS_{i,t}}{GDP_{i,t}} + \alpha_3 \frac{OPENNESS_{i,t}}{GDP_{i,t}} + \varepsilon_{i,t} \quad (6.5)$$

接着，建立模型（6.6）检验税收征管强度在差异化地方财政压力下的调节作用，其中交乘项 $JSJF \times TE_{i,t}$ 的系数表示税收征管强度对减税降费效果的调节作用，将该模型分别按照地方财政压力大小进行对比回归，分析地方财政压力不同时，税收征管强度对减税降费影响研发投入的效果是否存在差异。

$$RD\_Spend_{i,t} = \alpha_0 + \alpha_1 JSJF_{i,t} + \alpha_2 TE_{i,t} + \alpha_3 JSJF \times TE_{i,t}$$
$$+ \lambda Control_{i,t} + Year + Industry + \varepsilon_{i,t} \qquad (6.6)$$

回归结果如表 6.11 的列（3）、列（4）所示，在财政压力较小的样本中，税收征管强度及交乘项的系数均不显著，且减税降费（JSJF）的回归系数较列（4）更为显著；在地方财政压力较大的情况下，税收征管强度（TE）的系数显著为负，表明地方税收征管的加强确实对企业研发投入存在一定的负向影响，同时交乘项（$JSJF \times TE$）的系数在 5% 的水平上显著为负，即税收征管程度的加强对减税降费的激励效果具有抑制作用。上述结果说明在财政压力较大地区，其地方政府会倾向于加强税收征管，最终表现为减税降费效果的弱化。

（3）非税收入。

除税收征管行为之外，增加企业税费负担尤其是非税负担也是地方政府减轻财政压力的常用手段（Acemoglu，2003）。非税收入是指地方政府合法取得的除税收以外的收入，具有不规范性强、不确定性高、监管难度大、价格调整比较灵活等特征。与税收相比，地方政府在非税收入方面有更大的自主权和灵活性，地方政府有权根据适用的法律、法规和行政规章建立非税收入管理体系，还可以随时调整现有征管制度来满足地方财政在社会方面的资金需求，这为地方政府提供了足够的"自由裁量"空间来实施征收标准，地方政府通过非税收入行为缓解财政压力的顾虑也较少。由此，非税负担的增加使得企业更倾向于规避税费负担的不确定性，提高现金持有量，减少流动性，降低风险性较大的研发投资。

在此使用"非税收入除以一般公共预算收入"来度量地方政府的非税收入水平（NONTAXR），其中非税收入主要包括政府性基金、彩票公益

金、国有资源与资产有偿使用、国有资本经营等收入、行政事业性收费收
入、罚没收入及其他收入等。同样地，建立下列模型（6.7），分别按照地
方财政压力大小进行对比回归检验，交乘项（JSJF × NONTAXR）的系数
表示非税收入对减税降费效果的调节作用。

$$RD\_Spend_{i,t} = \alpha_0 + \alpha_1 JSJF_{i,t} + \alpha_2 NONTAXR_{i,t} + \alpha_3 JSJF \times NONTAXR_{i,t}$$
$$+ \lambda Control_{i,t} + Year + Industry + \varepsilon_{i,t} \qquad (6.7)$$

回归结果如表 6.11 的列（5）、列（6）所示，在财政压力较小的样
本中，减税降费的系数在5%的水平上显著，而非税收入水平及交乘项皆
不显著；在地方财政压力较大时，非税收入水平（NONTAXR）系数在
1%的水平上显著为负，且交乘项（JSJF × NONTAXR）系数显著为负，说
明地方政府非税收入的上升会影响企业的研发投入意愿。当财政压力较大
时，地方政府极有可能通过增加征收非税收入来缓解财政压力，却变相加
剧了企业的成本负担，减弱了微观层面的"获得感"，使得减税降费政策
难以发挥其研发激励效果。

6.6.3.2　增强减税降费政策效果的政府"积极"行为特征

前文已表明，地方政府在减税降费加剧短期财政压力的背景之下，
会倾向于采取缩减研发补助、加强税收征管、扩大非税收入等策略性行
为，这些行为有悖于减税降费政策的初衷，削弱了减税降费的政策效
应。地方政府应着眼于区域创新绩效，充分利用政策、资源、区位等优
势，采取"积极回应型"的支持性创新行为，尽可能消除大规模减税降
费给地方财政带来的不利影响。基于上述分析，本书尝试从地方政府的
创新竞争力、创新开放水平等方面寻找增强减税降费政策效果的政府行
为特征，探索政企之间的相互调适过程，以期为完善政策的目标执行提
供新思路。

（1）地方政府创新竞争力。

随着财政分权的推进，地方政府的自主性逐渐增强，并且受晋升激
励的影响，地方政府也表现出越来越多的竞争行为。地方政府之间的竞

争促进了经济增长、推动了市场化进程（张晏和龚六堂，2005）。根据创新扩散理论，竞争机制是扩散的重要机制之一，即一个政府的创新选择会影响其他政府在创新建设、产业升级等方面的选择，从而产生政府间扩散性的影响效果。地方政府间的创新支出互动会对微观企业产生更为重要的影响，地方支出偏好以及政府间的策略性互动行为在区域技术创新水平方面具有促进作用（肖叶等，2019）。当地方政府围绕科技创新展开竞争时，科技创新的考核会促使形成新一轮竞争的强大动力，刺激地方政府科技投入进而促进企业技术创新。政府围绕区域创新展开竞争会通过提高资金支持、地区产业集聚水平等方式从内部和外部同时改善企业创新环境，进而向企业传递创新有益的信号，以积极的方式调适政企之间的互动关系。

基于上述分析，地方政府"为创新而竞争"的行为特征应有利于改善地方财政压力对减税降费效果的不利影响。参考李恩极和李群（2021）的方法，使用"当年地方政府科技支出的增长率"来衡量政府竞争程度（COM），并构建模型（6.8）来检验地方政府创新竞争的差异性作用。

$$\begin{aligned}
\text{RD\_Spend}_{i,t} = {} & \alpha_0 + \alpha_1 \text{JSJF}_{i,t} + \alpha_2 \text{LFPR}_{i,t} + \alpha_3 \text{JSJF} \times \text{LFPR}_{i,t} \\
& + \alpha_4 \text{COM}_{i,t} + \alpha_5 \text{JSJF} \times \text{COM}_{i,t} + \alpha_6 \text{LFPR} \times \text{COM}_{i,t} \\
& + \alpha_7 \text{JSJF} \times \text{LFPR} \times \text{COM}_{i,t} + \lambda \text{Control}_{i,t} \\
& + \text{Year} + \text{Industry} + \varepsilon_{i,t} \tag{6.8}
\end{aligned}$$

回归结果如表6.12所示。同样地，列（1）引入地方政府创新竞争度（COM）这一调节变量，交互项（JSJF × LFPR × COM）的系数为0.0007，且在1%的水平上显著为正，表明随着地方政府创新竞争度的提高，地方财政压力对减税降费效果的负向调节效应得到有效缓解。列（2）、列（3）分别为在创新竞争程度较高、较低时的分组回归结果。当地方政府的创新竞争度较低时，交乘项系数显著为负，而当政府创新竞争度处于较高水平时，财政压力本身及其对于减税降费效果的抑制作用在统计意义上不显著，即证明了地方政府的创新竞争行为对减税降费政策推行过程具有积极作用。

表 6.12　　　　　　　增强减税降费政策效果的政府行为特征

变量	以创新竞争程度为行为特征			以创新开放性为行为特征		
	（1）全样本	（2）创新竞争度较高	（3）创新竞争度较低	（4）全样本	（5）创新开放性较强	（6）创新开放性较弱
JSJF	0.1190 *** （3.828）	0.0124 *** （3.815）	0.0120 ** （2.282）	0.1258 *** （3.334）	0.0018 ** （2.760）	0.0017 *** （3.397）
LFPR	−0.1821 ** （−2.197）	0.0025 （0.599）	−0.0043 ** （−2.639）	−0.1687 * （−2.005）	−0.0011 （−0.873）	−0.0047 ** （−2.480）
JSJF × LFPR	−0.0165 ** （−2.324）	−0.0004 （−1.511）	−0.0006 *** （−2.621）	−0.0050 ** （−2.456）	−0.0000 （−0.012）	−0.0008 * （−2.058）
COM	0.0088 *** （2.849）					
COM × JSJF	0.0012 *** （2.875）					
COM × LFPR	0.0049 （1.013）					
COM × JSJF × LFPR	0.0007 *** （3.053）					
FDI				6.6077 * （1.784）		
FDI × JSJF				0.2748 （0.270）		
FDI × LFPR				6.1033 * （2.149）		
JSJF × LFPR × FDI				0.2946 ** （2.469）		
Control	Yes	Yes	Yes	Yes	Yes	Yes
Year/Industry	Yes	Yes	Yes	Yes	Yes	Yes
_cons	−3.5640 *** （−11.186）	0.0280 （1.707）	0.0265 （0.632）	−3.7162 *** （−4.763）	0.0282 *** （4.466）	0.0855 *** （9.028）
N	17329	10786	6543	17329	8740	8589
Adj − R^2	0.5950	0.1679	0.1454	0.4037	0.3108	0.3049

注：括号内标注的是 T 统计量。* 表示 $p < 0.10$，** 表示 $p < 0.05$，*** 表示 $p < 0.01$。

（2）地方政府创新开放性。

地区经济的开放性影响着企业的创新生态环境，改变了政策执行过程中的环境因素。加大招商引资力度，发挥外资在"引技、引才、引智、引制"方面的作用，对于优化营商环境、增强企业的研发投资信心具有现实意义。国家发展改革委等六部门于近期发布了以制造业为重点的外资政策措施①，其政策目标是提升引资质量，扩大制造业外资流入。由此可见，地方政府的创新开放性特征也是企业外部激励政策的重要环境因素之一，且以外资为主要表现形式的相关政策能够与减税降费形成相互交叉的作用。另外，利用外资对我国区域技术创新具有溢出效应，在我国行业内部也有较高的效率性溢出效应，有利于企业个体提高自身的技术水平和生产效率（郭平和潘郭钦，2014）。

基于上述分析，地区对外开放程度的提升有助于整体开放型创新环境的塑造，是地方政府促进科技产业发展的体现，对减税降费政策的有效实施具有一定的积极作用。参考林子秋和张驰（2022），使用"地区当年实际利用外资总额与 GDP 的比值"来衡量地方政府的创新开放性（FDI），构建模型（6.9）来检验地方政府创新开放性的调节作用。

$$
\begin{aligned}
RD\_Spend_{i,t} = {} & \alpha_0 + \alpha_1 JSJF_{i,t} + \alpha_2 LFPR_{i,t} + \alpha_3 JSJF \times LFPR_{i,t} + \alpha_4 FDI_{i,t} \\
& + \alpha_5 JSJF \times FDI_{i,t} + \alpha_6 LFPR \times FDI_{i,t} + \alpha_7 JSJF \times LFPR \times FDI_{i,t} \\
& + \lambda Control_{i,t} + Year + Industry + \varepsilon_{i,t} \qquad (6.9)
\end{aligned}
$$

回归结果如表 6.12 所示。同样地，列（4）的结果是引入了地方政府创新开放性（FDI）这一调节变量，交互项（JSJF × LFPR × FDI）的系数为 0.2946，且在 5% 的水平上显著为正。由列（5）、列（6）的中位数分组回归可知，当地方政府的创新开放性较弱时，财政压力及交乘项系数均显著为负，而在政府创新开放性较强的样本中，财政压力本身及其与减税降费的交乘项系数并不显著，即创新开放性这一行为特征能够在减税降费、财政压力与企业研发投入的关系中产生差异性影响，能够为减税降费

---

① 《关于以制造业为重点促进外资扩增量稳存量提质量的若干政策措施》。

的激励效果带来积极的调节作用。

6.7　研究结论与政策建议

6.7.1　主要研究结论

本书从政策执行主体——地方政府行为的视角，基于 2008～2021 年制造业上市企业数据，研究减税降费作用于企业研发投入的激励效应，重点从地方政府创新偏好、财政实力及财政压力三个方面检验了地方政府执行政策的意愿和能力对政策激励研发投入的效果，拓展了减税降费政策效应、企业创新研发的研究范围。

研究发现：（1）减税降费政策本身具有研发投入激励效果，而地方政府的政策执行意愿和能力会显著影响该激励效果。具体地，较强的地方政府创新偏好有利于进一步增强此激励作用，地方财政实力和财政压力在政策与企业研发投入之间分别起到了正向、负向调节作用，且上述结论经过一系列稳健性检验仍成立。（2）纵向来看，不同级别的地方政府执行意愿及力度存在差异，其中省级的政策激励效果最好，县乡级较弱，市级处于中间地位。地方财政实力及财政压力在政策与企业研发投入之间所具有的调节作用在县乡级别中最为显著。（3）横向来看，不同区域的地方政府执行意愿及力度不同，政策激励效果在东部、中部、西部依次递减。且在东部地区，地方政府创新偏好的调节作用更为显著，而西部地区在地方财政状况的变化上更加敏感。（4）进一步地，地方政府会采用"被动回应"与"积极回应"的方式来应对减税降费政策的影响。在地方财政压力较大地区，地方政府通常选择通过降低研发补助、加强税收监管和增加非税收入等方式来抵减减税降费政策的效果。在较强创新竞争度的地区以及较大创新开放性的地区，地方政府能够改善地方财政压力对减税降费效果的不利影响。

6.7.2 政策建议

（1）关注减税降费在政策执行层面的问题，充分发挥地方政府的作用。第一，在政策制定及设计方面，应注重执行的可操作性，及时跟踪受影响方的动态反馈，评估政策理想目标与实际执行效果的差异，熟悉政府偏好与企业偏好在不同阶段的差异。第二，同时具有执行意愿与能力的地方政府，更有积极性推广政策，政策的执行效果更好。建议加强政策的针对性与精准性，根据地区财政实力、财政压力状况实施差异性的减税降费政策，精准支持目标和对象，聚焦制造业科技创新等重点领域，大力推动创新战略的实施。第三，建立并完善政策执行的绩效评估和评价管理的工作机制，加强政策执行监管，将短期与中长期税收规划相结合，有效引导和推动企业的研发活动与创新行为。

（2）推动财政体制改革，关注减税降费政策效果在不同行政级别区域的作用。第一，发挥省级在政策激励效果方面的扩散与溢出效应，通过省级层面的企业创新带动市级、县乡级的企业创新，使全省形成激励创新的氛围。第二，推进省级以下财政体制改革，理顺省级以下的税种属性、收入分享方式，清晰界定省级以下各级事权和支出责任，辨析各类转移支付功能并合理分配资金、优化支付结构，建立动态的财政调整机制，规范财政预算管理等方式，提升县乡级的财政实力并降低其财政压力。第三，积极推进省直管县财政体制改革，落实县级"三保"财政体系，推动乡财县管，加强地方债务风险管理，为基层推广减税降费激励企业创新的政策提供保障。

（3）关注减税降费政策在东部、中部、西部地区的实施效果差异。第一，建议持续提升东部地区的政府创新意愿，通过减税降费引导，使创新成为东部地区可持续发展的驱动力。第二，通过财税体制改革，叠加东部创新的溢出和扩散效应，增强中西部地区的财政实力，缓解财政压力，以发挥财政实力对减税降费效果的提升作用，抑制财政压力对减税降费效果的负向作用。

（4）重视财政压力引致的负向影响，考虑地方政府的策略性反应，防止该压力通过政府行为偏好传导给微观企业而抵消减税降费的政策效应。第一，建立减税降费和缓解地方财政压力的协同机制，可适度将部分财权移交地方，改善地方政府财权与事权不匹配的情况；第二，加强对减税降费政策红利的宣传，关注因地区财政压力导致企业难以及时、足额地享受政策的情况，中央政府可通过转移支付或专项资金补贴机制来降低政策给财政收入造成的冲击，确保减税降费落地，切实降低企业税费负担；第三，同时从"收入"和"支出"两个方面改善地方政府有可能采取的策略性行为，进一步规范地方政府各类非税收入的设置、征管权的使用及各项支出的流向，将相关财政收支纳入预算绩效管理体系，将减税降费与健全现代财税体制相结合。

（5）鼓励地方政府厚植创新土壤，进一步强化政府支持企业创新的角色，充分发挥地方政府在减税降费激励企业创新中的积极主导作用。第一，提升科技创新资源利用效率，对企业创新活动给予适当引导和支持，优化地方绩效考核体系，从根源上扭转地方政府对企业创新研发的忽视；第二，地方政府可根据其区域发展情况加大创新投入、提高创新要素利用率，适当引导地方政府之间进行合理创新竞争，发挥"为创新而竞争"锦标赛机制的独特作用，从而引导企业开展创新活动；第三，加大对高质量外资的引进力度，提高引进外资的消化、吸收、利用和再创新能力，与此同时，地方政府应加强区域间的创新开放交流与合作，充分利用不同地区间的创新溢出效应，为减税降费营造良好的政策环境。

第7章 "降成本"政策与研发投入：基于税费差异及合理性的视角

7.1 引 言

我国经济进入高质量发展阶段后，制造业的发展面临更为严峻的考验，亟须转换发展方式、优化经济结构、转变增长动力（孙婷等，2021），以创新促发展已刻不容缓。制造业实现高质量发展还面临着诸多的挑战和困难，也有许多短板与弱项需要尽快补上。伴随经济全球化遭遇逆流，单边主义、保护主义上升，中美贸易摩擦不断涌现，叠加疫情的影响，我国制造业在转型升级以及研发创新能力提升等方面面临多重困难。为有效缓解实体经济企业困难、助推企业转型升级，2016 年 8 月 8 日，国务院印发关于《降低实体经济企业成本工作方案的通知》（以下简称《通知》），从税费负担、融资成本、制度性交易成本、人工成本、能源成本、物流成本等六个方面提出了具体的降成本措施。随后国家发展改革委、工业和信息化部、财政部和人民银行等四部门（以下简称"四部门"）连续 6 年共同发布了当年降成本的工作重点。这些政策凸显了国家对实体经济降成本的重视程度，对有效应对当前经济下行压力以及提升制造业的创新能力具有重要意义。

随着政策的颁布与实施，制造业企业的税费结构发生了一些变化，成本结构获得了明显改善，融资规模稳步上升，税负成本、融资成本出现下降，人工成本上升的势头得到遏制（张金昌等，2020），物流成本、原材料成本以及企业用能用地成本等也有所下降。但是，政府降费政策年年推进，企业的"费负感"却没有减轻的迹象（傅娟，2020），赵仁杰和范子英（2021）发现增值税转型在减税的同时加重了企业非税负担。非税负担过重不利于提升企业纳税遵从度，降低了企业创新能力，抑制了企业成长（李林木和汪冲，2017）。然而，现有文献较少关注税收负担与非税负担的差异问题以及税费负担的合理性问题。探讨税费优化以及税收负担与非税负担对企业创新发展的差异影响对提高"降成本"政策的效应具有重大意义。

本书立足于国务院"降成本"政策，以资源配置理论、税收负担理论为基础，检验其对企业税费降低的影响以及由此引起的研发创新投资行为的效果。在此基础上，利用熵权 TOPSIS（technique for order preference by similarity to ideal solution）方法测算企业的实际税费负担趋近于"理想解"的欧式距离，检验趋近于"理想解"的税费负担优化对企业研发创新的激励效果，以求获得增强企业研发创新的路径与方法。进一步利用心理学的理论，探讨"降成本"政策通过税费的降低和优化是如何激发企业家的信心，并通过信心影响研发创新投入的效果。

7.2 理论分析与假设推导

7.2.1 "降成本"政策与税费负担

自 2008 年的结构性减税政策实施以来，我国对税收制度进行了多次改革。企业在减税降费方面收获了很大的政策红利。2009 年的增值税转型以及 2012 年的"营改增"试点，对制造业企业产生了很大影响。从2013 年起，我国政府就一直在不断地规范行政事业性收费和政府性基金，关停、并转了一些行政事业服务费，取消了部分政府性基金。中央政府联合多个部门采取了一系列的降费措施，形成了以国务院负责制定指导意见，国家发展改革委、工业和信息化部、国家税务总局等密切配合，各省区市根据实际情况制定具体实施措施的局面。《通知》提出了"降成本"工作的目标与任务，旨在使实体经济企业综合成本合理下降，盈利能力明显增强。此后，四部门围绕《通知》连续多年发布降成本政策，具体的政策要求如表7.1所示。可知，税费负担从最初的合理降低，到大规模的减税和降费，再到组合式的税费支持政策，体现了党中央、国务院对实体经济支持的力度在不断增强，也表明制造业的创新发展面临更为扎实、优惠的政策支持。

四部门的"降成本"政策措施中，在税收方面，从2017年的减轻企业税收负担，到2018年的通过结构性减税支持实体经济发展，提高纳税便利程度，2019年的加大税收减免力度，再到2020年、2021年的落实税收减免政策、进一步优化减税政策，一直到2022年的延续并优化部分税费支持政策，充分体现了政府支持实体经济发展的信心与决心。在增值税方面，从2017年的全面推开"营改增"试点政策，实行大规模退税，表明我国增值税改革的进展及其对企业支持的程度。在政府服务方面，2018年呼吁提高纳税便利程度，2019年提出要持续推动网络提速降费，2020年推出降低企业宽带和专线平均资费。在激励创新方面，2022年提出要加大企业创新税收激励。由此可见，"降成本"政策是从全方位降低企业经营的成本，不仅包括税收负担还包括非税负担，而且更重视非税负担的规范。

非税负担是广义的费用，是基于经营或非经营活动而产生的一种支出，并不必然形成企业的义务，不具有强制性、无偿性等特征，但是企业也需要缴纳。"降成本"政策明确了非税负担规范的内容，2017年提出要规范政府性基金和行政事业性收费，减少涉企经营服务性收费，加强收费监督检查；2018年归并减免政府性基金和合理降低行政事业性收费，进一步清理规范经营服务性收费，依法查处各类涉企违法违规收费，深化收费目录清单管理；2019年继续清理并规范涉企收费，确保清费减负措施落到实处；2020年落实相关收费基金减免政策，坚决整治涉企违规收费行为。2021年降低重点领域涉企收费，落实落细政策红利。2022年提出要进一步清理规范涉企收费。总体上，政府对涉企收费项目规范力度、惩戒措施的加强，从最初的规范、检查手段，到后面的确保、整治，再到最后的清理、惩戒，说明政府已经下大决心为企业减负，努力为企业营造好的营商环境。

表 7.1

"降成本"政策细则

项目	2016 年	2017 年	2018 年	2019 年	2020 年	2021 年	2022 年	2023 年
	国务院颁发			"四部门"关于做好降成本重点工作的通知				
政策号	国 [2016] 48 号	发改运行 [2017] 1139 号	发改运行 [2018] 634 号	发改运行 [2019] 819 号	发改运行 [2020] 1183 号	发改运行 [2021] 602 号	发改运行 [2022] 672 号	发改运行 [2023] 645 号
1	合理降低企业税费负担	降低税费负担	持续降低税费负担	继续推动大规模减税和降费	落实好既定减税降费政策	持续合理降低税费负担	实施新的组合式税费支持政策	增强税费优惠政策的精准性针对性
2	有效降低企业融资成本	降低融资成本	合理降低融资成本	加大金融对实体经济的支持力度	强化金融对实体经济的支持力度	深化金融让利有效支持实体经济	加强金融对实体经济的有效支持	提升金融服务实体经济质效
3	着力降低制度性交易成本	降低制度性交易成本	着力降低制度性交易成本	持续降低制度性交易成本	持续降低制度性交易成本	着力降低制度性交易成本	持续降低制度性交易成本	持续降低制度性交易成本
4	合理降低企业人工成本	降低人工成本	延续"五险一金"缓存比例,降低人工成本	明显降低企业社保缴费负担	努力降企业用工和房租负担	合理降低企业用人工成本	缓解企业人工成本上升压力	缓解企业人工成本压力
5	进一步降低企业用能用地成本	降低用能用地成本	有效降低用能用地成本	继续降低用能用地成本	继续降低企业用能用地成本	降低企业用能用地成本	降低企业用地用房租原材料成本	降低企业用地原材料成本
6	较大幅度降低企业物流成本	降低物流成本	加快降低物流成本	推进物流降本增效	推进物流降本增效	推进物流降本增效	推进物流提质增效降本	推进物流提质增效降本

注:国发 [2016] 48 号的全称是:国务院关于印发《降低实体经济企业成本工作方案的通知》;"四部门"是指国家发展改革委、工业和信息化部、财政部、人民银行。
资料来源:笔者根据政策文件手工整理。

从税费的性质来看，税费是企业成本费用的重要组成部分，影响着企业利润空间、未来发展以及长期价值（Modigliani & Miller，1963）。税费负担引致了企业的现金流出，增加了企业的融资约束，影响了企业的投资、信贷、经营等决策行为。企业的税收负担是基于纳税义务而发生的可支配收入的减少，税收具有强制性、无偿性的特征，是企业按照税法的规定，在经营活动中对社会应尽的责任与义务。企业税收负担的规范有法律、法规和各项税收优惠政策，管理上比较容易。而非税负担的制度约束较弱，管理上相对比较混乱。因此"降成本"政策对企业税收负担与非税负担降低程度的影响效果存在差异。

企业的税负感重的原因很多，比如税费结构与关系不合理，规费种类繁多，制度性交易成本如开办成本、手续费等居高不下，交通物流成本飙升、融资难和融资贵的现象普遍存在。随着我国人口红利的逐渐减退，制造业企业的人工成本在不断提升（贺登才，2014）。隐性负担如乱罚款、公关招待费等依然存在，在营商环境较差的地区，企业的隐性负担更为严重。周强（2015）研究发现，隐性税收和政府行为的不规范增加了纳税人的心理负担。总体上，非税负担显著挤占了企业自由现金流，降低了内源资源，加重了外部融资风险（毛德凤和彭飞，2022）。"降成本"政策之后，企业非税负担过重问题依然没有得到根本性的解决（彭飞等，2020），其中重要原因在于地方政府具有非税收入的征管权，可以依据地方财政的需要随时调整征管强度（傅娟，2020）。非税收入一直是地方政府解决财政压力的重要途径之一（范子英和赵仁杰，2020），其以更低的征收成本、较少的制度约束以及可观的收入潜力受到各级政府的青睐。非税收入征管中存在的不合理、不合规现象，使企业面临的税费负担呈现出很大的不确定性，严重影响着营商环境优化的进程。地方政府财政收入目标越高，辖区内企业的非税负担越重；地方政府未完成目标时，就会加强非税收入征管；如果恰好完成目标，就会降低非税收入征收程度（王励晴和谷雨，2022）。"降成本"政策指明了非税负担的具体内容，这对约束地方政府行为具有重要意义，为制造业企业真实地降低非税负担提供了政策依据。故而提出假设 7.1。

假设 7.1：降成本政策之后，制造业企业的税费负担有所降低，且税收负担与非税负担降低的程度存在差异。

7.2.2 "降成本" 政策与研发投入

从资源配置的视角，"降成本" 政策具有调节制造业产业结构、优化资源配置的作用。产业、地区间的税负差异导致了生产要素流动，影响了产业结构、资源配置。税负差异扭曲了企业间的资源，而资源配置决定了生产效率（Hopenhayn，2011）。在税负差异的驱动下，劳动、资本、技术等生产要素会不断地流向低税率企业，从而降低了生产要素的利用效率（陈晓光，2013；刘啟仁和黄建忠，2018），挫伤企业创新研发的积极性。蒋为（2016）发现，有效增值税税率差异是资源误置的重要原因。增值税通过 "价格" 和 "税负" 两种机制对企业的资源配置起作用，从而影响创新投资决策行为。增值税的 "价格效应" 不仅减少了企业收益，税负转嫁如果不充分，还会挤占企业资金，留抵税额就挤占了企业生产经营资金。而增值税税率简并下调，企业可以从中获取更多红利，既公平了税负，提高了资源配置的效率，又提升了制造业的创新水平。

从风险角度，"降成本" 政策具有防范风险的效应。企业创新过程会涉及技术革新、流程再造、组织架构重组、人才培养等方面，需要承担更大的风险。"降成本" 政策是政府与企业共担风险的过程，激发了企业创新的意愿，降低了企业创新的不确定性，增强了企业应对风险的能力（Regoh & Wilson，2012）。如戴魁早（2011）、贝尔若等（Bergeaud et al.，2017）的研究结论均认为，税负的降低能减少企业生产运营成本，增加净收益，提高企业扩大研发创新的积极性。

税收负担与非税负担的性质存在差异，使得其对企业创新及其价值提升的影响存在差异。税收负担中，所得税与企业的利润水平密切相关，应纳税所得额越多，企业的所得税税额就越多。增值税税额与企业商品流转的速度与税负转嫁的程序和环节有关，增值税税额越多，企业的销项税额越多，表明产品销售量越大。从这个视角来看，总税费中，税收负担越多，说明企业的利润水平越高，产品的销售量越大，对企业降低经营风险、优化资源配置具有积极的影响，从而可能会提升企业对研发创新的投入。

非税负担重仍然是企业经营过程中面临的主要问题。根据云南大学政府非税收入研究院课题组的调研（傅娟等，2019），2015～2017年总税费负担平均在27%左右，其中税收负担占6%左右，非税负担占21.57%。非税负担中，公用事业产品成本、用能用地成本、物流成本、融资成本等占比91.7%。也有研究指出，社保缴费对企业资源配置的影响机制较为简单，提高社保费率会加大企业用工成本，增加企业的现金流压力，降低企业利润，挤占企业用于创新的资金投入（Autor et al.，2007），降低企业的生产效率（赵健宇和陆正飞，2018）。降低社保缴费率更能增强其发展动力，有利于提升研发投入水平。

因此，减轻制造业企业的非税负担，是激发企业市场活力的关键。一方面，减轻非税负担不仅可以直接减轻企业经营负担，如社保降费政策的实施可降低企业用工成本，还可以减少政府对企业行为的"干预"，即减弱可能会产生的"寻租行为"，从而使得企业有更多的精力投入创新过程中，对创新产生积极的作用。另一方面，减轻非税负担可以消除企业税费的"痛感"（刘蓉等，2017），降低负担过重的感知，提升企业的自由现金流水平，从而为创新提供更多资源支持。故而提出假设7.2。

假设7.2：降成本政策之后，降低的税费负担显著提升了制造业企业的研发投入，而且税收负担与非税负担对研发投入的激励效果存在差异。

7.3 数据收集与模型设计

7.3.1 样本收集与模型设计

本章的样本取自2012～2021年沪深A股上市公司，通过以下方法进行数据筛选：（1）剔除ST、*ST和PT的公司样本；（2）剔除证券、保险、银行等金融行业上市公司的样本；（3）剔除指标严重缺失和数据异常的企业样本；（4）为避免极端值对实证结果的影响，对所有连续型变量进行双侧 1% 的缩尾处理。经过上述处理，共得到 17048 个有效的非平衡面板样本观测值。本章研究数据来自 CSMAR 数据库、中国财政年鉴、万得（Wind）数据库、国务院及各部委发布的相关政策文本。

7.3.2　变量定义及衡量

7.3.2.1　被解释变量

企业研发投资（RD_Spend）：借鉴李香菊和杨欢（2019）、杨林和沈春蕾（2021）的做法，由于研发资金投入在不同规模、不同产权性质企业之间的差异较大，因此为消除企业规模对研发投资的干扰，采用研发投资的强度来衡量更为科学，本书选取"企业研发费用投入/期末企业总资产"（资产纳税贡献率）[①] 指标测量企业的研发投资强度。

7.3.2.2　其他被解释变量及中介变量

税费负担（Cost）：本书将"税收负担"与"非税负担"合计数与营业收入的比值作为企业的总成本负担，"税收负担""非税负担"变量也采取此种相对值方法。

税收负担（Tax）：对企业税负的度量，现有文献尚未达成一致（李炜光和臧建文，2017）。本书采用中国财政科学研究院"降成本"课题组的概念[②]，将增值税、所得税和营业税金及附加的合计作为企业税收负担。其中，由于上市公司并未公布年度应交增值税税额，因此需要对企业实际缴纳的增值税税额进行估算，本书通过教育费附加和地方教育附加、城市

---

① 在前述第 4~6 章中，尽管使用"研发投入/营业收入"作为被解释变量，但在稳健性检验中，使用"研发投入/期末总资产""研发投入的自然对数"两个衡量指标进行了检验，均通过了稳健性检验。鉴于这里主要从纳税贡献度来进行研究，故而采用"研发投入/期末总资产"衡量研发投入强度。

② 中国财政科学研究院"降成本"课题组 . 降成本：2017 年的调查与分析 [J]. 财政研究，2017（10）：2－29, 42.

维护建设税等逆推的税额再减去消费税金额计算得出，当前学者普遍认为该推算方法偏差最小（范子英和彭飞，2017）；"所得税"通过年度财务报表中的"所得税费用"，加上"递延所得税负债的增加"，再减去"递延所得税资产的减少"获取；"营业税金及附加"直接从年度利润表中获得。

非税负担（Nontax）：借鉴傅娟等（2019）的做法，将"政府性收费、经营服务性收费、社保缴费、公用事业产品成本和融资成本"合计作为企业非税负担。其中，"政府性收费和经营服务性收费"来自年报中"管理费用"的附注明细；"社保缴费"来自年报中"应付职工薪酬"的附注；参考艾华和刘同洲（2019），"公用事业产品成本"来自现金流量表的"支付其他与经营活动有关的现金"项目附注明细；参考李广子和刘力（2009），"融资成本"来自利润表中"财务费用"的"利息支出"和"其他费用"项目。

7.3.2.3 解释变量

政策虚拟变量（treat）：依据样本公司是否受到政策冲击的影响设置1、0的政策虚拟变量，"降成本"政策的目标群体为实体经济企业，因此关键在于区分实体经济企业与非实体经济企业（虚拟经济企业）。本书以黄群慧（2017）的产业视角分类框架为基础，鉴于最狭义的实体经济即核心部分仅包含制造业企业，该部分企业受到政策影响最为显著，故而赋值为1，其他类型企业赋值为0，将变量记为treat。

时间虚拟变量（time）：2016年8月22日发布《国务院关于印发降低实体经济企业成本工作方案的通知》，设置时间虚拟变量来描述企业受到政策冲击前后的差异，将政策实施起始年份定义为2017年，即2012～2016年赋值为0，2017～2021年赋值为1。

本书采用双重差分模型（DID）的方法进行研究，因此根据政策变量与时间变量生成交互项（treat×time），交互项能够有效反映出降成本政策的效果。

7.3.2.4　控制变量

借鉴张璇等（2019）、毛德凤和彭飞（2022）的做法，选取企业年龄（AGE）、资产负债率（LEV）、成长能力（GROWTH）、资本支出比例（CAPEX）、固定资产比（CAI）、董事长和总经理兼职状况（DUAL）、董事会规模（BSIZE）、董事会独立性（INDEP）以及股权集中度（TOP1）作为研究模型的控制变量。另外，参考李林木和汪冲（2017）的文献，进一步加入政府补助（SUB）和国家优先扶持程度（PRIORITY）控制变量。"政府补助"来自年度财务报告中的"营业外收入"明细；国家优先扶持程度赋值标准如下：若是经认定的优先扶持企业（含下属公司），包括高新技术企业、软件企业、技术先进型服务企业、集成电路设计企业、国家规划布局内重点企业等，则取值为1，否则为0。具体的变量选择与变量定义如表7.2所示。

表 7.2　　　　　　　　　　　　变量选择与变量定义

变量类型	变量名称	变量符号	变量说明
主要被解释变量	研发投资	RD_Spend	当年研发费用投入/期末总资产
其他被解释变量及中介变量	税费负担	Cost	税收负担和非税负担的总和与营业收入的比值
	税收负担	Tax	增值税、所得税和营业税金及附加总和与营业收入的比值
	非税负担	Nontax	政府性收费、经营服务性收费、社保缴费、公用事业产品成本和融资成本总和与营业收入的比值
解释变量	政策虚拟变量	treat	制造业企业则取值为1，反之为0
	时间虚拟变量	time	年份在2017及以后取值为1，否则为0
控制变量	企业规模	SIZE	总资产的自然对数
	企业年龄	AGE	企业成立至当年的自然对数
	偿债能力	LEV	总负债/总资产
	成长能力	GROWTH	营业收入增长率
	资本支出比例	CAPEX	购建固定资产、无形资产和其他长期资产所支付的现金总额/年末总资产

变量类型	变量名称	变量符号	变量说明
控制变量	固定资产比	CAI	固定资产总额/年末总资产
	两职合一	DUAL	若董事长兼任 CEO，赋值为 1，否则为 0
	董事规模	BSIZE	董事总人数
	董事会独立性	INDEP	独立董事/董事总人数
	股权集中度	TOP1	第一大股东持股比例
	政府补助	SUB	营业外收入科目中的"政府补助"
	国家优先扶持程度	PRIORITY	经认定的优先扶持企业（含下属公司）取值为 1，否则为 0

7.3.3 模型设计

首先，构建模型（7.1）考察"降成本"政策对企业税费负担的影响：

$$\mathrm{Burden}_{i,t} = \alpha_0 + \alpha_1\,\mathrm{treat} \times \mathrm{time} + \alpha_2\,\mathrm{treat} + \alpha_3\,\mathrm{time}$$
$$+ \lambda\mathrm{Control}_{i,t} + \mathrm{Year} + \mathrm{Industry} + \varepsilon_{i,t} \tag{7.1}$$

其中，treat×time 交互项是解释变量，代表受到降成本政策影响冲击的样本；$\mathrm{Burden}_{i,t}$ 代表企业负担指标，分别以总负担成本（Cost）、税收负担（Tax）和非税负担（Nontax）衡量；系数 α_1 是主要关注的回归结果，期望它显著为负，且对比税收负担和非税负担的系数差异；$\mathrm{Control}_{i,t}$ 代表影响被解释变量的其他一系列控制变量，Year 和 Industry 分别表示时间和行业固定效应，$\varepsilon_{i,t}$ 代表误差项。本书采用 OLS 方法进行回归，为了控制异方差带来的影响，对标准误差进行了公司层面的聚类调整（Cluster），下同。

其次，使用中介效应模型检验假设 7.2，补充模型（7.2）、模型（7.3）以完善中介效应检验过程：

$$\mathrm{RD\_Spend}_{i,t} = \alpha_0 + \beta_1\,\mathrm{treat} \times \mathrm{time} + \beta_2\,\mathrm{treat} + \beta_3\,\mathrm{time} + \lambda\mathrm{Control}_{i,t}$$
$$+ \mathrm{Year} + \mathrm{Industry} + \varepsilon_{i,t} \tag{7.2}$$

$$\mathrm{RD\_Spend}_{i,t} = \alpha_0 + \gamma_1\,\mathrm{treat} \times \mathrm{time} + \gamma_2\,\mathrm{treat} + \gamma_3\,\mathrm{time} + \gamma_4\mathrm{Burden}_{i,t}$$
$$+ \lambda\mathrm{Control}_{i,t} + \mathrm{Year} + \mathrm{Industry} + \varepsilon_{i,t} \tag{7.3}$$

在此先采用温忠麟等（2004）的做法，模型（7.2）中被解释变量为企业研发投资（RD_Spend），在此期待交乘项（treat × time）的系数显著为正。模型（7.3）同时加入政策变量与中介变量（Burden），若模型（7.2）、模型（7.3）估计结果中的系数 β_1、γ_4 均显著，且 γ_1 也显著，结合模型（7.1）的 α_1 估计结果显著，则可说明 "降成本" 对企业研发投资的激励作用是部分通过企业税费负担的渠道机制实现的，中介效应显著。

同时，考虑到当前逐步法对于检验中介效应存在的局限性，参考江艇（2022）的操作建议：识别解释变量对中介变量的因果关系；证明中介变量对被解释变量的影响，且该影响是直接而显然的，因此进一步构建如下机制分析模型（7.4）：

$$RD\_Spend_{i,t} = \gamma_0 + \gamma_1 Burden_{i,t} + \lambda Control_{i,t} + Year + Industry + \varepsilon_{i,t} \quad (7.4)$$

在模型（7.1）、模型（7.2）中的影响系数 α_1、β_1 均显著的基础上，增加模型（7.4），其中系数 γ_1 可以衡量机制变量税费负担对企业研发投资的影响，若 γ_1 系数也显著，即可证明机制变量的传导作用，如图 7.1 所示。另外，考虑到中介效应检验可能存在的偏误及内生性问题，还需进一步排除从被解释变量到中介变量的反向因果关系。

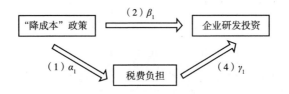

图 7.1 改进的中介效应流程

7.4 实证检验

7.4.1 描述性统计

表 7.3 列示了全部变量的描述性统计结果。研发投资（RD_Spend）

的均值为 0.022，最大值和最小值分别为 0、0.103，说明各企业之间的研发投资强度相差较大。另外，欧盟标准中，超过 5% 才被认定为具备充分的研发竞争优势，这说明我国企业整体研发投入还有待提高。从税费负担来看，其平均值为 9.3%，最大值为 70.2%，远远高于云南大学政府非税收入研究院课题组（2018）调研的 27%，最小值为 1.1%，说明不同企业之间的税费负担差异较大。从税收负担与非税负担的对比来看，非税负担的最大值、最小值都大于税收负担的对应值，说明非税负担在其成本中的作用不容忽视，应该引起重视。

表 7.3   描述性统计

变量	观测值	平均数	中位数	标准差	最小值	最大值
RD_Spend	17048	0.022	0.020	0.018	0	0.103
Cost	17048	0.093	0.065	0.100	0.011	0.702
Tax	17048	0.048	0.032	0.054	0	0.332
Nontax	17048	0.045	0.026	0.069	0.002	0.556
treat × time	17048	0.561	1	0.496	0	1
SIZE	17048	22.12	21.96	1.208	19.78	25.97
AGE	17048	19.36	19	5.573	7	34
LEV	17048	0.415	0.403	0.205	0.060	0.941
GROWTH	17048	0.187	0.113	0.464	−0.593	3.216
CAPEX	17048	0.048	0.036	0.044	0	0.214
CAI	17048	0.213	0.189	0.140	0.002	0.689
DUAL	17048	0.307	0	0.461	0	1
BSIZE	17048	8.399	9	1.554	5	14
INDEP	17048	0.376	0.357	0.053	0.333	0.571
TOP1	17048	22.07	19.28	16.94	0.362	67.93
SUB	17048	10.10	14.20	7.474	0	19.45
PRIORITY	17048	0.509	1	0.500	0	1

7.4.2 平行趋势分析

双重差分的有效估计须满足实验组和控制组的平行趋势假设，即实验组和控制组的研发投入水平在政策实施前要有一致的变化趋势，差异只能发生在政策实施之后。为确保"平行趋势假设"，构建动态回归模型分别检验了 2017 年（起始影响年）"降成本"政策实施前后样本企业的税费负担、税收负担、非税负担及研发投资变化，绘制了平行趋势图，如图 7.2 所示。可以发现，在政策实施之前，回归系数在 0 附近且回归结果并不显著，实验组（以核心实体经济企业即制造业为例）企业的税费负担、税收负担、非税负担及研发投资与控制组无显著差异；而在政策执行之后，受到政策影响的样本企业的税费负担（Cost）、税收负担（Tax）、非税负担（Nontax）开始显著低于控制组企业，且研发投资（RD_Spend）显著高于控制组企业，表明本书采用的双重差分模型通过了平行趋势检验。

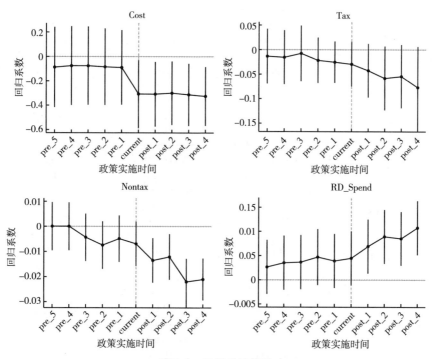

图 7.2 平行趋势检验

7.4.3 基本回归分析

表7.4列示了假设7.1的回归结果，可知，"降成本"政策实施之后，制造业企业的税费负担在1%的水平上显著下降。税收负担Tax与非税负担Nontax的系数分别为 - 0.0056、 - 0.0187，在10%和5%的水平上显著为负，说明"降成本"政策的实施，使得税收负担与非税负担都显著下降了，而且非税负担下降的幅度大于税收负担的下降幅度，即该政策对于两类企业负担的影响存在显著差异，假设7.1得到验证。

表7.4 政策减负效应检验结果

变量	(1) Cost	(2) Tax	(3) Nontax
treat × time	- 0.0199 *** (- 3.542)	- 0.0056 * (- 1.868)	- 0.0187 ** (- 2.030)
treat	- 0.1415 *** (- 30.467)	- 0.1013 *** (- 40.543)	- 0.0442 *** (- 6.014)
time	- 0.0143 ** (- 2.310)	- 0.0059 * (- 1.778)	- 0.0030 (- 0.316)
SIZE	- 0.0046 *** (- 6.830)	0.0029 *** (7.832)	- 0.0076 *** (- 11.883)
AGE	0.0005 *** (4.063)	0.0003 *** (3.955)	0.0002 *** (2.691)
LEV	0.0675 *** (18.372)	- 0.0384 *** (- 19.397)	0.1069 *** (24.386)
GROWTH	- 0.0131 *** (- 9.281)	0.0011 (1.427)	- 0.0155 *** (- 8.963)
CAPEX	- 0.0802 *** (- 5.146)	- 0.0053 (- 0.629)	- 0.0759 *** (- 6.622)
CAI	- 0.0300 *** (- 5.823)	- 0.0436 *** (- 15.682)	0.0118 ** (2.493)

续表

变量	(1)	(2)	(3)
	Cost	Tax	Nontax
DUAL	0.0013 (0.925)	-0.0017 ** (-2.134)	0.0030 *** (2.819)
BSIZE	0.0002 (0.387)	0.0008 *** (2.801)	-0.0006 (-1.612)
INDEP	0.0213 (1.464)	0.0163 ** (2.075)	0.0050 (0.475)
TOP1	-0.0001 *** (-2.875)	0.0001 *** (2.793)	-0.0002 *** (-6.773)
SUB	-0.0005 *** (-4.045)	-0.0001 (-1.118)	-0.0004 *** (-3.972)
PRIORITY	-0.0170 *** (-12.563)	-0.0111 *** (-15.160)	-0.0059 *** (-6.450)
_cons	0.3171 *** (20.000)	0.0943 *** (11.013)	0.2303 *** (14.116)
Year/Industry	Yes	Yes	Yes
N	17048	17048	17048
Adj - R^2	0.3046	0.3018	0.2372

注：括号中标注的是 T 统计量。* 表示 $p < 0.10$，** 表示 $p < 0.05$，*** 表示 $p < 0.01$。

利用模型（7.2）、模型（7.3）检验假设 7.2，结果如表 7.5 列（1）~
列（3）所示，可知，"降成本"政策实施之后，制造业企业的研发投入
在 1% 的水平上显著增加了，税收负担、非税负担的降低分别在 10%、1%
的水平上显著提升了研发投入，两者的系数分别为 -0.0001、-0.0258，说
明非税负担的降低提升研发投入的效果更好。改进的机制检验结果如
表 7.5 列（4）、列（5）所示，显而易见，税收负担的降低在 10% 的显著
性水平上提升了研发投入，非税负担的降低在 1% 的水平上显著增加了研
发投入，表明非税负担下降对研发投入的激励效果更好，该中介机制影响
更明显。验证了假设 7.2。

表 7.5 政策、税费负担与研发投资检验结果

变量	逐步法			改进的方法	
	（1）	（2）	（3）	（4）	（5）
	RD_Spend	RD_Spend	RD_Spend	RD_Spend	RD_Spend
treat × time	0. 0045 *** （4. 193）	0. 0039 *** （8. 689）	0. 0040 *** （8. 912）		
treat	0. 0140 *** （15. 840）	0. 0159 *** （34. 230）	0. 0129 *** （27. 978）		
time	0. 0095 *** （8. 057）	0. 0095 *** （14. 450）	0. 0094 *** （14. 195）		
Tax		− 0. 0001 * （− 1. 931）		− 0. 0002 * （− 1. 790）	
Nontax			− 0. 0258 *** （− 12. 819）		− 0. 0261 *** （− 7. 591）
SIZE	− 0. 0011 *** （− 8. 138）	− 0. 0010 *** （− 7. 693）	− 0. 0013 *** （− 9. 387）	− 0. 0011 *** （− 5. 182）	− 0. 0013 *** （− 4. 528）
AGE	− 0. 0003 *** （− 11. 011）	− 0. 0003 *** （− 10. 661）	− 0. 0003 *** （− 10. 415）	− 0. 0003 *** （− 11. 573）	− 0. 0003 *** （− 4. 809）
LEV	− 0. 0049 *** （− 7. 040）	− 0. 0042 *** （− 5. 834）	− 0. 0022 *** （− 2. 874）	− 0. 0049 *** （− 3. 927）	− 0. 0021 （− 1. 390）
GROWTH	0. 0002 （0. 737）	0. 0003 （0. 946）	− 0. 0002 （− 0. 714）	0. 0002 （0. 488）	− 0. 0002 （− 0. 560）
CAPEX	0. 0363 *** （12. 231）	0. 0306 *** （9. 448）	0. 0344 *** （10. 481）	0. 0363 *** （6. 290）	0. 0343 *** （6. 579）
CAI	− 0. 0178 *** （− 18. 193）	− 0. 0141 *** （− 14. 399）	− 0. 0175 *** （− 17. 788）	− 0. 0179 *** （− 8. 595）	− 0. 0176 *** （− 8. 762）
DUAL	0. 0013 *** （4. 744）	0. 0007 *** （2. 681）	0. 0014 *** （4. 914）	0. 0013 *** （5. 935）	0. 0014 ** （2. 572）
BSIZE	0. 0001 （1. 163）	0. 0002 ** （2. 294）	0. 0001 （0. 982）	0. 0001 （1. 141）	0. 0001 （0. 475）
INDEP	0. 0032 （1. 149）	0. 0018 （0. 640）	0. 0033 （1. 192）	0. 0032 （1. 351）	0. 0033 （0. 617）
TOP1	− 0. 0000 *** （− 2. 909）	− 0. 0000 * （− 1. 807）	− 0. 0000 *** （− 3. 814）	− 0. 0000 （− 1. 433）	− 0. 0000 ** （− 2. 082）

续表

变量	逐步法			改进的方法	
	（1）	（2）	（3）	（4）	（5）
	RD_Spend	RD_Spend	RD_Spend	RD_Spend	RD_Spend
SUB	0.0001 *** （3.649）	0.0001 *** （3.915）	0.0001 *** （3.023）	0.0001 （1.477）	0.0001 （1.599）
PRIORITY	0.0066 *** （25.518）	0.0056 *** （21.327）	0.0064 *** （24.686）	0.0066 *** （14.164）	0.0064 *** （17.490）
_cons	0.0286 *** （9.465）	0.0294 *** （9.824）	0.0346 *** （11.925）	0.0432 *** （17.648）	0.0480 *** （8.178）
Year/Industry	Yes	Yes	Yes	Yes	Yes
N	17048	17048	17048	17048	17048
Adj – R^2	0.2143	0.2331	0.2218	0.2326	0.2212

注：括号内标注的是 T 统计量。* 表示 $p < 0.10$，** 表示 $p < 0.05$，*** 表示 $p < 0.01$。

7.5 稳健性检验

7.5.1 安慰剂检验

为进一步检验本章结论的稳健性，参考彭飞等（2020）、毛德凤和彭飞（2022）的做法，本章随机抽取样本虚构了新的政策处理组进行安慰剂检验，以 RD_Spend 为被解释变量，用双重差分进行回归来检测政策效果。然后随机抽样 1000 次，检验结果如图 7.3 所示，图中竖线表示原基准回归中政策与时间虚拟变量的实际系数。可知，模拟回归结果符合均值为 0 的正态分布特征，以税费负担、税收负担、非税负担以及研发投资的模拟回归结果系数分布均明显异于表 7.4 与表 7.5 的基准回归系数 −0.0199、−0.0056、−0.0187、0.0045，说明对企业的减负效应及研发投资的激励效应均来自 2016 年发布的 "降成本" 政策，而非其他不可观测的因素，证明了前文基准回归结果的稳健性。

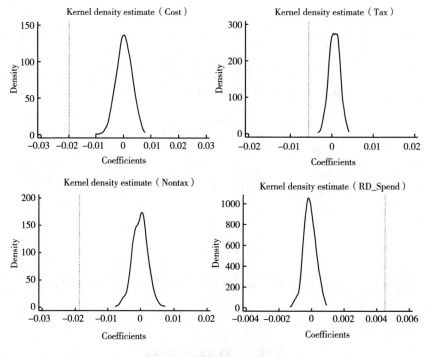

图 7.3　安慰剂检验结果

7.5.2　倾向匹配得分检验 (PSM – DID)

为了缓解样本选择带来的估计偏误，使用倾向得分匹配与双重差分模型相结合的方法再次进行回归。选取企业年龄 (AGE)、资产负债率 (LEV)、成长能力 (GROWTH)、资本支出比例 (CAPEX)、固定资产比 (CAI)、董事长和总经理兼职状况 (DUAL)、董事会规模 (BSIZE)、董事会独立性 (INDEP) 以及股权集中度 (TOP1) 为匹配特征变量，进行可重复的 1∶1 最近邻匹配，并用 Logit 模型估计倾向得分。匹配前、后的平衡性检验显示，解释变量在标准化之后，偏差小于10%，说明总体偏误是明显降低的，表 7.6 为 PSM – DID 后的回归结果，与前述主要结论一致。

表 7.6 　　　　　　　　　　　倾向匹配得分检验结果

变量	（1）Cost	（2）Tax	（3）Nontax	（4）RD_Spend
treat × time	− 0. 0169 ** (− 2. 021)	− 0. 0097 ** (− 2. 196)	− 0. 0338 *** (− 5. 926)	0. 0033 *** (5. 018)
treat	− 0. 1387 *** (− 23. 151)	− 0. 0855 *** (− 25. 999)	− 0. 0639 *** (− 15. 111)	0. 0152 *** (32. 564)
time	− 0. 0171 ** (− 1. 968)	− 0. 0018 (− 0. 398)	0. 0196 *** (3. 472)	0. 0111 *** (13. 226)
SIZE	− 0. 0044 *** (− 6. 610)	0. 0024 *** (6. 542)	− 0. 0072 *** (− 15. 523)	− 0. 0011 *** (− 7. 657)
AGE	0. 0005 *** (3. 716)	0. 0003 *** (3. 701)	0. 0001 (1. 523)	− 0. 0003 *** (− 10. 493)
LEV	0. 0668 *** (19. 047)	− 0. 0366 *** (− 18. 987)	0. 1035 *** (41. 813)	− 0. 0051 *** (− 6. 701)
GROWTH	− 0. 0128 *** (− 9. 235)	0. 0015 * (1. 902)	− 0. 0155 *** (− 15. 953)	0. 0003 (0. 914)
CAPEX	− 0. 0743 *** (− 4. 966)	− 0. 0044 (− 0. 528)	− 0. 0799 *** (− 7. 612)	0. 0368 *** (10. 544)
CAI	− 0. 0488 *** (− 8. 873)	− 0. 0506 *** (− 16. 745)	0. 0015 (0. 373)	− 0. 0177 *** (− 14. 988)
DUAL	0. 0024 * (1. 719)	− 0. 0012 (− 1. 597)	0. 0033 *** (3. 356)	0. 0012 *** (4. 194)
BSIZE	0. 0006 (1. 177)	0. 0009 *** (3. 173)	− 0. 0002 (− 0. 653)	0. 0001 (0. 542)
INDEP	0. 0270 * (1. 929)	0. 0155 ** (2. 010)	0. 0127 (1. 278)	0. 0023 (0. 777)
TOP1	− 0. 0001 *** (− 3. 718)	0. 0001 ** (2. 509)	− 0. 0002 *** (− 7. 676)	− 0. 0000 *** (− 3. 130)
SUB	− 0. 0005 *** (− 4. 247)	− 0. 0001 ** (− 2. 135)	− 0. 0002 *** (− 2. 879)	0. 0001 *** (3. 732)
PRIORITY	− 0. 0173 *** (− 13. 470)	− 0. 0112 *** (− 15. 788)	− 0. 0040 *** (− 4. 550)	0. 0068 *** (24. 785)

续表

变量	（1）	（2）	（3）	（4）
	Cost	Tax	Nontax	RD_Spend
_cons	0.3070 *** （19.480）	0.0902 *** （10.408）	0.2383 *** （21.481）	0.0295 *** （9.566）
Year/Industry	Yes	Yes	Yes	Yes
N	15842	15842	15842	15842
Adj – R^2	0.1873	0.1664	0.1859	0.1631

注：括号中标注的是 T 统计量。* 表示 $p < 0.10$，** 表示 $p < 0.05$，*** 表示 $p < 0.01$。

7.5.3 反事实检验

为避免将结果简单归因于时间序列上的自然波动，以期准确区分政策因素与非政策因素导致的变化，本章进一步设定"降成本"政策的效应起始时间为 2015 年，重新生成时间虚拟变量和交互变量，进行反事实检验。若确实是由 2016 年出台的"降成本"政策对企业的成本负担及研发投资产生了实质性影响，那么在政策实施前的观测阶段不应观察到明显的积极或消极效应。在表 7.7 所示的检验结果中，将政策实际生效年份设定为 2015 年即提前两期时，对于应受政策影响的样本企业的系数进行分析，显示并无统计学上的显著性。这一结果表明，在未受政策干预的状态下，企业的四类被解释变量并未发生显著变化，从而进一步验证了基准回归结果显示的税费负担及研发投资变动的确是由"降成本"政策的实施所驱动的，即基准回归结果具有稳健性。

表 7.7   反事实检验结果

变量	（1）	（2）	（3）	（4）
	Cost	Tax	Nontax	RD_Spend
treat × time	0.1329 （0.285）	− 0.0019 （− 0.295）	− 0.1398 （− 0.987）	0.0059 （1.557）
treat	− 0.3359 （− 0.631）	− 0.1032 *** （− 17.410）	0.0555 （0.403）	0.0244 *** （6.956）

续表

变量	（1）	（2）	（3）	（4）
	Cost	Tax	Nontax	RD_Spend
time	− 0. 0557	− 0. 0092	0. 0834	0. 0284 ***
	（ − 0. 112）	（ − 1. 365）	（0. 754）	（7. 058）
SIZE	− 0. 0000	0. 0029 ***	− 0. 0097	− 0. 0029 ***
	（ − 0. 000）	（5. 602）	（ − 0. 356）	（ − 7. 308）
AGE	0. 0030	0. 0003 ***	0. 0024	− 0. 0009 ***
	（0. 312）	（4. 390）	（0. 786）	（ − 11. 975）
LEV	0. 2605	− 0. 0385 ***	0. 2649 ***	− 0. 0224 ***
	（0. 969）	（ − 12. 868）	（3. 605）	（ − 10. 434）
GROWTH	− 0. 1805 *	0. 0010	− 0. 1156	− 0. 0047 ***
	（ − 1. 798）	（0. 907）	（ − 1. 359）	（ − 5. 746）
CAPEX	− 0. 1065	− 0. 0053	− 0. 0406	0. 0687 ***
	（ − 0. 095）	（ − 0. 604）	（ − 0. 304）	（7. 504）
CAI	− 0. 2581	− 0. 0435 ***	− 0. 1354	− 0. 0459 ***
	（ − 0. 644）	（ − 14. 091）	（ − 1. 639）	（ − 15. 098）
DUAL	− 0. 0625	− 0. 0017 **	− 0. 0421	0. 0041 ***
	（ − 0. 608）	（ − 2. 387）	（ − 0. 838）	（4. 861）
BSIZE	0. 0043	0. 0008 **	0. 0051	0. 0002
	（0. 116）	（2. 535）	（0. 392）	（0. 787）
INDEP	0. 1503	0. 0162 *	0. 0790	0. 0209 **
	（0. 144）	（1. 952）	（0. 277）	（2. 462）
TOP1	− 0. 0034	0. 0001 **	− 0. 0024	− 0. 0002 ***
	（ − 1. 138）	（2. 497）	（ − 1. 124）	（ − 7. 596）
SUB	− 0. 0111	− 0. 0001	− 0. 0055	0. 0002 **
	（ − 1. 370）	（ − 0. 864）	（ − 1. 077）	（2. 538）
PRIORITY	0. 0079	− 0. 0111 ***	− 0. 0095	0. 0095 ***
	（0. 080）	（ − 14. 979）	（ − 0. 433）	（11. 920）
_cons	0. 4987	0. 0956 ***	0. 2008	0. 1118 ***
	（0. 420）	（7. 591）	（0. 364）	（11. 504）
年度效应	Yes	Yes	Yes	Yes
行业效应	Yes	Yes	Yes	Yes
样本量	17048	17048	17048	17048
Adj − R^2	0. 0558	0. 3016	0. 0600	0. 1600

注：括号内标注的是 T 统计量。* 表示 $p < 0.10$，** 表示 $p < 0.05$，*** 表示 $p < 0.01$。

7.5.4　重构实验组与对照组

在前文的双重差分模型中,对于政策虚拟变量的构建主要是基于制造业企业的层次,即从政策效应在企业层面上的差异角度入手分别构造实验组和对照组,最终验证了"降成本"政策具有的减负效应和研发投资激励效应。为进一步加强此处理方法的应用,本书进一步结合剂量效应重新构造实验组和对照组,加强对结论的检验。在此,本书引入企业盈利能力这一变量,据此体现政策实施前短期内企业的依赖度重构实验组和对照组,考虑原因如下,降低制造企业综合成本的目标之一即为有效应对经济下行压力、提升企业承受能力,而企业受到的成本压力会在负担承受感与盈利空间维度表现出显著差异(庞凤喜和王薇,2017),因而使政策的实施效果具有一定相对性。与盈利能力较强的企业相比,盈利能力较弱的企业受到"降成本"政策的支持更加显著,该类企业对于成本负担的变动更为敏感,进而对研发投资方面的决策也十分敏感。具体地,本章以资产收益率(企业净利润与总资产的比值)衡量企业的盈利能力,参考较多研究采用核心变量在政策冲击前 3~5 年的平均值分组(Campello & Larrain,2016;钱雪松等,2019),计算出样本企业在受到政策影响之前 3 年内企业盈利能力的平均值,并以盈利能力的 33%、67%分位数为门槛值,将样本分为高、中、低三等份。在此基础上,将盈利能力最弱的 1/3 界定为实验组,赋值为 1;而将盈利能力最强的 1/3 界定为对照组,赋值为 0。在此基础上构建新的政策虚拟变量,同样运用双重差分模型进行假设检验,由表 7.8 的回归结果可知,关键解释变量的回归系数与显著性仍可支持本章的基础假设。进一步检验实证检验结果可能存在的剂量效应,即根据系统性影响程度进行切分时,依次改变实验组和对照组的构造,切分大小不同会导致结果存在差异。根据此效应,随着实验组与对照组在核心影响变量间的差距缩小,二者在双重差分检验中体现出的差异也将同步减小,反之亦然,即可证明该识别策略具有稳健性。因此,保持对照组不变,仍选择盈利能力最强的 1/3 企业赋值为 0,同时重新设定实验组为盈利能力居于中间 1/3 区间的样本,对此组企业赋值为 1，进一步构建虚拟变量以进行验证分析。表 7.9 的回归结果显示，与表 7.8 的回归系数相比，交乘项 treat × time 的回归系数都有一定程度的下降，说明"降成本"政策对企业的减负效应和研发投资激励效应减弱了，再次证明此识别策略较为稳健。

表 7.8   重构实验组与对照组的检验结果

（以资产收益率最低 1/3 为实验组）

变量	（1）	（2）	（3）	（4）	（5）	（6）
	Cost	Tax	Nontax	RD_Spend	RD_Spend	RD_Spend
treat × time	-0.0150 *** (-3.363)	-0.0074 *** (-5.018)	-0.0106 *** (-5.057)	0.0033 *** (5.500)	0.0028 *** (5.003)	0.0026 *** (4.756)
treat	-0.0098 *** (-2.755)	0.0086 *** (11.670)	0.0004 (0.341)	-0.0040 *** (-12.858)	-0.0042 *** (-13.507)	-0.0040 *** (-13.324)
time	-0.0048 (-1.095)	0.0185 *** (8.500)	-0.0048 (-1.571)	0.0090 *** (10.445)	0.0086 *** (10.730)	0.0084 ** (10.568)
Tax					-0.0034 *** (-2.967)	
Notax						-0.0193 *** (-9.056)
SIZE	-0.0027 (-1.201)	-0.0010 *** (-2.630)	-0.0054 *** (-9.852)	-0.0010 *** (-7.025)	-0.0008 *** (-5.277)	-0.0009 *** (-6.350)
AGE	0.0002 (0.458)	-0.0001 (-0.834)	0.0000 (0.302)	-0.0002 *** (-6.376)	-0.0002 *** (-5.326)	-0.0002 *** (-5.445)
LEV	0.0590 *** (4.632)	0.0233 *** (10.675)	0.1000 *** (32.266)	-0.0030 *** (-3.779)	-0.0041 *** (-5.287)	-0.0022 *** (-2.806)
GROWTH	-0.0141 *** (-6.486)	-0.0011 (-1.440)	-0.0165 *** (-14.773)	-0.0006 ** (-2.091)	-0.0007 ** (-2.130)	-0.0010 *** (-3.568)
CAPEX	-0.1178 *** (-3.736)	0.0227 ** (2.518)	-0.1179 *** (-9.210)	0.0313 *** (8.955)	0.0336 *** (9.210)	0.0316 *** (9.591)
CAI	0.0018 (0.127)	0.0328 *** (10.665)	0.0059 (1.342)	-0.0096 *** (-9.236)	-0.0039 *** (-3.965)	-0.0032 *** (-3.039)
DUAL	0.0022 (0.721)	-0.0001 (-0.119)	0.0015 (1.352)	0.0008 *** (2.588)	0.0000 (0.118)	0.0001 (0.397)

续表

变量	(1) Cost	(2) Tax	(3) Nontax	(4) RD_Spend	(5) RD_Spend	(6) RD_Spend
BSIZE	0.0018 (1.503)	0.0001 (0.496)	0.0004 (1.148)	0.0002* (1.830)	0.0003*** (3.286)	0.0003*** (3.430)
INDEP	-0.0373 (1.166)	-0.0254*** (-3.220)	0.0027 (-0.238)	0.0056* (1.859)	0.0059** (2.145)	0.0066** (2.370)
TOP1	-0.0001 (-1.123)	-0.0001** (-2.313)	-0.0002*** (-7.602)	0.0000** (2.369)	0.0000 (1.459)	0.0000* (1.924)
SUB	-0.0007*** (-2.815)	-0.0003*** (-4.299)	-0.0004*** (-4.310)	0.0001*** (4.523)	0.0001*** (4.805)	0.0001*** (4.725)
PRIORITY	-0.0189*** (-7.527)	-0.0083*** (-10.698)	-0.0069*** (-6.238)	0.0071*** (23.852)	0.0048*** (16.226)	0.0047*** (16.325)
_cons	0.1433*** (2.736)	-0.0111 (-1.085)	0.1440*** (9.889)	0.0260*** (7.811)	0.0203*** (6.718)	0.0230*** (6.660)
Year/Industry	YES	YES	YES	YES	YES	YES
N	17048	17048	17048	17048	17048	17048
$Adj-R^2$	0.0814	0.3190	0.1910	0.3734	0.4664	0.4688

注：括号内标注的是 T 统计量。* 表示 $p<0.10$，** 表示 $p<0.05$，*** 表示 $p<0.01$。

表 7.9　　　　　　　　　　重构实验组与对照组的检验结果

（以资产收益率中间 1/3 为实验组）

变量	(1) Cost	(2) Tax	(3) Nontax	(4) RD_Spend	(5) RD_Spend	(6) RD_Spend
treat × time	-0.0123*** (-5.200)	-0.0045*** (-2.847)	-0.0075*** (-3.244)	0.0022*** (3.763)	0.0022*** (3.867)	0.0020*** (3.439)
treat	0.0182*** (13.960)	0.0118*** (13.893)	0.0062*** (4.988)	-0.0038*** (-13.532)	-0.0040*** (-13.834)	-0.0038*** (-13.519)
time	0.0039 (1.139)	0.0157*** (6.930)	-0.0124*** (-3.739)	0.0106*** (12.543)	0.0104*** (12.369)	0.0105*** (12.469)
Tax					-0.0092*** (-4.514)	
Notax						-0.0184*** (-7.715)

续表

变量	（1）	（2）	（3）	（4）	（5）	（6）
	Cost	Tax	Nontax	RD_Spend	RD_Spend	RD_Spend
SIZE	- 0. 0074 *** (- 12. 429)	0. 0005 (1. 216)	- 0. 0075 *** (- 13. 183)	- 0. 0015 *** (- 10. 300)	- 0. 0016 *** (- 10. 357)	- 0. 0016 *** (- 10. 951)
AGE	- 0. 0002 * (- 1. 806)	- 0. 0005 *** (- 6. 061)	0. 0002 ** (2. 064)	- 0. 0002 *** (- 6. 285)	- 0. 0002 *** (- 6. 353)	- 0. 0002 *** (- 6. 322)
LEV	0. 1280 *** (40. 339)	0. 0187 *** (8. 919)	0. 1095 *** (35. 707)	- 0. 0017 ** (- 2. 035)	- 0. 0016 * (- 1. 788)	0. 0001 (0. 089)
GROWTH	- 0. 0187 *** (- 16. 045)	- 0. 0020 *** (- 2. 601)	- 0. 0168 *** (- 14. 765)	- 0. 0006 * (- 1. 872)	- 0. 0006 ** (- 2. 004)	- 0. 0009 *** (- 2. 856)
CAPEX	- 0. 0544 *** (- 3. 844)	- 0. 0012 (- 0. 131)	- 0. 0563 *** (- 4. 115)	0. 0303 *** (8. 725)	0. 0299 *** (8. 599)	0. 0283 *** (8. 144)
CAI	0. 0500 *** (10. 915)	0. 0375 *** (12. 440)	0. 0141 *** (3. 197)	- 0. 0108 *** (- 9. 787)	- 0. 0111 *** (- 11. 453)	- 0. 0107 *** (- 9. 721)
DUAL	0. 0035 *** (2. 641)	- 0. 0000 (- 0. 010)	0. 0033 *** (2. 597)	0. 0007 ** (2. 358)	0. 0008 ** (2. 359)	0. 0008 ** (2. 450)
BSIZE	0. 0007 * (1. 705)	- 0. 0000 (- 0. 079)	0. 0007 * (1. 773)	0. 0004 *** (4. 259)	0. 0005 *** (4. 157)	0. 0005 *** (4. 312)
INDEP	0. 0125 (1. 039)	0. 0239 *** (3. 004)	0. 0320 *** (2. 756)	0. 0100 *** (3. 278)	0. 0105 *** (3. 376)	0. 0100 *** (3. 263)
TOP1	- 0. 0002 *** (- 6. 565)	- 0. 0000 (- 0. 300)	- 0. 0002 *** (- 6. 524)	- 0. 0000 (- 1. 478)	- 0. 0000 (- 1. 529)	0. 0000 ** (2. 031)
SUB	- 0. 0003 *** (- 3. 005)	- 0. 0002 *** (- 3. 125)	- 0. 0005 *** (- 5. 057)	0. 0002 *** (8. 379)	0. 0002 *** (7. 430)	0. 0002 *** (8. 080)
PRIORITY	- 0. 0006 (- 0. 498)	- 0. 0065 *** (- 7. 961)	- 0. 0079 *** (- 6. 687)	0. 0071 *** (23. 937)	0. 0069 *** (23. 233)	0. 0070 *** (23. 514)
_cons	0. 2159 *** (4. 704)	- 0. 0400 *** (- 4. 116)	0. 1766 *** (12. 420)	0. 0343 *** (9. 676)	0. 0356 *** (10. 493)	0. 0369 *** (10. 388)
Year/Industry	YES	YES	YES	YES	YES	YES
N	17048	17048	17048	17048	17048	17048
Adj $-$ R^2	0. 3197	0. 2855	0. 2294	0. 3740	0. 3779	0. 3769

注：括号内标注的是 T 统计量。 * 表示 p < 0. 10， ** 表示 p < 0. 05， *** 表示 p < 0. 01。

7.5.5　控制样本选择偏差

除了双重差分模型固有的自选择问题，样本选择偏差同样是导致内生性问题的常见根源。样本选择偏差是参与回归的样本不能代表总体从而产生估计偏误的问题，其非随机选择机制在于对样本的选择不随机。样本数据采集时的针对性选择可能导致研究群体特征与总体存在显著差异，从而使得基于该有限样本进行回归分析所得到的结论不具备广泛的适用性和可信度。就本书研究的主要问题而言，在重点探讨"降成本"政策对企业研发投资的影响作用时，政策制定过程中很可能已将企业的创新能力乃至具体研发投资水平纳入考量范畴，若如此，选取的样本企业可能无法完全代表总体状况，进而导致对政策效果的检验失去有效性。参照赫克曼等（Heckman et al.，1979）的研究成果，Heckman 两阶段模型被视为解决实证分析中样本选择偏误问题的重要手段。该模型的第一阶段需使用 Probit 模型衡量变量因素对某一虚拟变量赋值概率的影响，得出事件的发生概率（逆米尔斯系数，inverse mills ratio，IMR[①]）；第二阶段则是在原主检验中加入该发生概率重新进行回归。借鉴朱冰（2020）的变量选择方法，首先，本章在第一阶段采用 Probit 模型（7.5）进行分析，解释变量为企业研发投资（RD_Spend），被解释变量为公司是否受到政策冲击的影响的哑变量（treat），同时加入控制变量，并且控制年度、行业效应，依据回归分析得到各系数值，对每家公司的逆米尔斯比率（imr）进行逐一计算。其次，在第二阶段关于研发激励效应的主检验中加入前一步计算出的逆米尔斯系数，且将企业研发投资作为被解释变量，见模型（7.6）。上述模型检验的样本按照实体经济企业层次将实验组定义为核心（仅包含制造业），回归结果汇总在表 7.10 中。由列（2）结果可知，在第二阶段模型中引入第一阶段计算得出的逆米尔斯比率（imr）后，结果显示政策交乘项

---

① 计算公式为：$\lambda_i = \phi(X_{i,t}\,\delta_t^{\hat{}})/\varphi(X_{i,t}\,\delta_t^{\hat{}})$，即每家企业以 $(X_{i,t}\,\delta_t^{\hat{}})$ 为变量的标准正态分布的密度函数与累计密度函数的比值。

（treat × time）的系数均显著为正，即在考虑到选择性偏误的影响之后，"降成本"政策仍能够有效提升企业的研发投资，本书的主要研究结论依然成立。

$$treat_i = \alpha_0 + \alpha_1 RD\_Spend + \lambda Control_{i,t} + Year + Industry + \varepsilon_{i,t} \quad (7.5)$$

$$RD\_Spend_{i,t} = \beta_0 + \beta_1 treat \times time + \beta_2 treat + \beta_3 time + \beta_4 imr$$
$$+ \lambda Control_{i,t} + Year + Industry + \varepsilon_{i,t} \quad (7.6)$$

表 7.10　　　　　　　　　　Heckman 两阶段回归结果

变量	(1) treat	(2) RD_Spend
RD_Spend	0.2872 * (1.778)	
treat × time		0.0032 *** (6.977)
treat		0.0113 *** (11.684)
time		0.0099 *** (15.983)
Imr		-0.1007 *** (-26.634)
SIZE	-0.1212 *** (-14.061)	0.0053 ** (19.867)
AGE	-0.0096 *** (-5.806)	0.0002 *** (8.579)
LEV	-0.5099 *** (-10.623)	0.0215 *** (18.347)
GROWTH	0.0166 (0.879)	-0.0009 *** (-3.770)
CAPEX	1.4566 *** (6.789)	-0.0379 ** (-10.398)

续表

变量	(1)	(2)
	treat	RD_Spend
CAI	1. 3303 *** (21. 801)	− 0. 0817 ** (− 30. 551)
DUAL	0. 1227 *** (5. 982)	− 0. 0049 *** (− 14. 990)
BSIZE	− 0. 0547 *** (− 8. 277)	0. 0031 *** (22. 691)
INDEP	− 1. 1131 *** (− 5. 733)	0. 0655 *** (20. 046)
TOP1	− 0. 0000 (− 0. 060)	− 0. 0000 ** (− 2. 997)
SUB	− 0. 0051 *** (− 4. 161)	0. 0003 ** (16. 795)
PRIORITY	0. 4447 *** (24. 135)	− 0. 0161 ** (− 18. 200)
_cons	3. 9023 *** (20. 193)	− 0. 0975 ** (− 17. 661)
年度效应	Yes	Yes
行业效应	Yes	Yes
样本量	17048	17048
Pseudo/Adj − R^2	0. 0680	0. 3783

注：括号内标注的是 T 统计量。* 表示 p < 0. 10, ** 表示 p < 0. 05, *** 表示 p < 0. 01。

7.6　机制研究与检验

7.6.1　税费负担降低与税费负担合理性之间的关系

近年来，学者们提出的"死亡税率"以及诸多企业家指出的企业税负过高等问题，引起了学术界、商界和政界等多个层面对税费负担的讨论。尽管观点与立场、研究基础、验证方法、研究结论等各不相同，但引发的讨论依然激烈且持续。税费负担的合理性问题也成为研究的焦点问题。

理解税费负担的合理性首先需要界定宏观视角的税负与企业"税负痛苦指数"概念，宏观税负是一个国家的税负水平，它有大、中、小三个统计口径。一般把"税收收入占 GDP 的比重"称为小口径的宏观税负。税负痛苦指数是根据有代表性的税种和税率，用以解释税收带给纳税人的负担水平。一般来说，税负痛苦指数与宏观税负成正比（李贞，2007）。大多数学者认为，以税收收入占 GDP 的比重为计算依据，我国宏观税负在发展中国家中处于中等，甚至是偏低的水平（钟欣，2007；熊园和王瑞，2007）。我国税收优惠的面广、数额大，在一定程度上降低了宏观税负水平。实务中，我国的减税降费不仅有来自中央政府及其各部委的政策，还有来自地方政府及其各个部门的减免政策。因此，如何科学合理地测算企业真实的税费负担具有重要的理论意义和现实意义。国务院的"降成本"政策以及四部门连续多年发布的降成本措施为我们测算制造业企业的税费负担合理性奠定了政策基础。

除了税收负担之外，我国企业还面临着大量的非税负担，尤其是来自地方政府的非税收入。以上所述的税收负担中并没有包含非税的因素，本书研究的内容包含了税收负担和非税负担，将其统称为"税费负担"。税费负担的合理性还可以从多个方面来理解，比如税负缴纳结构的合理化，税负分配结构的合理性。前者与我国的税制结构密切相关，后者与我国分配结构的公平性紧密相连。税负的合理性还可能会受政府支出结构的影响。国务院的"降成本"政策为改进我国税制结构、优化分配结构以及完善政府尤其是地方政府的支出结构指明了方向。当前，我国经济常态化运行，制造业企业各项指标呈现向好态势。当然，国际形势依然复杂，国内需求仍显不足，企业发展仍面临着诸多挑战，自信心和预期仍然有待大幅提振。在此背景下，国务院的"降成本"工作更有着雪中送炭、添力加火的现实意义。通过"降成本"的实施，改进直接税与间接税的比例结构，优化税制结构，为实现企业税费负担的合理性提供制度基础；通过提高税负在分配中的透明度，提升公平性，缓解不同主体之间分配不公的局面，体现"量能负担"的原则；通过优化地方政府支出结构，规范政府征管行为，约束其机会主义行为。为实现企业税费负担不断趋近于"理想解"提供环境、制度和氛围基础。

实务中，企业税收痛苦指数较高从而使企业家感受到税负较重的原因有很多，傅娟等（2019）、李贞（2007）认为是非税负担较重引起的。企业的非税负担项目构成复杂，有来自国务院批准的，也有的是地方政府设立的，还有些是跨部门之间征收的，项目名目繁多且管理混乱，对企业是一种沉重的负担。因此，过高的非税负担严重扭曲影响了企业家对税负的感受。降低税费负担尤其是非税负担成为税费合理性的必然要求。从税负合理性的视角，企业享受公共福利的多少也是决定税负合理性的重要因素。我国日益增长的税收收入也带来了各种各样行政事业费用的水涨船高。高税负不仅造成了经济结构的不平衡，提升了企业的创业门槛，也深深挫伤了企业研发创新投入的积极性。可以推测，较高的非税负担降低了企业税费负担合理性的程度，增加了企业的负担，挫伤了企业研发创新的积极性。"降成本"政策实施之后，企业的税费负担尤其是非税负担在降低的同时是否得到了优化，其合理性程度是否得以提升是个有意义的研究议题。

尽管学者们利用最优税收理论从宏观上研究了不同口径的最优税负率问题（马拴友，2001；吴卫红等，2012；王凤英和张莉敏，2013），王曙光等（2019）利用巴罗（1990）模型测算了制造业分行业的最优综合税负率，但是，现有文献较少从微观企业视角探究最优税费问题。本书利用熵权 TOPSIS 测算企业的最优税费负担，比较实际税费与"理想值"税费之间的欧氏距离，研究"降成本"政策对税费优化的影响以及税费优化如何提升企业的研发创新投入。本书的税费负担合理性是指该负担与企业"理想"的税费负担更为接近，更符合公平与效率的原则，企业不会有太强的"税费感"，也不会挫伤企业研发创新投入的积极性。

7.6.2 "降成本" 政策与企业税费负担合理化

7.6.2.1 "降成本" 政策提升了企业税费负担的合理化水平

从政府的视角，税和费的最优结合取决于公共物品的外部性水平，外部性又受受益程度和排他性交易成本的影响。一般来说，当受益范围不确定、不明显时，公共产品主要通过税收进行补偿；反之，就用收费进行补偿。比如，对边际生产成本基本不变的公共物品，通过税收来进行补偿；对边际生产成本不断变化的公共物品，使用收费来进行补偿。对征收成本较高的公共物品，通过税收进行补偿，反之，通过收费来进行补偿（陈杰，2002）。

企业税费负担的合理化，首先，要体现"量能负担"的原则，即凡有纳税能力的企业都必须负担税收而不能有例外，除非法律明确规定可以豁免的情况。纳税能力高的企业应该比纳税能力低的企业负担更多的税收，相同纳税能力者应该负担相同的税收。其次，要体现税收负担适度原则，就是说，政府征税应考虑企业的承受能力，还要与经济发展保持协调。适度且合理的税收负担体现了公平和效率（刘晓宁，2003）。

然而，从企业的视角，并没有如此细致地区分每部分税费，企业更多地从现金流、成本负担等方面感受税费的合理性问题。过高或过低的税费负担都不是理想的情况，过高的税费负担会给企业带来经济上的压力，增加企业融资约束，不利于企业从事风险性较大的创新投资。过低的税费负担又容易引起税收征管部门以及其他地方政府部门的关注，成为被约谈的对象，一旦触碰法律法规的底线，企业有可能会受到处罚，影响企业的社会形象。只有将税费负担控制在一个合理的范围内，才能既保障企业利益与政府的税收收入，又能促进经济的发展。依据税负合理性理论，税负不仅要满足"财政、公平、效率、适度与法治"的原则以及结合政府通过税收履行职能的效果，还需要考虑税收促进经济的效应（朱喜安，1998；王洪金，2002）。

对企业而言，合理化的税费负担应该既不对企业造成现金流压力，又能促进企业积极研发创新并且寻求可持续的核心竞争能力提升。"降成本"政策实施之后，制造业企业税收负担、非税负担都发生了变化。随着"降成本"政策的持续推进，有效遏制了企业成本负担上升的态势，但是部门间的"各自为政"，削弱了政策的效果（刘尚希等，2019；张海亮等，2018）。近几年的组合式降成本政策在很多方面具有明显的优势（吴化斌和鄢萍，2019），通过资源配置的优化，提升了企业研发创新以及价值创造的积极性与意愿。"降成本"政策通过显著降低企业杠杆率（郭玉清和张妍，2021），促使企业优化内部治理结构，激励企业不断地寻求创新式发展。"降成本"政策从减轻税负到激励创新方面的转向，减轻了企业的压力（刘尚希等，2021），能够提升企业应对风险的能力以及完善决策纠错机制，促使企业通过利润增长提供更多的税收并降低对税负的感知程度，同时激励企业从可持续发展视角不断进行产品、流程以及市场的创新，为提升核心竞争力不断努力。

"降成本"政策具有调节制造业产业结构、优化资源配置、激励企业创新的作用。不仅税收负担内部的资源配置影响企业的创新投入，非税负担内部资源的配置也会影响研发创新水平。学者们对税收与研发投入关系的研究较多，对于非税负担的降低是否能提升研发投入的研究还较少。绝大部分税收是扭曲税，改变了生产要素的相对价格，降低了资源配置效率，减税还可以引导资源流向高效率部门，进一步提高资源配置效率，促使企业扩大投资[①]，激励企业从事风险性较强的研发投资。降低非税负担可以通过提升企业自由现金流水平和减少政府的"寻租"行为等途径，对企业创新活动产生积极的促进作用。现有的税制结构框架下，适合企业自身条件的税费负担及其结构能够帮助其在人、财、物等方面合理地配置资源，提升企业的研发创新投入。由此推测，降成本政策能够显著地促进企业税费负担的合理化，合理的税费负担能够提升企业的研发创新投入。

---

① 潘向东：减税的逻辑［EB/OL］. 金融界网站，2019 - 03 - 07.

7.6.2.2 应用熵权 TOPSIS 法计算税费合理化

企业税费合理性评价属于多维度因素的综合评价，熵权 TOPSIS 法将熵权法和 TOPSIS 法相结合，使得测度结果更具客观性和合理性（魏敏和李书昊，2018），本书采用熵权 TOPSIS 法，以测算企业实际税费与理想税费的趋近程度（记为 Proximity）。设计模型（7.7）~模型（7.9）进行检验，其中，Proximity 表示税费负担与"理想税费"的相对贴进度，该值越大，表明样本企业的税费负担越接近于正理想解，即税费负担越"理想"。具体步骤由数据标准化、熵权权重计算和 TOPSIS 测算等步骤组成。

$$
\begin{aligned}
\text{Proximity}_{i,t} = {} & \alpha_0 + \alpha_1 \text{treat} \times \text{time} + \alpha_2 \text{treat} + \alpha_3 \text{time} \\
& + \lambda \text{Control}_{i,t} + \text{Year} + \text{Industry} + \varepsilon_{i,t}
\end{aligned} \tag{7.7}
$$

$$
\begin{aligned}
\text{RD\_Spend}_{i,t} = {} & \alpha_0 + \gamma_1 \text{treat} \times \text{time} + \gamma_2 \text{treat} + \gamma_3 \text{time} \\
& + \gamma_4 \text{Proximity}_{i,t} + \lambda \text{Control}_{i,t} + \text{Year} \\
& + \text{Industry} + \varepsilon_{i,t}
\end{aligned} \tag{7.8}
$$

$$
\begin{aligned}
\text{RD\_Spend}_{i,t} = {} & \gamma_0 + \gamma_1 \text{Proximity}_{i,t} + \lambda \text{Control}_{i,t} + \text{Year} \\
& + \text{Industry} + \varepsilon_{i,t}
\end{aligned} \tag{7.9}
$$

（1）数据标准化。本书使用上市公司 2012~2021 年的数据，参考余新创（2020）、邹丽敏（2008）、文红星（2009）、曹书军和张婉君（2008）、吴祖光等（2011）、谷成和王巍（2021）等文献，选取了税费项目并构成指标体系，其中一级指标 7 个，二级指标共 23 个，这 23 个指标的高低影响了企业税费的多少，如表 7.11 所示。其中，企业议价能力划分为供应商议价能力和经销商议价能力，借鉴童锦治等（2015）的方法，采用样本年报中披露的"从前五大供应商处采购额占采购总额的比例""在前五大客户处销售额占销售总额的比例"分别衡量，其占比数值越大，表明议价能力越弱；市场化程度、中介市场发育程度、政府与市场关系的赋值来自樊纲等（王小鲁等，2020），缺失的数据采用外推方式获取；地方财政压力采用注册地的"（财政预算内支出 – 财政预算内收入）/财政预算内收入"；现金流比率等于"经营活动产生的现金流量净额"除以"流动负债"；地方经济发展水平使用注册地 GDP 增长率替代；职工薪酬用年报中"应付职工薪酬"替代。其他变量值均来自 CSMAR 数据库。

表 7.11　　　　　　　　　影响税费负担的指标体系

目标评价体系	一级指标（税费项目）	二级指标	指标影响性质
我国企业税费负担水平评价体系	增值税	固定资产增长率（X1）	负
		存货增长率（X2）	负
		期间费用增长率（X3）	负
		营业收入增长率（X4）	正
		毛利率（X5）	正
	所得税	息税前利润（X6）	正
		净资产收益率（X7）	正
		每股收益（X8）	正
		利润总额（X9）	正
		财务杠杆（X10）	负
		股权结构（X11）	正
	其他流转税	议价能力—供应商（X12）	正
		议价能力—客户（X13）	正
		市场化程度（X14）	负
	政府性收费和经营服务性收费	中介市场发育程度（X15）	负
		地方财政压力（X16）	正
	融资成本	产权比率（X17）	正
		流动比率（X18）	负
		现金流比率（X19）	负
	社保缴费	职工薪酬（X20）	正
		员工人数（X21）	正
	公用事业产品成本	地方经济发展水平（X22）	负
		政府与市场的关系（X23）	负

设某年企业税费的样本集为 $M=(M_1, M_2, \cdots, M_m)$，对于样本的指标集 $D=(D_1, D_2, \cdots, D_n)$，其中，n 为 23。样本 M_i 的指标 D_j 值记为 x_{ij}（$i=1, 2, \cdots, m$；$j=1, 2, \cdots, 23$），形成决策矩阵 X 如下：

$$X = \begin{bmatrix} & D_1 & D_2 & \cdots & D_n \\ M_1 & x_{11} & x_{12} & \cdots & x_{1n} \\ M_2 & x_{21} & x_{22} & \cdots & x_{2n} \\ \vdots & \vdots & \vdots & & \vdots \\ M_m & x_{m1} & x_{m2} & \cdots & x_{mn} \end{bmatrix}$$

然后，由于选择的指标数据单位不一致且影响性质不同，需要对原始数据进行标准化处理以消除量纲和数量级的影响，量纲和数量级的信息包括各指标变异程度的差异以及各指标间互相影响的信息。由表 7.11 可知，指标中包含正向指标、负向指标，分别采用如下方式进行规范化处理：用"(X − Min)/(Max − Min)"生成正向指标变量（正向化 MMS）；用"(Max − X)/(Max − Min)"生成逆向变量（逆向化 NMMS）。将 X 标准化为无量纲化矩阵 V = $(v_{ij})_{mn}$，且为保证数值有效，在无量纲化后对每个数值再加上 0.00001 的有效值。设第 j 项指标下第 i 个样本的特征比重为 p_{ij}，如式（7.10）所示：

$$p_{ij} = \frac{v_{ij}}{\sum_{i=1}^{m} v_{ij}} \tag{7.10}$$

（2）熵权的确定。用熵权法计算第 j 项指标的熵值 e_j，以及其差异性系数 $d_j = 1 - e_j$，确定各指标的熵权。

$$e_j = -\frac{1}{\ln(m)} \sum_{i=1}^{m} p_{ij} \ln(p_{ij}) \tag{7.11}$$

$$W_j = \frac{d_j}{\sum_{k=1}^{n} d_k} \tag{7.12}$$

（3）TOPSIS 的运用。将用熵权法确定的指标权重 W_j 与无量纲化矩阵 V 相乘，得到加权决策矩阵 R = $(r_{ij})_{mn}$。接着，确定正、负理想解的集合 S^+ 和 S^-，以效益型指标的最大值和成本型指标的最小值构成正理想解的集合 S^+；以效益型指标的最小值和成本型指标的最大值构成负理想解的集合 S^-，如式（7.13）、式（7.14）所示：

$$\text{效益型(正向)指标：} S_j^+ = \max_{1 \leqslant i \leqslant m} \{r_{ij}\}, S_j^- = \min_{1 \leqslant i \leqslant m} \{r_{ij}\} \qquad (7.13)$$

$$\text{成本型(负向)指标：} S_j^+ = \min_{1 \leqslant i \leqslant m} \{r_{ij}\}, S_j^- = \max_{1 \leqslant i \leqslant m} \{r_{ij}\} \qquad (7.14)$$

然后，分别利用式（7.15）、式（7.16）计算各方案与正、负理想解的欧式距离 Sd_i^+ 与 Sd_i^-，再用式（7.15）计算各方案与正理想解的相对趋近度 η_i。η_i 结果值越大，表明样本 M_i 越接近理想解，即税费负担越贴近于"理想税费"，得到 2012 ~ 2021 年企业实际税费与理想税费的相对趋近度数值（记为 Proximity），作为最优税费负担优化分析的基础。

$$Sd_i^+ = \sqrt{\sum (r_{ij} - S_j^+)^2} \qquad (7.15)$$

$$Sd_i^- = \sqrt{\sum (r_{ij} - S_j^-)^2} \qquad (7.16)$$

$$\eta_i = \frac{Sd_i^-}{Sd_i^+ + Sd_i^-} \qquad (7.17)$$

7.6.2.3 验证结果

首先，将税费负担趋近于理想解的欧式距离绘制成图 7.4，可以看出，总体上税费负担在不断地趋近于"理想值"，2014 年开始有下降趋势，2015 年之后开始逐步上升，2018 年达到顶峰，之后有些许下降。"降成本"政策发布的当年，税费负担趋近于"理想值"的状况正处于上升阶段。从实际税收负担与非税负担的均值趋势来看，税收负担从 2014 年开始大幅度上升，2016 年之后才大幅度下降，下降趋势比上升趋势更猛，2019 年有缓慢上升趋势，2020 年之后又开始逐步下降。非税负担从 2012 年以来，除了 2018 ~ 2019 年的缓慢上升期之外，基本上处于不断下降趋势。对比图 7.4 与图 7.5，非税负担的下降趋势与税费负担接近于"理想解"的趋势相吻合，说明"降成本"政策促使了企业非税负担的下降与优化，非税负担在下降的同时，企业对"费负感"的感知下降了。再从税收负担与非税负担的均值比较来看，税收负担大于非税负担是发展的总体趋势，尽管 2014 年之前企业的非税负担较重，但这种情况在不断改变，尤其是 2019 年以来，税收负担较重的情况比较显著（见图 7.6）。

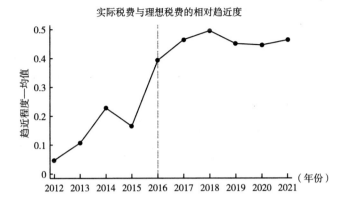

图 7.4 历年的相对趋近度趋势

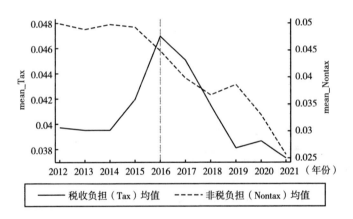

图 7.5 税收负担与非税负担的历年趋势

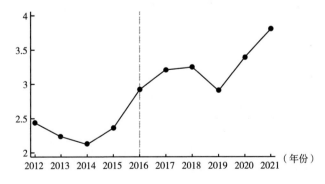

图 7.6 税收负担与非税负担之比的均值

其次，从税收负担与非税负担各自项目占比的趋势来看（见图 7.7 和图 7.8），如果立足于税收负担的视角，2012～2021 年三类税负总体上均呈现下降趋势，增值税的下降幅度最为显著，所得税负担呈现曲线式变换的态势，税金及附加的下降趋势也较为明显。如果立足于非税负担的视角，2012～2021 年四种非税负担在总体上也呈现下降趋势，公用事业产品收费曲线式下降，2019 年之后其下降态势明显，社保缴费的降低趋势不明显，企业的融资成本均值自 2013 年开始下降，但从 2017 年起有所上升，2019 年之后又大幅下降。政府性收费和经营服务性收费一直在缓慢地下降。

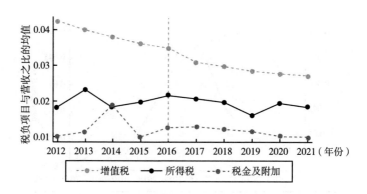

图 7.7　税收负担内部项目历年趋势

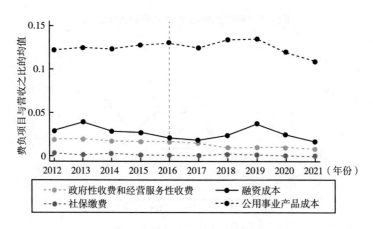

图 7.8　非税负担内部项目历年趋势

再次，利用模型（7.5）~模型（7.7）回归的结果如表7.12所示。可知，列（1）中 treat × time 的系数为 0.0088，在 10% 的水平上显著，说明降成本正常实施之后，制造业企业的税费负担趋近于理想值的程度在不断提高，税费负担合理性的程度在不断提高；列（2）中，treat × time、Proximity 的系数仍显著。而且由列（3）可知，合理性的税费负担提升了制造业企业的研发投入水平。综上所述，政策的实施有利于企业税费负担的合理性，且其合理化效果在一定程度上提升了企业的研发投入。

表 7.12 政策的税费负担合理性检验

变量	逐步法		改进的方法
	（1）	（2）	（3）
	Proximity	RD_Spend	RD_Spend
treat × time	0.0088 * （1.887）	0.0041 *** （8.265）	
treat	0.0093 * （1.656）	0.0055 *** （3.443）	
time	0.1347 *** （29.603）	0.0017 *** （3.733）	
Proximity		0.0040 *** （5.527）	0.0271 *** （3.937）
SIZE	0.0091 *** （17.210）	− 0.0008 *** （− 3.035）	− 0.0010 *** （− 3.888）
AGE	0.0020 *** （21.337）	− 0.0002 *** （− 2.907）	− 0.0002 *** （− 3.955）
LEV	− 0.0371 *** （− 12.373）	− 0.0057 *** （− 4.321）	− 0.0056 *** （− 4.197）
GROWTH	0.0151 *** （8.405）	0.0001 （0.221）	0.0001 （0.201）

续表

变量	逐步法		改进的方法
	（1）	（2）	（3）
	Proximity	RD_Spend	RD_Spend
CAPEX	−0.1687 *** （−9.978）	0.0330 *** （6.952）	0.0329 *** （6.774）
CAI	0.0146 *** （2.940）	−0.0082 *** （−4.339）	−0.0087 *** （−4.591）
DUAL	0.0036 *** （2.970）	0.0008 （1.642）	0.0008 （1.611）
BSIZE	−0.0037 *** （−8.311）	0.0003 （1.360）	0.0003 * （1.706）
INDEP	−0.0339 *** （−2.601）	−0.0004 （−0.088）	0.0007 （0.152）
TOP1	0.0007 *** （18.228）	−0.0000 （−0.035）	−0.0000 （−1.607）
SUB	−0.0002 *** （−2.866）	0.0000 （1.091）	0.0001 *** （2.585）
PRIORITY	0.0057 *** （3.247）	0.0032 *** （10.411）	0.0044 *** （13.378）
_cons	0.0883 *** （6.427）	0.0224 *** （3.776）	0.0270 *** （4.748）
Year/Industry	Yes	Yes	Yes
N	17048	17048	17048
Adj − R²	0.4214	0.3325	0.3262

注：括号内标注的是 T 统计量。* 表示 $p<0.10$，** 表示 $p<0.05$，*** 表示 $p<0.01$。

　　最后，根据税费负担的水平，如果企业的税费负担相比上一年，其趋近于理想解的欧式距离更近时，定义为"合理性高"，相反的情况界定为"合理性低"，同时利用模型（7.7）~模型（7.9）进行回归，结果如表7.13所示。可知，在企业相比上一年其税费负担更合理时，降成本政策对于税收负担、非税负担的影响呈现显著降低的趋势，且在有税费优化的情形下，政策提升制造业企业研发投入的效果更为显著。

表7.13 税费负担合理性的调节检验

变量	（1）合理性低	（2）合理性高	（3）合理性低	（4）合理性高	（5）合理性低	（6）合理性高
	Tax		Nontax		RD_Spend	
treat × time	−0.0046 （−1.052）	−0.0045 * （−1.919）	−0.0191 （−1.424）	−0.0190 *** （−3.438）	0.0044 *** （2.803）	0.0045 *** （8.029）
treat	−0.0998 *** （−28.125）	−0.1020 *** （−11.503）	−0.0466 *** （−4.454）	−0.0418 *** （−8.936）	0.0146 *** （11.362）	0.0137 *** （23.037）
time	−0.0076 （−1.615）	−0.0032 （−1.150）	−0.0051 （−0.378）	−0.0011 （−0.197）	0.0088 *** （5.125）	0.0076 *** （10.287）
SIZE	0.0021 *** （3.833）	0.0035 ** （2.257）	−0.0083 *** （−8.220）	−0.0072 *** （−11.051）	−0.0010 *** （−5.099）	−0.0011 *** （−6.135）
AGE	0.0003 *** （2.977）	0.0003 *** （5.261）	0.0003 ** （2.272）	0.0002 （1.291）	−0.0003 *** （−7.588）	−0.0003 *** （−7.522）
LEV	−0.0355 *** （−12.136）	−0.0408 *** （−7.801）	0.1080 *** （16.318）	0.1059 *** （29.939）	−0.0038 *** （−3.611）	−0.0058 *** （−5.938）
GROWTH	0.0014 （1.288）	0.0007 （1.417）	−0.0167 *** （−5.802）	−0.0146 *** （−10.678）	0.0005 （1.183）	−0.0000 （−0.054）
CAPEX	−0.0074 （−0.618）	−0.0029 （−0.391）	−0.0718 *** （−4.362）	−0.0748 *** （−4.810）	0.0359 *** （8.319）	0.0373 *** （8.148）
CAI	−0.0471 *** （−11.438）	−0.0413 *** （−10.550）	0.0146 ** （2.034）	0.0090 * （1.814）	−0.0187 *** （−12.595）	−0.0172 *** （−13.108）
DUAL	−0.0013 （−1.128）	−0.0020 ** （−2.013）	0.0046 *** （2.770）	0.0017 （1.222）	0.0011 *** （2.734）	0.0014 *** （3.776）
BSIZE	0.0009 ** （2.185）	0.0007 * （1.684）	−0.0004 （−0.577）	−0.0008 * （−1.654）	0.0001 （0.933）	0.0001 （0.719）
INDEP	0.0210 * （1.809）	0.0125 （0.984）	0.0049 （0.292）	0.0059 （0.421）	0.0004 （0.096）	0.0053 （1.421）

续表

变量	(1) 合理性低	(2) 合理性高	(3) 合理性低	(4) 合理性高	(5) 合理性低	(6) 合理性高
	Tax		Nontax		RD_Spend	
TOP1	0.0001 ** (2.552)	0.0000 (0.785)	-0.0001 *** (-3.046)	-0.0003 *** (-6.560)	-0.0000 ** (-2.257)	-0.0000 * (-1.821)
SUB	0.0000 (0.125)	-0.0001 ** (-2.342)	-0.0005 *** (-3.415)	-0.0003 ** (-2.466)	0.0001 * (1.728)	0.0001 *** (3.210)
PRIORITY	-0.0105 *** (-9.776)	-0.0115 *** (-10.254)	-0.0068 *** (-4.831)	-0.0052 *** (-4.002)	0.0066 *** (16.901)	0.0066 *** (18.717)
_cons	0.1039 *** (8.242)	0.0842 *** (2.629)	0.2443 *** (9.711)	0.2229 *** (14.525)	0.0282 *** (6.205)	0.0311 *** (8.056)
N	7651	9397	7651	9397	7651	9397
Adj - r²	0.3039	0.2996	0.2374	0.2373	0.2153	0.2130
Year/Industry	Yes	Yes	Yes	Yes	Yes	Yes

注：括号内标注的是 T 统计量。* 表示 p < 0.10，** 表示 p < 0.05，*** 表示 p < 0.01。

由上述结论可以得知，国务院的"降成本"政策不但使得制造业企业的税费负担下降了，而且税费负担的合理性程度也得到了显著提升。税费负担的下降与税费负担的合理性程度提升同时产生，都能够显著地提升制造业企业的研发创新投入水平。税费负担下降的程度中，非税负担下降得更快，且其促进企业研发投入的显著性更强，从而降低了企业的"费负感"，激发了企业的创新活力。"降成本"政策效果显著，对帮助企业走出困境、实现转型升级、提高经济效益以及提升核心竞争力、实现可持续发展具有重要的意义。从税收负担的结构来看，增值税的下降程度更大，而所得税在曲线式上升，这说明企业的税收负担结构在不断改进，税制改革的成效显著。从非税负担的结构来看，政府性收费与经营服务性收费、社保缴费、公用事业产品收费等费用都有一定程度的下降，表明企业的大部分非税负担得到了改进。融资费用在曲线式变化，这与傅娟（2019，2021）的研究结论不同，也说明企业的融资环境需要进一步改善，是未来需要特别关注的重点议题。

7.6.3 企业家信心的传导机制

前述已经证实，"降成本"政策降低了企业的税费负担，而且合理化了制造业企业的税费负担，促使其实际税费不断地趋向于"理想值"。税费的降低以及合理性水平的提高增加了企业内部治理的机会，增强了企业抵抗外部环境变化风险的能力。更为重要的是，税费感的降低增强了企业的信心，提升了企业创新的意愿与能力。

从税收合理性理论来看，宏观税负的最优值应该是征税人稳定获取、纳税人自愿承受的平衡点，市场竞争可以促使达到该均衡点。然而，公共物品的效用不可分割性、非排他性、非竞争性、政府垄断提供等特性，使得市场竞争无法发挥作用。政府为了成本补偿有可能会高估公共物品的效用值，从而推高宏观税负。企业或民众可能会低估公共物品效应，从而提出降低税负的诉求。这就需要信息沟通和决策机制来调和两者之间的矛盾（武彦民和温立洲，2018）。"降成本"政策使得企业感受到了政府的诚意，在切实享受到税费降低的同时，提升了企业家从事经营以及持续创新的信心和意愿。企业对于政策信号是十分敏感的，会依据接收到的信息作出经营决策。只有当企业对所面临的投资机会具有充足的信心时，才会对该机会加以投资，并且更有信心的企业往往风险偏好更强，而缺乏信心的企业则往往会选择规避风险（Heath & Tversky，1991；吴卫星和付晓敏，2011）。"降成本"政策不仅旨在降低企业税费负担，通过提升税费负担的合理性水平促使企业转型升级，还具有激励企业创新的目的，通过提升企业家信心的机制对企业的研发投入行为产生影响。当企业家捕捉和感知到政府扶持力度加强的信号时，对于未来研发投入的预期就会更为乐观，风险承担意愿也随之上升，其在研发领域的投入行为得到激励。

企业家信心不仅来源于企业外部政策环境的变化，更取决于企业内部的经营状况。在宏观税负最优的平衡点，"纳税人自愿承受税负"表明税收体现了企业履行社会责任的职责，该税收没有成为企业的负担，企业通过税负获得了相应的公共物品效应，且对该效用是满意的。尽管实务中公共物品效应的衡量很难，通过市场竞争实现宏观税负最优很难，"降成本"政策规划的持续性、内容涉及的全面性以及措施的恰当性为企业降低税费负担提供了实实在在的政策支撑，增强了企业税费负担合理性的水平。当税费不成为企业的负担，反而成为企业提升价值以及创新产品、流程和市场的驱动力时，企业的注意力就会转移到提升核心竞争力以及可持续发展中。企业受到本身"主观"上认识的影响（芮明杰和韩佳玲，2020），倾向于作出与其心理状态、情绪状况一致的判断（韩国高和胡文明，2016），此种状态下的研发创新自然会成为企业乐意而为之的行为活动。可见，信心会影响企业家的行为意向，直接引导管理层的投资决策方向。积极的企业家信心显著地促进了企业投资，消极的企业家信心则显著抑制了企业投资（杨杨和杨兵，2020）。税收负担、非税负担以及税费负担趋近于理想值的程度与企业家信心的关系如图7.9所示。

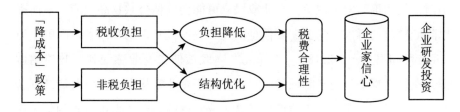

图7.9　税费负担合理性作用于企业家信心的逻辑

企业家信心（Confidence）的衡量。本书以上市公司的年度财务报告为基础，运用文本挖掘及情感分析的方法，抓取细节信息来衡量企业家信心。具体计算步骤见第4章以及公式（4.6）。

鉴于税收负担与非税负担的性质不同，影响企业投资决策的路径存在差异，有必要区分两者在激励企业研发投入路径中的差异。设计模型（7.18）、模型（7.19）检验税收负担与非税负担影响研发投入的差异效果，结果如表7.14的列（1）～列（4）所示。可知，无论是税收负担还是非税负担，负担的降低能够显著提升企业家信心，从回归系数来看，非税负担降低对企业家信心激励的效果更好。进一步地，在对企业研发投入的激励方面，相比于税收负担的降低，非税负担的降低对激励研发投入的效果更好。

$$\text{Confidence}_{i,t} = \gamma_0 + \gamma_1 \text{Tax/Nontax}_{i,t} + \lambda \text{Control}_{i,t} + \text{Year}$$

$$+ \text{Industry} + \varepsilon_{i,t} \qquad (7.18)$$

$$\text{RD\_Spend}_{i,t} = \gamma_0 + \gamma_1 \text{Tax/Nontax}_{i,t} + \gamma_2 \text{Confidence}_{i,t}$$

$$+ \lambda \text{Control}_{i,t} + \text{Year} + \text{Industry} + \varepsilon_{i,t} \qquad (7.19)$$

表7.14　　　　　　　　　以企业家信心为中间传导机制的检验

变量	税收负担		非税负担		税费负担合理性	
	(1)	(2)	(3)	(4)	(5)	(6)
	Confidence	RD_Spend	Confidence	RD_Spend	Confidence	RD_Spend
Tax	-0.0016 *** (-4.985)	-0.0001 ** (-2.082)				
Nontax			-0.3340 *** (-6.617)	-0.0237 *** (-7.012)		
Confidence		0.0064 *** (13.824)		0.0071 *** (10.344)		0.0068 *** (10.792)
Proximity					0.5072 *** (4.998)	0.0237 *** (3.469)
SIZE	0.0351 *** (10.753)	-0.0020 *** (-15.256)	0.0326 *** (9.978)	-0.0015 *** (-5.407)	0.0386 *** (11.926)	-0.0012 *** (-4.985)
AGE	-0.0035 *** (-5.626)	-0.0004 *** (-14.427)	-0.0035 *** (-5.522)	-0.0002 *** (-4.391)	-0.0036 *** (-5.696)	-0.0002 *** (-3.528)
LEV	-0.1656 *** (-9.299)	-0.0062 *** (-8.840)	-0.1300 *** (-7.126)	-0.0012 (-0.795)	-0.1318 *** (-7.163)	-0.0048 *** (-3.595)
GROWTH	0.0208 *** (3.572)	0.0000 (0.100)	0.0157 *** (2.664)	-0.0003 (-0.954)	0.0184 *** (3.201)	-0.0001 (-0.251)
CAPEX	1.2229 *** (19.610)	0.0300 *** (9.070)	1.1977 *** (19.358)	0.0258 *** (5.005)	1.1160 *** (17.932)	0.0253 *** (5.257)
CAI	-0.3446 *** (-15.138)	-0.0029 *** (-3.211)	-0.3403 *** (-14.968)	-0.0152 *** (-7.724)	-0.2833 *** (-11.548)	-0.0067 *** (-3.656)
DUAL	0.0296 *** (4.853)	0.0008 *** (2.961)	0.0307 *** (5.067)	0.0012 ** (2.184)	0.0246 *** (4.085)	0.0006 (1.291)

续表

变量	税收负担		非税负担		税费负担合理性	
	(1)	(2)	(3)	(4)	(5)	(6)
	Confidence	RD_Spend	Confidence	RD_Spend	Confidence	RD_Spend
BSIZE	-0.0012 (-0.513)	0.0004 *** (4.029)	-0.0014 (-0.598)	0.0001 (0.532)	0.0000 (0.003)	0.0003 * (1.736)
INDEP	-0.0268 (-0.393)	0.0044 (1.572)	-0.0251 (-0.371)	0.0035 (0.660)	-0.0371 (-0.568)	0.0010 (0.208)
TOP1	-0.0012 *** (-6.462)	-0.0000 (-1.477)	-0.0012 *** (-6.812)	-0.0000 (-1.446)	-0.0014 *** (-7.444)	-0.0000 (-0.893)
SUB	0.0005 (1.212)	0.0001 *** (5.726)	0.0004 (0.960)	0.0001 (1.538)	0.0006 (1.344)	0.0001 ** (2.499)
PRIORITY	0.0431 *** (8.971)	0.0070 *** (27.346)	0.0412 *** (8.639)	0.0061 *** (16.928)	0.0354 *** (7.531)	0.0041 *** (12.858)
_cons	-0.0972 (-1.349)	0.0580 *** (19.671)	-0.0357 (-0.494)	0.0483 *** (8.324)	-0.2292 *** (-3.088)	0.0285 *** (5.103)
Year/Industry	Yes	Yes	Yes	Yes	Yes	Yes
N	17048	17048	17048	17048	17048	17048
Adj - R²	0.1338	0.2189	0.1389	0.2318	0.1557	0.3356

注：括号内标注的是 T 统计量。* 表示 $p < 0.10$，** 表示 $p < 0.05$，*** 表示 $p < 0.01$。

　　上述结论启示我们，正常的税收负担不一定会成为企业的负担，也不一定会增加企业的资金压力，当企业的应税收入越多，盈利状况越好，企业贡献给社会的税收也就越多，这些税收负担能够促使企业改进经营管理，提升应对内外部风险的能力，优化资源配置，借以提升企业研发创新的意愿与水平。鉴于非税负担的法律依据较为薄弱，不规范性更强，政策变动更频繁，更容易造成企业的税费感，故而这些负担不利于企业改善经营管理，优化资源配置，反而可能会加大各种腐败、寻租的机会，从而影响了企业研发投入的提升。

　　进一步地，建立模型（7.20）、模型（7.21）增加检验"税费负担合理性对企业家信心的提升作用"，结果如表 7.14 的列（5）、列（6）所示。可见，税费负担的合理性提升了企业家信心，激励了企业的研发投入水平，与本书的预期结果一致。

$$Confidence_{i,t} = \gamma_0 + \gamma_1 Proximity_{i,t} + \lambda Control_{i,t} + Year$$
$$+ Industry + \varepsilon_{i,t} \tag{7.20}$$

$$RD\_Spend_{i,t} = \gamma_0 + \gamma_1 Proximity_{i,t} + \gamma_2 Confidence_{i,t} + \lambda Control_{i,t}$$
$$+ Year + Industry + \varepsilon_{i,t} \tag{7.21}$$

7.6.4 "降成本"政策与税费结构分析

从税费感来看，税费结构是其重要的影响因素。税费结构的优化是当前"降成本"政策设计与执行的一个重要方向。现实中，我国税费替代、税制结构的不合理现象依然存在。我国未来财税制度的改革需要围绕"结构"优化而展开（胡洪曙和王宝顺，2017）。已有研究认为，应通过降低税负中占比较大的税种比如增值税、企业所得税、"五险一金"等，切实降低企业税费负担。曹润林和陈海林（2021）认为，应提高直接税比重、降低企业所得税比重以优化税制结构，根据各地区税负承受能力和经济结构差异设定税制结构，营造良好的税制环境。傅志华等（2017）基于降成本政策的西部地区调研，认为进一步深化"降成本"，应完善税种、优化税制，在税制优化中实现企业减负。当然，现有研究中，针对非税负担方面的研究结论相对较少。

为更细致地探究"降成本"政策对我国企业税费负担的影响，深化"降成本"政策影响税费负担的研究内容，对税收负担、非税负担进行具体分类，可以发现，2012~2021年，样本企业税费负担（占营业收入的比重）大致呈现波动下降趋势。其中，非税负担占营业收入比重呈现不断下降态势，税收负担呈现了先上升后下降的态势。整体上，企业的减税政策取得了不错的成绩，政策对于企业承担的非税负担水平减负效果较为显著。

进一步根据税收负担、非税负担的内部构成，将二者进行拆解分析。

由图 7.7 和图 7.8 可知，增值税、所得税、税金及附加等三部分比重均有所下降，其中，增值税下降幅度最大，其次为税金及附加，最后才是所得税的降低程度。在非税负担内部结构中，公用事业产品成本、融资成本、社保缴费、政府性收费和经营服务性收费等四大比重变化不一，其中公用事业产品成本基本上呈现曲线式下降趋势，2016 年之后下降趋势较为明显，尤其 2019 年之后下降幅度较大。融资成本在 2019 年附近呈现上升态势然后又开始下降。社保缴费、政府性收费和经营服务性收费下降程度都比较平缓。探究各项非税负担的变化趋势，政策似乎对公用事业产品成本、融资成本的影响较为明显。

由前述的研究结果可知，从税费内部结构角度，政策的实施影响了不同类型税收负担、非税负担的变化情况。因此，进一步通过实证检验的方式，探究"降成本"政策与税费内部结构的关系。表 7.15 列示了"降成本"政策对于各具体类型税费的影响效果，该结果可在一定程度上体现出"降成本"政策在税收负担与非税负担结构上的政策导向。

表 7.15 政策与税费内部结构分析

变量	税收负担内部结构			非税负担内部结构			
	(1)	(2)	(3)	(4)	(5)	(6)	(7)
	增值税	所得税	税金及附加	政府性收费和经营服务性收费	融资成本	社保缴费	公用事业产品收费
treat × time	− 0.0480 ***	− 0.3615 *	− 0.0623 ***	− 0.2080	− 0.6013 *	− 0.0007	− 0.0440 **
	(− 2.607)	(− 1.647)	(− 2.608)	(− 1.306)	(− 1.687)	(− 0.359)	(− 2.105)
treat	0.0292 *	− 0.4114 **	− 0.0590 ***	0.1472	0.3929	0.0032 *	− 0.0773 ***
	(1.853)	(− 2.187)	(− 2.883)	(1.090)	(1.299)	(1.879)	(− 4.359)
time	0.0331 *	0.2969	0.0543 **	0.1943	0.5482	− 0.0002	− 0.0464 **
	(1.712)	(1.288)	(2.163)	(1.161)	(1.463)	(− 0.119)	(− 2.112)
SIZE	− 0.0080 ***	0.0353	0.0074 ***	0.0037	0.0115	− 0.0012 ***	0.0000
	(− 3.610)	(1.338)	(2.593)	(0.195)	(0.271)	(− 4.996)	(0.004)
AGE	0.0009 **	− 0.0010	0.0000	0.0001	0.0003	0.0001 **	0.0004
	(2.065)	(− 0.202)	(0.055)	(0.030)	(0.039)	(2.500)	(0.782)

续表

变量	税收负担内部结构			非税负担内部结构			
	(1)	(2)	(3)	(4)	(5)	(6)	(7)
	增值税	所得税	税金及附加	政府性收费和经营服务性收费	融资成本	社保缴费	公用事业产品收费
LEV	0.0932 *** (7.795)	− 0.0760 (− 0.533)	− 0.0003 (− 0.018)	0.0586 (0.574)	0.3066 (1.342)	0.0094 *** (7.399)	0.0043 (0.321)
GROWTH	− 0.0162 *** (− 3.506)	− 0.0781 (− 1.418)	− 0.0041 (− 0.677)	− 0.0290 (− 0.736)	− 0.0669 (− 0.758)	− 0.0007 (− 1.374)	0.0049 (0.943)
CAPEX	0.2560 *** (4.865)	− 0.2247 (− 0.358)	− 0.0820 (− 1.202)	− 0.0825 (− 0.184)	− 0.2776 (− 0.276)	0.0251 *** (4.498)	− 0.0386 (− 0.655)
CAI	− 0.1046 *** (− 6.253)	− 0.0617 (− 0.310)	− 0.0298 (− 1.373)	− 0.0565 (− 0.396)	− 0.1204 (− 0.377)	− 0.0066 *** (− 3.742)	− 0.0191 (− 1.018)
DUAL	− 0.0074 (− 1.576)	− 0.0383 (− 0.683)	0.0033 (0.540)	− 0.0207 (− 0.516)	− 0.0483 (− 0.537)	− 0.0006 (− 1.131)	− 0.0007 (− 0.136)
BSIZE	− 0.0012 (− 0.688)	− 0.0138 (− 0.690)	− 0.0010 (− 0.443)	− 0.0020 (− 0.138)	− 0.0085 (− 0.266)	0.0001 (0.742)	− 0.0007 (− 0.394)
INDEP	− 0.0561 (− 1.186)	− 0.2111 (− 0.375)	− 0.0538 (− 0.878)	0.0437 (0.108)	− 0.1365 (− 0.151)	− 0.0019 (− 0.373)	− 0.0620 (− 1.172)
TOP1	0.0000 (0.168)	− 0.0025 (− 1.619)	− 0.0002 (− 1.190)	− 0.0011 (− 0.958)	− 0.0029 (− 1.153)	0.0000 (1.020)	0.0002 (1.328)
SUB	− 0.0002 (− 0.432)	− 0.0078 * (− 1.756)	− 0.0005 (− 1.119)	− 0.0045 (− 1.422)	− 0.0083 (− 1.157)	0.0000 (0.170)	− 0.0002 (− 0.497)
PRIORITY	− 0.0090 ** (− 2.028)	0.0043 (0.082)	− 0.0069 (− 1.205)	0.0033 (0.087)	0.0465 (0.551)	− 0.0012 ** (− 2.493)	− 0.0034 (− 0.687)
_cons	0.1690 *** (3.255)	0.1891 (0.305)	− 0.0349 (− 0.519)	− 0.1059 (− 0.239)	− 0.3546 (− 0.358)	0.0184 *** (3.348)	0.1095 * (1.883)
年度效应	Yes	Yes	Yes	Yes	Yes	Yes	Yes
行业效应	Yes	Yes	Yes	Yes	Yes	Yes	Yes
样本量	17048	17048	17048	17048	17048	17048	17048
Adj − R²	0.6132	0.0338	0.0516	0.0207	0.0284	0.0402	0.0271

注：括号内标注的是 T 统计量。* 表示 $p < 0.10$，** 表示 $p < 0.05$，*** 表示 $p < 0.01$。

从税收负担角度，由表7.15的列（1）~列（3）可知，政策使得制造业企业的三大类税收负担均有不同程度的下降，且增值税和税金及附加的变化显著性最强。表明相比于以所得税为主的直接税，以增值税为主的间接税下降程度更为显著，直接税与间接税的比值相对提高，体现出未来在税收中提升直接税的比例，逐渐降低间接税的比例，健全以所得税和财产税为主体的直接税体系的政策方向，这与《中共中央　国务院关于新时代加快完善社会主义市场经济体制的意见》以及《中华人民共和国国民经济和社会发展第十四个五年规划和2035年远景目标纲要》中提出的税制改革方向相吻合。究其原因，从税收的"自稳定"功能来看，所得税的弹性更高，因而提高所得税在税收中的比重，能够更好地促进经济高质量发展、激发微观经济主体活力（曹润林和陈海林，2021），与所得税相关的优惠政策更能够刺激企业对创新要素的投资需求（Auerbach & Hasset，1992），进而提升研发投资水平。在间接税方面，我国增值税税率相对来说仍然偏高，因此"降成本"将会进一步落实增值税等普惠政策，通过扩大范围、调整税率、降低门槛等方式使税收结构趋于合理，为制造业企业研发投资的提高奠定税制基础。

从非税负担角度，由表7.15的列（4）~列（7）可知，政策重点使得制造企业的公用事业产品收费、融资成本显著降低，而对政府性收费和经营服务性收费与社保缴费的影响并不显著。从类型来看，公用事业产品收费与融资成本合计在企业的非税负担总量中占据了较大部分。实务中，企业对于该两者的负担主观感受较重，包括水、电、气等能源费用、用地成本和交通物流费用在内的公用事业产品收费是企业承担最多的费负，因此政府越来越重视各生产要素的定价问题。进一步地，融资成本的显著降低较好地体现出政策降低融资中间环节费、加大融资担保力度以及金融对企业主体支持力度的效果与方向。该研究结果中，政府性收费和经营服务性收费与社保缴费的回归系数不显著，其原因可能是，一方面，该两者占比都较低，政策对它们的影响力较小；另一方面，尽管"降成本"政策强调持续降低企业社保缴费比例和人力成本，但由于社保制度的长期性、涉及面广等复杂因素，政府在设计政策时，已经考虑到未来随着物价上升或人口老龄化加剧，可能会出现社保的大规模收支失衡压力，进而带来严重的社会风险。为避免这些问题，"降成本"政策并没有大刀阔斧地涉及社保缴费。综上所述，总体上我国制造业企业的非税负担中，面临的最大压力仍然是公用事业产品收费和融资成本，即由行政垄断行业产品价格导致的非税负担是企业负担的主要来源，对于制造业企业而言，其创新所需的生产要素密集、资本要素密集等特征使得其需要承担较大的非税负担压力，从而对其创新行为有一定的影响。持续关注此方面问题的解决仍将是未来政策引导的方向。

7.7　研究结论与政策建议

7.7.1　研究结论

2016 年国务院的"降成本"政策以后连续多年四部门的"降成本"具体措施为制造业企业降低研发创新成本以及提升研发创新的积极性营造了良好的氛围，极大地鼓舞了企业家的信心。基于 2016 年国务院提出的"降成本"政策，利用 2012～2021 年我国上市企业数据并结合双重差分法，将"降成本"政策执行效应聚焦于企业的研发活动，从税费负担及其合理性（优化）的视角，评估了政策对实体经济主体即制造业企业的减负效应和研发激励效应。

实证结果表明：（1）"降成本"政策确实降低了制造业企业的税费负担，其中政策对非税负担的减负效果大于税收负担；（2）执行"降成本"政策对制造业企业的研发投资具有激励作用，且主要通过降低企业的非税负担这一渠道实现，非税负担的降低对研发创新投入的激励效果更好。平行趋势分析、安慰剂检验、倾向匹配法、反事实检验、重构实验组和对照组、Heckman 两阶段等验证结果均支持研究假设。（3）在构建我国企业税费负担评价体系，运用熵权 TOPSIS 评价模型测算企业实际税费与理想税费的趋近程度的基础上，发现"降成本"政策使得企业的实际税费与理想税费水平更为接近，且企业税费水平的合理性（或优化）有利于进一步提升其研发投资意愿。（4）机制分析中，发现"降成本"政策在降低企业税费负担的同时也使得企业的税费负担不断趋近于"理想解"，即税费负担合理化的程度得到显著提升，税费负担越合理，企业研发投入的水平越高。税费负担的下降与其合理性水平的提升同时得以实现，且都能够激励企业的研发创新投入水平。（5）进一步探究税费负担与研发投资的中间传导机制，发现税收负担与非税负担的渠道作用差异原因在于对企业家信心的影响，非税负担对企业家信心的影响更为突出；税费负担的降低以及合理化均能通过增强企业家信心从而促进企业的研发投资。（6）"降成本"政策对于不同的税费类型具有不同的影响效果。税收负担中，尽管政策对于三种类型税收负担都有显著降低作用，但对于增值税、税金及附加的影响程度更高。非税负担中，政策仅对公用事业产品收费、融资成本具有显著性降低作用，而对政府性收费和经营服务性收费与社保缴费的影响在统计学意义上并不显著。研究结论对进一步评估"降成本"政策微观效果、优化税费负担水平以及激发实体经济企业研发创新活力等具有一定现实意义。

7.7.2 政策建议

首先，建议政府从非税负担方面关注企业创新的环境建设。环境氛围是影响企业创新的重要因素，良好的创新氛围能够激发企业家的创新热情和动力。非税负担涉及的面广、不规范性较强，规范的难度较大。尤其是在地方政府承受较大财政压力的地区，非税负担的规范难度更大，严重挫伤了企业创新研发的积极性。为此，建议中央政府从宏观视角关注企业融资环境的建设、企业社保负担的承受程度、垄断性产品的价格定价等问题，通过政策引导，改进地方政府的"攫取"行为，为企业营造宽松、舒适、积极的创新氛围。建议地方政府立足于本地的条件，做好"通水、通电、通气"三通建设，努力帮助企业降低各种能耗、交通物流和用地房租等费用；同时通过创新手段与方式，树立服务意识，降低各种不必要的制度性交易成本，扎扎实实为区域内的企业创新提供良好的服务。

其次，鉴于制造业企业融资成本曲线式波动的实际情况，建议中央政府关注减税降费与其他融资政策的连接，关注企业的融资难、融资贵问题，通过减税降费政策与其他金融政策的结合，疏通企业的各种融资渠道，从股权融资、债权融资等方面为企业提供便利。借机注册制的实施与推广，完善资本市场基础设施与制度建设，鼓励与发展多层次资本市场，为企业股权融资提供更好的市场环境。通过金融机构的减费让利，转换经营方式和管理模式，创新融资方式，强化绩效考核，改进监管措施等手段降低企业的融资成本。

再次，建议在使用"组合拳"政策时，关注税费结构问题。税费结构问题既表现为税收负担与非税负担的结构比例，又表现为税收负担与非税负担各自内部的结构比例关系，与税制改革紧密相关。目前我国的税费优惠政策很多，如果合理地运用各种税收政策、非税政策，不仅可以改进现有的直接税、间接税的结构体系，还可以改善企业税收负担与非税负担的结构比例，从而达到改进税制结构、合理化企业税费负担的目的。

最后，减税降费应以税收中性为原则，关注企业的超额税费负担问题。当税费负担在企业的承受范围之内，企业的税费感就不会增加，就不会产生对税费的排斥情绪。相反，税费负担还会激励通过创新赚取更大的利润，从供给侧向市场提供更多更好的产品。因此，减税降费应以税收中性为原则，减少税收对市场机制的干预或扭曲。建议政府在制定减税降费政策时，坚持非歧视性原则，避免不当的倾斜性扶持政策扭曲企业的行为从而误导其投资和经营方向。同时，坚持适度原则，不能使企业税费负担超出其可承受的能力与范围，降低企业的税费感知度。

第8章 研究结论与未来研究展望

8.1 主要研究结论

基于减税降费理论、信号理论、政策执行理论、最优税收理论的思想以及文献综述，立足于 2008～2021 年中央政府及各部委的 478 项减税降费政策，以制造业上市公司为例，采用实证与规范结合、归纳与演绎结合、文本分析、熵权 TOPSIS、双重差分等方法，本书从四个方面研究了减税降费政策作用于制造业企业研发投入的机理。

首先，发现减税降费的优惠性显著提升了企业的研发投入，税费负担在其中起着渠道传导作用，一系列的稳健性检验均支持该结论。在进一步的渠道机制分析中，发现减税降费的优惠性能够激励企业家信心，改变企业现金持有水平，企业家信心增强能够激励企业研发投入，现金持有水平降低表明企业将更多的资金用于研发投入。对比企业家的宏观基本面信心因素，"动物精神"视角下的个体非理性信心因素的作用效果更为强烈。调节机制分析中，信贷资金供应量、企业对外资金依赖度以及未来投资机会都会影响减税降费作用于企业研发投入的效果。企业生命周期、风险承担水平、产权性质等是影响减税降费政策效果的异质性特征。

其次，减税降费政策的波动性显著降低了企业的研发投入，税费负担依然起着渠道传导的作用，一系列的稳健性检验均支持该结论。渠道机制分析表明，企业家信心、现金持有水平均是减税降费波动性效果的中介渠道机制。对比企业家"动物精神"视角下的个体非理性信心因素，企业家的宏观基本面信心因素更能缓解减税降费波动性对研发投入的负面影响。信贷资金供应量、企业对外资金依赖度以及未来投资机会都是减税降费波动性效果的调节机制。企业生命周期、风险承担水平、产权性质等是影响减税降费政策波动性效果的异质性特征。

再次，地方政府在减税降费政策执行中起着重要的作用。研究发现，创新偏好强的地方政府更具有执行减税降费的动机和意愿，政策激励企业研发投入的效果更好。当地方政府具有较强财政实力时，减税降费激励企业研发投入的效果更好。当地方政府具有较大财政压力时，减税降费政策激励企业研发投入的效果较差。一系列的稳健性检验均支持上述结论。进一步的分析中发现，减税降费政策优惠性的研发投入效果在省级、市级、县乡级呈现依次递减的情况，表明不同级别的地方政府执行中央减税降费政策的意愿及力度存在差异，省级的政策激励效果最好。政策优惠性的效果在东部、中部、西部地区依次减弱，说明东部地区的政府政策执行意愿及力度较强，研发激励效果最好，西部地区最弱。拓展性分析表明，当面临财政压力时，地方政府通过研发补助、税收征管强度、非税收入等途径来缓解减税降费造成的压力。与此同时，地方政府积极的主动行为表现为：通过提升地区创新竞争度、创新开放性等途径来缓解地方财政压力对减税降费效果的负向调节作用。

最后，以 2016 年国务院的"降成本"政策为节点，利用双重差分法，发现"降成本"政策之后，制造业企业的税费负担有所降低，且税收负担与非税负担降低的程度存在差异。"降成本"政策之后，降低的税费负担显著提升了制造业企业的研发投入，而且税收负担与非税负担对研发投入的激励效果存在差异。一系列的稳健性检验均支持该结论。进一步的机制分析中，发现"降成本"政策能够显著地促进企业税费负担的合理化，合理的税费负担能够提升企业的研发创新投入。"降成本"政策能够使税费负担下降的同时合理化（优化）企业的税费负担。"降成本"政策之后，税收负担总体上下降了，其中，增值税的下降幅度最为显著。非税负担中，社保缴费的降低趋势不明显，企业的融资成本经历了下降、上升、再下降的发展趋势。政策对非税负担中的公用事业产品收费、融资费用等具有显著降低作用。无论是税收负担还是非税负担，负担的降低能够显著提升企业家信心，非税负担降低对企业家信心激励的效果更好；税费负担的合理化也显著提升了企业家信心。增强的企业家信心显著激励了企业的研发投入水平。

8.2　政策建议

8.2.1　对中央政府及其各部委的建议

其一，需要强化中央政府的前瞻指引效应，发挥减税降费政策的信号引导作用。政策的优惠性、波动性都会影响企业家信心，从而影响企业的研发投资决策，因此，中央政府的相关部门不仅要通过减税降费政策加强对经济发展的前瞻指引，引导企业投资方向并激励企业创新热情与激情，还需要减少政策变更的次数，增强企业家对政府的信任，建立政府与企业的沟通渠道，从而缓解政府与企业之间的信息不对称程度。同时还需要增强政府减税降费政策的公开程度和透明程度，扩大政策的宣传面，以有效缓解企业家的焦虑程度，增强他们对企业未来发展的信心。

其二，通过减税降费过程，推动税制改革。现代税收制度要求直接税与间接税的比例要协调，地方税制体系要完善。通过减税降费政策，在使企业税费负担合理化程度不断提升的基础上，健全以所得税和财产税为主的直接税体系，发挥直接税的调节收入分配和稳定经济的作用；同时在降低企业非税负担的前提下，推进非税收入改革，健全地方税体系，培育地方税源。合理配置地方税权，理顺税费关系，适当扩大省级税收管理权限。

其三，关注减税降费政策的普惠性与精准性差异，发挥"组合拳"政策的共同作用。针对科技型或者高新技术企业，采取精准性的减税降费政策，以激励这些具有风险投资意识的企业不断创新；针对集成电路企业，采用有目的的方向性引导政策，鼓励这些企业通过创新做大做强，增强国际竞争力。针对小微企业的扶持，可以采用普惠性的政策措施，激励企业转型升级，通过创新实现可持续发展。

其四，建议中央政府将减税降费政策与其他货币政策进行配合与协调，发挥政策合力的激励作用。外部融资环境是影响制造业企业研发创新的重要制度背景，信贷资金供给量是重要的调节减税降费激励研发投入效果的变量。减税降费政策需要辅之以信贷政策，宽松的信贷政策支持是减税降费政策发挥激励效果的重要调节变量。建议中央政府在制定减税降费政策时，考虑信贷资金供给量的调节作用，促使减税降费更好地发挥激励作用。

其五，制定政策时，关注减税降费政策的地区、行政级别、企业性质、企业家信心等差异。中央政府及各部委在制定减税降费政策时，需要考虑政策可能会存在地区差异、企业性质差异。第一，建议通过减税降费引导，使创新成为东部地区可持续发展的驱动力。通过财税体制改革，增强中西部地区的财政实力，缓解财政压力。第二，发挥省级企业在政策激励效果方面的扩散与溢出效应，带动市级、县乡级的企业创新。第三，不是所有企业都能获得同等的减税降费益处，不同企业获得税费降低的水平存在差异，从而导致其研发投入激励作用产生差异。建议政府在制定政策时，关注企业在生命周期、风险承担水平、产权性质等方面的异质性。第四，企业家的信心存在着宏观基本面信心与"动物精神"视角下个体非理性信心的差异，建议中央政府在制定政策时，考虑企业家个体非理性信心因素对政策"优惠性"激励企业研发投入的传导作用，企业家宏观基本面信心对政策"波动性"抑制企业研发投入的缓解作用。通过企业家信心的传导机制，放大减税降费政策的研发激励效果。

8.2.2 对地方政府的建议

其一，地方政府应积极推广减税降费政策，关注政策的长期效果，培养地方财政可持续发展的税源基础。尽管减税降费可能会短期内降低地方的财政收入，但可以为辖区内企业提供更多可供自由支配的资金，激励企业从事创新投入。从长远来看，减税降费有利于激励企业增强研发投入，增加可持续发展的活力。对地方政府来说，只有企业欣欣向荣，地方才有可持续发展的税收收入。建议地方政府通过创新，树立服务意识，降低地区的制度性交易成本，扎扎实实为区域内的企业创新提供良好的基础设施和服务工作。

其二，规范地方政府的非税收入，积极营造创新的氛围。取消不必要的"苛捐杂税"，避免隐性地增加企业的非税负担，提升非税负担的透明度和公开性，充分发挥非税负担显著激励企业研发投入的效果。与此同时，发挥省级企业在减税降费政策激励效果方面的扩散与溢出效应，通过省级层面的企业创新带动市级、县乡级的企业创新，在全省范围内形成激励创新的氛围，这样不仅能够吸引外域企业的流入，还可以留住本地优秀的企业。

其三，通过减税降费政策的实施，推进省级以下财政体制改革，理顺各种税种属性、收入分享方式，界定好各级事权和支出责任及其匹配度。建立动态的财政调整机制，规范财政预算管理等方式，提升县乡级的财政实力。同时推进省"直管县"财政体制改革，落实县级"三保"财政体系，推动乡财县管，为基层推广减税降费激励企业创新的政策提供保障。

其四，建议完善政府与企业的沟通交流机制。地方政府是减税降费政策的执行主体，应关注政策的可操作性问题。地方政府应跟踪政策的执行动态，注重企业家的反馈，评估政策理想目标与实际执行效果的差异，并将实际执行情况反馈给中央政府。由于企业家信心在减税降费政策激励企业投资中发挥了中介作用，建议中央政府在出台新的减税降费政策时，应当考虑企业家的反应。通过完善政府与企业的沟通机制，搭建好政企沟通平台，通过对话与交流，稳定甚至增强企业家信心，促使其提高创新研发的意愿。

8.2.3 对企业的建议

其一，减税降费是具有中国特色的税收政策，旨在帮助企业走出困境，激励企业转型升级和自主创新，企业应重视这种信号作用，并根据产业发展方向，积极部署自主创新的战略。同时，需要厘清普惠性政策与针对性政策的差异，有针对性地发展国家积极扶持的产业，分析市场的发展现状以及未来发展趋势。充分利用减税降费政策带来的利益，比如税费负担合理化程度在不断提高，创新的环境氛围越来越好等，积极布局创新发展战略，通过转型升级以及自主创新，实现可持续发展。

其二，企业是研发创新的主体，在减税降费政策的影响下，企业需要把握好创新发展的战略，以创新引领发展，培养创新意识，完善企业内部治理结构，增强承担风险的能力，为可持续发展奠定内部要素资源基础。减税降费优化了企业的内部税费结构，缓解了企业的融资约束，引导了企业自主创新的发展方向。建议企业利用减税降费的机会，培养积极的企业家精神，发挥员工的积极性，形成舒适、愉快、合作共赢的创新氛围。

其三，企业对减税降费政策有不同的理解，敏感的企业家容易捕捉政策的信号引导作用，便于作出相应的研发投资策略。相应地，减税降费政策的波动也会影响企业家敏感的神经，当他们对不确定性的认知存在分歧时，反而能部分削弱政策不确定性对企业创新投资的负面冲击。当政策的不确定性攀升时，更容易激起企业家的消极情绪，建议企业家理性分析政策波动的原因，不盲目跟风，避免产生"羊群效应"，从而稳定企业研发创新投资。

8.3　研究的不足

8.3.1　研究对象涵盖范围的问题

本书的研究对象是上市公司，尤其是制造业上市公司，尚缺乏对大量未上市企业的资料获取与深入研究。鉴于未上市企业数据可获得性的缺乏，可能会导致研究结论只适用于上市的企业，不适用于所有的制造业企业，尽管笔者在浙江、河南、安徽、陕西等地收集了一些非上市企业的数据，但数据的不完整、不全面使得本书无法将这些调研数据纳入进来，只能选择数据可获得性较强的制造业上市公司。上市公司年报、半年报、季报的编制与披露都需要符合证监会和交易所的要求，数据的呈报较为及时、全面，可获得性强，由此导致了研究对象只能包括上市公司，这是研究中无法回避的问题。

8.3.2 数据可获得性的问题

上市公司年报中并没有披露详细的税收负担、非税负担等各种数据，我们采用的各种代理衡量方法，不可避免地与真实的数据之间存在一定的误差，从而导致在使用熵权 TOPSIS 测度税费负担趋向于理想解的欧式距离时，可能会产生一定的误差，不可避免地会影响研究结论。此外，对各种解释变量、被解释变量、控制变量的衡量，有些采用某种代理变量替代，与真实数据之间也可能存在一定的差异，有可能会影响研究结论，这也是研究中不可避免的问题。

8.3.3 研究假设验证中的内生性问题

本书的多个实证研究中，用到多元线性回归、双重差分等方法，在构建模型时，因为笔者能力有限，加上参考的文献数量与质量限制，有可能会导致自变量的衡量误差，也有可能会遗漏一些变量，不管是哪种情况，都可能会导致内生性问题。稳健性检验中，尽管采取了诸如工具变量法、替换变量衡量、变换分组标准、安慰剂检验、倾向匹配得分检验等方法，用以弥补内生性问题产生的结果，但还是不能百分之百地消除由于内生性而产生的对研究结论的负面影响。

8.4 未来研究展望

未来的研究可以从三个方面展开。一是从具体的减税降费政策展开，比如某项所得税的减免政策、增值税税率降低的政策效果，针对单个政策效果的研究，更能透视减税降费政策的制度背景、作用于制造业企业的路径和方式以及其他经济后果。

二是从某个行业入手，研究减税降费政策的行业效果，比如立足于软件与集成电路行业、高端装备制造业，分析减税降费政策的行业制度背景、行业特征以及政策发布的目的，政策作用于同行业企业的共同效果、差异效果等。

三是从企业家信心视角，研究激励企业增强信心的政策特征、政策实施路径、政策实施效果。从创新的视角，挖掘企业家信心的重要性，企业家信心的特征以及影响因素，企业内部治理影响企业家信心的机理，减税降费政策通过内部治理机制影响企业家信心的路径与方式等。

参考文献

［1］艾尔·巴比. 社会研究方法［M］. 北京：华夏出版社，2005.

［2］艾华，刘同洲. 制造业税费负担剖析及缓解路径［J］. 税务研究，2019（1）：94－98.

［3］白俊红，卞元超. 政府支持是否促进了产学研协同创新［J］. 统计研究，2015，32（11）：43－50.

［4］白彦锋，孟雨桐. 我国地方政府资信评级制度的建立：基于财政实力视角［J］. 财政科学，2016（6）：26－36.

［5］曹润林，陈海林. 税收负担、税制结构对经济高质量发展的影响［J］. 税务研究，2021（1）：126－133.

［6］曹书军，张婉君. 企业实际所得税率影响因素及其稳定性研究——来自我国 A 股上市公司的经验证据［J］. 财经论丛，2008（6）：30－36.

［7］曹裕，熊寿遥，胡韩莉. 企业生命周期下智力资本与创新绩效关系研究［J］. 科研管理，2016，37（10）：69－78.

［8］曹越，姜丽，张肖飞，伍中信. 地方政府政绩诉求、政府控制与国有企业税负［J］. 审计与经济研究，2015，30（5）：103－112.

［9］曹越，赵婷. 行业成长性是否降低了公司税负——来自中国上市公司的证据［J］. 中南财经政法大学学报，2018（2）：14－24，158.

［10］陈德球，陈运森，董志勇. 政策不确定性、税收征管强度与企业税收规避［J］. 管理世界，2016（5）：151－163.

［11］陈东，法成迪. 政府补贴与税收优惠并行对企业创新的激励效

果研究 [J]. 华东经济管理, 2019, 33 (8): 5 – 15.

[12] 陈富永. 经济政策不确定性对企业投资机会影响机理及实证研究——基于董事及机构投资者网络视角 [J]. 经济问题, 2021 (10): 34 – 45.

[13] 陈红, 纳超洪, 雨田木子, 韩翔飞. 内部控制与研发补贴绩效研究 [J]. 管理世界, 2018 (12): 149 – 164.

[14] 陈杰. 理清税费关系 [J]. 税务研究, 2002 (8): 71 – 73.

[15] 陈晓光. 财政压力、税收征管与地区不平等 [J]. 中国社会科学, 2016 (4): 53 – 70, 206.

[16] 陈晓光. 增值税有效税率差异与效率损失——兼议对"营改增"的启示 [J]. 中国社会科学, 2013 (8): 67 – 84.

[17] 陈艳艳, 程六兵. 经济政策不确定性、高管背景与现金持有 [J]. 上海财经大学学报, 2018, 20 (6): 94 – 108.

[18] 陈昭, 刘映曼. "营改增"政策对制造业上市公司经营行为和绩效的影响 [J]. 经济评论, 2019 (5): 22 – 35.

[19] 戴魁早. 中国高技术产业研发投入对生产率的影响 [J]. 研究与发展管理, 2011, 23 (4): 66 – 74.

[20] 邓力平, 何巧, 王智烜. 减税降费背景下企业税负对创新的影响研究 [J]. 经济与管理评论, 2020, 36 (6): 101 – 111.

[21] 段姝, 刘霞, 殷蓉, 蔡蕾. 减税降费赋能企业高质量发展了吗? [J]. 经济问题, 2022 (1): 20 – 30.

[22] 樊霞, 陈娅, 张巧玲. 经济政策不确定性、政府隐性担保与企业创新持续性 [J]. 管理学报, 2020, 17 (9): 1347 – 1354.

[23] 范子英, 彭飞. "营改增"的减税效应和分工效应: 基于产业互联的视角 [J]. 经济研究, 2017, 52 (2): 82 – 95.

[24] 范子英, 赵仁杰. 以非税收入划转改革推动国家治理现代化 [J]. 学习与探索, 2020 (5): 107 – 115.

[25] 冯泽, 陈凯华, 戴小勇. 研发费用加计扣除是否提升了企业创新能力? ——创新链全视角 [J]. 科研管理, 2019, 40 (10): 73 – 86.

[26] 傅娟. 减税降费的矛盾与企业负担重的逻辑 [J]. 财经智库, 2020, 5 (1): 36 – 52.

[27] 傅娟, 叶芸, 谯曼君. 减税降费中的企业非税负担定量研究 [J]. 税务研究, 2019 (7): 19 – 22.

[28] 付敏杰, 张平. 增值税改革: 从稳定税负到国家治理 [J]. 税务研究, 2016 (11): 18 – 22.

[29] 傅章彦. 外资银行进入对信贷资金供给的影响——来自亚洲新兴市场国家的经验证据 [J]. 云南财经大学学报, 2009 (3): 84 – 91.

[30] 傅志华, 赵福昌, 石英华, 李成威, 李铭, 黄燕飞, 田远. 西部降低实体企业成本政策评估报告 [J]. 经济研究参考, 2017 (43): 25 – 41.

[31] 甘行琼, 雷正. 减税降费对地方财政收入的影响研究——基于 2008 ~ 2019 年中国省际面板数据的分析 [J]. 财政科学, 2022 (8): 76 – 93.

[32] 高正斌, 张开志, 倪志良. 减税能促进企业创新吗?——基于所得税分享改革的准自然实验 [J]. 财政研究, 2020 (8): 86 – 100.

[33] 耿中元, 李统, 何运信. 经济政策不确定性对企业投资的影响——企业家信心的中介效应及代理成本的调节作用 [J]. 复旦学报 (社会科学版), 2021, 63 (1): 184 – 193.

[34] 龚旻, 甘家武, 张帆. 中国公共预算约束软化的体制成因: 理论分析与实证检验 [J]. 财经理论与实践, 2017, 38 (1): 122 – 127.

[35] 谷成, 王巍. 增值税减税、企业议价能力与创新投入 [J]. 财贸经济, 2021, 42 (9): 35 – 49.

[36] 顾夏铭, 陈勇民, 潘士远. 经济政策不确定性与创新——基于我国上市公司的实证分析 [J]. 经济研究, 2018 (2): 109 – 123.

[37] 郭复初. 论财务理论研究观念与方法——兼论规范研究与实证研究相结合 [J]. 财务研究, 2016 (6): 15 – 24.

[38] 郭平, 潘郭钦. 利用外资对我国区域技术创新溢出效应的动态面板研究 [J]. 财经理论与实践, 2014, 35 (5): 29 – 33.

［39］郭庆旺．减税降费的潜在财政影响与风险防范［J］．管理世界，2019，35（6）：1-10，194．

［40］郭田勇，孙光宇．经济政策不确定性、融资成本和企业创新［J］．国际金融研究，2021（10）：78-87．

［41］郭玉清，张妍．"去杠杆"与"降成本"的政策协同：机制分析与经验证据［J］．经济与管理评论，2021（4）：44-57．

［42］郭月梅，史云瑞．减税降费背景下中国地方财政压力的测度［J］．广西财经学院学报，2021，34（5）：29-43．

［43］海本禄，杨君笑，尹西明，李纪珍．创新产出与财务绩效——信贷融资的双刃剑效应［J］．中国科技论坛，2020（8）：119-128．

［44］韩国高，胡文明．宏观经济不确定性、企业家信心与固定资产投资——基于我国省际动态面板数据的系统 GMM 方法［J］．财经科学，2016（3）：79-89．

［45］何平．企业税费负担问题研究及政策启示——基于对我国中部省份的调研分析［J］．价格理论与实践，2017（10）：22-25．

［46］贺登才．我国物流企业负担状况及政策建议——2013 年度减轻物流企业负担调查［J］．中国流通经济，2014（6）：23-30．

［47］侯卓．重识税收中性原则及其治理价值——以竞争中性和税收中性的结合研究为视角［J］．财政研究，2020（9）：93-104．

［48］胡洪曙，王宝顺．我国税制结构优化研究——基于间接税与直接税选择的视角［J］．税务研究，2017（8）：14-20．

［49］胡华夏，洪荭，肖露璐，刘雯．税收优惠与研发投入——产权性质调节与成本粘性的中介作用［J］．科研管理，2017，38（6）：135-143．

［50］胡晓珍，张卫东，杨龙．制度环境、技术效率与区域经济增长差异［J］．公共管理学报，2010，7（2）：79-88，126．

［51］胡育蓉，朱恩涛，龚金泉．货币政策立场如何影响企业风险承担——传导机制与实证检验［J］．经济科学，2014，36（1）：39-55．

［52］黄策，张书瑶．地方政府规模、产权性质与企业税负——基于

中国上市公司的实证研究 [J]. 世界经济文汇, 2018 (2): 85-104.

[53] 黄宏斌, 翟淑萍, 陈静楠. 企业生命周期、融资方式与融资约束: 基于投资者情绪调节效应的研究 [J]. 金融研究, 2016 (7): 96-112.

[54] 黄健, 刘蓉, 祖进元. 供给学派减税理论与政策评析 [J]. 经济学动态, 2018 (1): 125-134.

[55] 黄群慧, 贺俊. "第三次工业革命" 与中国经济发展战略调整: 技术经济范式转变的视角 [J]. 中国工业经济, 2013 (1): 5-18.

[56] 黄群慧. 论新时期中国实体经济的发展 [J]. 中国工业经济, 2017 (9): 5-24.

[57] 黄速建, 刘美玉. 不同类型信贷约束对小微企业创新的影响有差异吗 [J]. 财贸经济, 2020, 41 (9): 55-69.

[58] 黄智文. 软件产业和集成电路产业税收优惠政策: 回顾与建议 [J]. 税务研究, 2020 (5): 118-122.

[59] 吉富星, 鲍曙光. 中国式财政分权、转移支付体系与基本公共服务均等化 [J]. 中国软科学, 2019 (12): 170-177.

[60] 吉云, 于雯, 徐正. 经济政策不确定性会阻碍企业创新吗? ——企业家风险容忍度的调节效应 [C]. 北京: 中国软科学研究会2019 年中国软科学文集, 2020: 49-58.

[61] 贾俊雪, 应世为. 财政分权与企业税收激励——基于地方政府竞争视角的分析 [J]. 中国工业经济, 2016 (10): 23-39.

[62] 江艇. 因果推断经验研究中的中介效应与调节效应 [J]. 中国工业经济, 2022 (5): 100-120.

[63] 蒋冠. 金融摩擦条件下货币传导机制的微观基础研究 [D]. 上海: 复旦大学, 2004.

[64] 蒋为, 张龙鹏. 补贴差异化的资源误置效应——基于生产率分布视角 [J]. 中国工业经济, 2015 (2): 31-43.

[65] 金培振, 殷德生, 金桩. 城市异质性、制度供给与创新质量 [J]. 世界经济, 2019, 42 (11): 99-123.

[66] 凯莱特,奥泽乔斯基.供给学派的财政政策:对一个复活观点的历史分析 [C] //外国经济学说研究会编,现代国外经济学论文选(第十七辑).北京:商务印书馆,1997.

[67] 李恩极,李群.地方政府创新竞争与企业创新 [J].当代财经,2021 (4):16-27.

[68] 李凤羽,史永东.经济政策不确定性与企业现金持有策略 [J].管理科学学报,2016 (6):157-170.

[69] 李广子,刘力.债务融资成本与民营信贷歧视 [J].金融研究,2009 (12):137-150.

[70] 李劲松,肖利平.凯恩斯主义货币需求理论的演变和发展 [J].江汉论坛,2003 (2):14-16.

[71] 李林木,汪冲.税费负担、创新能力与企业升级——来自"新三板"挂牌公司的经验证据 [J].经济研究,2017,52 (11):119-134.

[72] 李维安,李浩波,李慧聪.创新激励还是税盾?——高新技术企业税收优惠研究 [J].科研管理,2016,37 (11):61-70.

[73] 李炜光,臧建文.中国企业税负高低之谜:寻找合理的企业税负衡量标准 [J].南方经济,2017 (2):1-23.

[74] 李香菊,杨欢.财税激励政策、外部环境与企业研发投入——基于中国战略性新兴产业 A 股上市公司的实证研究 [J].当代财经,2019 (3):25-36.

[75] 李香菊,祝丹枫.财税政策波动如何影响中国制造业转型升级——基于信息不对称和目标冲突视角的分析 [J].财贸研究,2018,29 (11):15-30.

[76] 李新,汤恒运,陶东杰,孙小军.研发费用加计扣除政策对企业研发投入的影响研究——来自中国上市公司的证据 [J].宏观经济研究,2019 (8):81-93,169.

[77] 李艳艳,王坤.房地产业"营改增"问题探微 [J].财会月刊,2016 (7):17-19.

[78] 李一花, 亓艳萍. 地区财政能力、引资竞争与地方债规模研究 [J]. 当代财经, 2017 (1): 27 - 39.

[79] 李一花. 县级财政转移支付制度的均等化效果分析 [J]. 当代经济研究, 2015 (2): 80 - 86.

[80] 李贞. 理性评判中国税负 [J]. 瞭望, 2007 (52): 65 - 66.

[81] 李真, 李茂林, 黄正阳. 研发融资约束、融资结构偏向性与制造业企业创新 [J]. 中国经济问题, 2020 (6): 121 - 134.

[82] 李真, 李茂林. 减税降费对企业创新的激励机制与调节效应 [J]. 上海经济研究, 2021 (6): 105 - 117.

[83] 李政, 杨思莹. 财政分权、政府创新偏好与区域创新效率 [J]. 管理世界, 2018, 34 (12): 29 - 42.

[84] 连玉君, 彭方平, 苏治. 融资约束和流动性管理行为 [J]. 金融研究, 2010 (10): 158 - 171.

[85] 梁权熙, 谢宏基. 政策不确定性损害了中国经济的长期增长潜力吗? ——来自企业创新行为的证据 [J]. 中央财经大学学报, 2019 (7): 79 - 92.

[86] 林志帆, 刘诗源. 税收负担与企业研发创新——来自世界银行中国企业调查数据的经验证据 [J]. 财政研究, 2017 (2): 98 - 112.

[87] 林洲钰, 林汉川, 邓兴华. 所得税改革与中国企业技术创新 [J]. 中国工业经济, 2013 (3): 111 - 123.

[88] 林子秋, 张驰. 财政压力、预算公开与城市协调发展——基于 2013 ~ 2019 年我国 265 个城市的实证分析 [J]. 经济问题探索, 2022 (10): 145 - 160.

[89] 刘斌, 潘彤. 地方政府创新驱动与中国南北经济差距——基于企业生产率视角的考察 [J]. 财经研究, 2022, 48 (2): 18 - 32.

[90] 刘慧龙, 吴联生. 制度环境、所有权性质与企业实际税率 [J]. 管理世界, 2014 (4): 42 - 52.

[91] 刘建民, 赵桁, 唐畅. 减税降费与地方财政风险防范——基于 "营改增" 的准自然实验 [J]. 财经理论与实践, 2022 (5): 56 - 65.

[92] 刘金科，邓明欢，肖翊阳．增值税留抵退税与企业投资——兼谈完善现代增值税制度 [J]．税务研究，2020 (9)：111 - 118.

[93] 刘骏，刘峰．财政集权、政府控制与企业税负——来自中国的证据 [J]．会计研究，2014 (1)：21 - 27，94.

[94] 刘明慧，张慧艳，侯雅楠．财政分权治理、减税降费与地方财政压力 [J]．财经问题研究，2021 (8)：83 - 91.

[95] 刘啟仁，黄建忠．企业税负如何影响资源配置效率 [J]．世界经济，2018，41 (1)：78 - 100.

[96] 刘蓉，寇璇，周川力．企业非税费用负担究竟有多重——基于某市企业问卷调查的研究 [J]．财经科学，2017 (5)：124 - 132.

[97] 刘蓉，汤云鹏．"稳就业""稳增长"的政策搭配：消除制度约束与减税降费 [J]．财政研究，2020 (6)：3 - 18.

[98] 刘蓉，祖进元，王雯．供给学派理论对当前我国减税政策的启迪 [J]．税务研究，2016 (2)：18 - 23.

[99] 刘尚希，程瑜，王志刚，许文，张琦，朱小玉，夏楸．中国财政科学研究院 2020 年企业成本调研综合组：企业成本：2020 年的调查与分析——从给企业减负转向对冲公共风险 [J]．财政研究，2021 (3)：3 - 16.

[100] 刘尚希，王志刚，程瑜，等．降成本：2019 年的调查与分析 [J]．财政研究，2019 (11)：3 - 16.

[101] 刘尚希．不确定性：财政改革面临的挑战 [J]．财政研究，2015 (12)：2 - 11.

[102] 刘巍，何威风．最低工资影响企业风险承担吗？[J]．管理评论，2020 (11)：196 - 207.

[103] 刘文君．论归纳与演绎的关系 [J]．华中师院学报（哲学社会科学版），1982 (6)：84 - 88.

[104] 刘晓宁．论我国税收负担的合理性及其实现路径 [D]．南京：东南大学，2003.

[105] 刘晓霞，刘梦，杨琳．关系亲疏与民营企业风险承担水平

[J]. 科研管理, 2020 (11): 268 - 278.

[106] 刘怡, 侯思捷, 耿纯. 增值税还是企业所得税促进了固定资产投资——基于东北三省税收政策的研究 [J]. 财贸经济, 2017, 38 (6): 5 - 16, 114.

[107] 刘怡, 聂海峰. 增值税和营业税对收入分配的不同影响研究 [J]. 财贸经济, 2009 (6): 63 - 68.

[108] 刘玉龙. 最优税收理论分析框架: 基于劳动价值论的视角 [J]. 财贸经济, 2017, 38 (9): 18 - 30.

[109] 刘志新. 期权投资学 [M]. 北京: 航空工业出版社, 2001.

[110] 路风, 张宏音, 王铁民. 寻求加入 WTO 后中国企业竞争力的源泉——对宝钢在汽车板市场赢得竞争优势过程的分析 [J]. 管理世界, 2002 (2): 110 - 127.

[111] 路嘉煜, 白俊红. 财税政策选择如何影响区域创新产出——基于财政分权的视角 [J]. 南大商学评论, 2021 (4): 37 - 53.

[112] 栾强, 罗守贵. "营改增" 激励了企业创新吗? ——来自上海市科技企业的经验证据 [J]. 经济与管理研究, 2018, 39 (2): 87 - 95.

[113] 罗宏, 陈丽霖. 增值税转型对企业融资约束的影响研究 [J]. 会计研究, 2012 (12): 43 - 49, 94.

[114] 吕鹏, 刘学. 如何提升市场信心: 企业家能力与营商环境获得感的效应分析 [J]. 社会学评论, 2020, 8 (5): 61 - 73.

[115] 吕炜, 陈海宇. "减税" 还需 "减费": 非税负担对企业纳税遵从的影响 [J]. 经济学动态, 2015 (6): 45 - 55.

[116] 马恩涛. 财政调整、机会主义与政府或有负债 [J]. 财经论丛, 2006 (4): 25 - 30.

[117] 马海涛, 王紫薇, 黄然. 我国减税降费的政策效果评估——对政府收支的影响及对策分析 [J]. 经济研究参考, 2020 (13): 5 - 19.

[118] 马海涛, 姚东旻, 孙榕. 我国减税降费的理论内涵、演进逻辑及基本特征 [J]. 财经问题研究, 2023 (2): 14 - 24.

[119] 马红, 侯贵生. 税收优惠与制造业创新质量——异质性影响与

地方政府行为再检验［J］. 财经论丛, 2022 (7): 25 - 35.

［120］马拴友. 宏观税负、投资与经济增长: 中国最优税率的估计［J］. 世界经济, 2001 (9): 41 - 46.

［121］毛德凤, 彭飞. 中国企业融资难的破解路径: 基于减税的视角［J］. 广东财经大学学报, 2020, 35 (1): 87 - 100, 112.

［122］毛德凤, 彭飞. 中国私营企业融资行为选择——基于非税负担的视角［J］. 东北大学学报 (社会科学版). 2022, 24 (1): 34 - 43.

［123］毛毅翀, 吴福象. 创新补贴、研发投入与技术突破: 机制与路径［J］. 经济与管理研究, 2022, 43 (4): 26 - 45.

［124］孟庆斌, 师倩. 宏观经济政策不确定性对企业研发的影响: 理论与经验研究［J］. 世界经济, 2017, 40 (9): 75 - 98.

［125］明泽, 潘颉. 企业生命周期、会计信息可比性与融资约束［J］. 财经问题研究, 2018 (9): 114 - 121.

［126］莫龙炯, 尹靖华. 我国减税政策会影响地方财政支出效率吗［J］. 当代财经, 2022 (12): 40 - 51.

［127］倪红福, 吴延兵, 周倩玲. 企业税负及其不平等［J］. 财贸经济, 2020, 41 (10): 49 - 64.

［128］倪婷婷, 王跃堂. 投资者认可增值税改革吗——基于全面增值税转型和 "营改增" 的经验证据［J］. 上海财经大学学报, 2016, 18 (6): 42 - 53, 65.

［129］倪骁然, 朱玉杰. 劳动保护、劳动密集度与企业创新——来自 2008 年《劳动合同法》实施的证据［J］. 管理世界, 2016 (7): 154 - 167.

［130］聂辉华, 方明月, 李涛. 增值税转型对企业行为和绩效的影响——以东北地区为例［J］. 管理世界, 2009 (5): 17 - 24, 35.

［131］欧丽慧, 陈天明, 李真. 高管股权激励模式对激励效果的影响研究——基于中国上市公司的比较分析［J］. 管理案例研究与评论, 2018 (3): 303 - 318.

［132］潘春燕. 试从税制改革的目标分析我国税收负担的合理性

[J]. 财金贸易, 1998 (2): 5-8.

[133] 潘凌云, 董竹. 宏观经济不确定性与公司研发 [J]. 经济与管理研究, 2021, 42 (3): 3-19.

[134] 庞凤喜, 牛力. 惩罚式激励: 企业残保金负担及就业效应分析 [J]. 当代财经, 2020 (8): 3-14.

[135] 庞凤喜, 王薇. 税费负担、企业成本与逐利资本的投资选择 [J]. 中国财政, 2017 (16): 50-52.

[136] 彭飞, 许文立, 吕鹏等. 未预期的非税负担冲击: 基于"营改增"的研究 [J]. 经济研究, 2020, 55 (11): 67-83.

[137] 钱雪松, 唐英伦, 方胜. 担保物权制度改革降低了企业债务融资成本吗? ——来自中国《物权法》自然实验的经验证据 [J]. 金融研究, 2019 (7): 115-134.

[138] 屈文洲, 崔峻培. 宏观不确定性研究新进展 [J]. 经济学动态, 2018 (3): 126-138.

[139] 饶品贵, 岳衡, 姜国华. 经济政策不确定性与企业投资行为研究 [J]. 世界经济, 2017, 40 (2): 27-51.

[140] 芮明杰, 韩佳玲. 产业政策对企业研发创新的影响研究——基于促进创新型产业政策"信心效应"的视角 [J]. 经济与管理研究, 2020, 41 (9): 78-97.

[141] 邵悦心, 陈守明, 王健. "营改增"政策对企业创新投入的影响研究——基于倾向得分匹配的双重差分方法 [J]. 科研管理, 2019 (6): 77-85.

[142] 申嫦娥. 中国地区间税负差异原因的实证研究 [J]. 统计研究, 2006 (11): 39-42.

[143] 申广军, 陈斌开, 杨汝岱. 减税能否提振中国经济? ——基于中国增值税改革的实证研究 [J]. 经济研究, 2016, 51 (11): 70-82.

[144] 沈剑飞, 陈艺丹. 企业生命周期、行业竞争水平和研发平滑——基于沪深A股高新技术企业的实证研究 [J]. 北京理工大学学报 (社会科学版), 2021 (7): 124-134.

［145］沈坤荣，付文林．税收竞争、地区博弈及其增长绩效［J］．经济研究，2006（6）：16 - 26.

［146］石绍宾，周根根，秦丽华．税收优惠对我国企业研发投入和产出的激励效应［J］．税务研究，2017（3）：43 - 47.

［147］舒长江，洪攀．企业生命周期、盈利能力与企业杠杆率：来自非金融企业上市公司的经验研究［J］．财经理论与实践，2020，41（3）：94 - 102.

［148］宿玉海，孙晓芹，刘梦珣．消费者信心传导对货币政策影响研究——基于动物精神的理论解释［J］．现代财经，2019，39（8）：3 - 16.

［149］孙婷，卞学字，张明志．要素匹配质量视角下要素价格扭曲对高质量发展的影响研究［J］．经济问题探索，2021（9）：44 - 54.

［150］孙钰鹏．财政压力、税收征管与企业避税［J］．统计与决策，2021，37（22）：168 - 172.

［151］谭小芬，张文婧．经济政策不确定性影响企业投资的渠道分析［J］．世界经济，2017，40（12）：3 - 26.

［152］唐云锋，马春华．财政压力、土地财政与"房价棘轮效应"［J］．财贸经济，2017，38（11）：39 - 54，161.

［153］滕建州，刘鹏．信心对金融市场的动态非对称影响研究——基于动物精神视角［J］．金融学季刊，2020，14（4）：115 - 134.

［154］田彬彬，范子英．税收分成、税收努力与企业逃税——来自所得税分享改革的证据［J］．管理世界，2016（12）：36 - 46，59.

［155］童锦治，苏国灿，魏志华．"营改增"、企业议价能力与企业实际流转税税负——基于中国上市公司的实证研究［J］．财贸经济，2015（11）：14 - 26.

［156］王法硕．地方政府创新执行主体如何提升"互联网 + 政务服务"创新效果？——一项基于扎根理论的质性研究［J］．电子政务，2019（2）：72 - 81.

［157］王凤英，张莉敏．我国最优宏观税负实证研究——基于拉弗曲线理论［J］．生产力研究，2013（2）：16 - 18，5.

[158] 王红建, 李青原, 邢斐. 金融危机、政府补贴与盈余操纵——来自中国上市公司的经验证据 [J]. 管理世界, 2014 (7): 157-167.

[159] 王红建, 李青源, 邢斐. 经济政策不确定性、现金持有水平及其市场价值 [J]. 金融研究, 2014 (9): 53-68.

[160] 王洪金. 现代税收辞典 [M]. 大连: 大连出版社, 2002.

[161] 王励晴, 谷雨. 财政收入目标与企业非税负担 [J]. 经济经纬, 2022, 39 (2): 152-160.

[162] 王猛. 中国地方政府创新研究: 理论、议题与方法 [J]. 公共管理评论, 2020, 2 (1): 116-154.

[163] 王曙光, 孙慧玲, 朱子男. 中国制造业"死亡税率"的测算与因应策略 [J]. 财经问题研究, 2019 (1): 94-100.

[164] 王伟同, 李秀华, 陆毅. 减税激励与企业债务负担——来自小微企业所得税减半征收政策的证据 [J]. 经济研究, 2020, 55 (8): 105-120.

[165] 王小鲁, 樊纲. 中国地区差距的变动趋势和影响因素 [J]. 经济研究, 2004 (1): 33-44.

[166] 王小鲁, 胡李鹏, 樊纲. 中国分省企业经营环境指数 2020 年报告 [M]. 北京: 社会科学文献出版社, 2020.

[167] 魏敏, 李书昊. 新时代中国经济高质量发展水平的测度研究 [J]. 数量经济技术经济研究, 2018, 35 (11): 3-20.

[168] 温忠麟, 张雷, 侯杰泰, 刘红云. 中介效应检验程序及其应用 [J]. 心理学报, 2004 (5): 614-620.

[169] 文红星. 政府性收费合理规模的理论分析 [J]. 企业经济, 2009 (8): 161-164.

[170] 吴超鹏, 唐茜. 知识产权保护执法力度、技术创新与企业绩效——来自中国上市公司的证据 [J]. 经济研究, 2016, 51 (11): 125-139.

[171] 吴化斌, 鄢萍. 企业降成本的路径选择 [J]. 经济学 (季刊), 2019 (3): 967-986.

[172] 吴卫红,姜松,李畅.中国经济增长、税收收入与宏观税负关系的实证研究 [J].中共宁波市委党校学报,2012,34 (3):87-96.

[173] 吴卫星,付晓敏.信心比黄金更重要?——关于投资者不确定性感受和资产价格的理论分析 [J].经济研究,2011 (12):32-44.

[174] 吴小建,王家峰.政策执行的制度背景:规则嵌入与激励相容 [J].学术界,2011 (12):125-134,286.

[175] 吴小强,王志刚.现代最优税收理论的研究进展 [J].税务研究,2017 (8):34-38.

[176] 吴祖光,万迪昉,罗进辉.市场化程度、代理成本与企业税收负担——基于不同产权主体的研究 [J].经济管理,2011,33 (11):1-8.

[177] 伍红,郑家兴.政府补助和减税降费对企业创新效率的影响——基于制造业上市企业的门槛效应分析 [J].当代财经,2021 (3):28-39.

[178] 武彦民,温立洲.对我国当前宏观税负水平的经济学分析 [J].税务研究,2018 (3):10-16.

[179] 席卫群,杨青瑜.减税降费、经济增长与财政压力 [J].财政科学,2022 (6):24-38.

[180] 肖春明.增值税扩围驱动企业去杠杆研究 [J].财经论丛,2022 (7):36-45.

[181] 肖鹏,黎一璇.所得税税收减免与企业研发支出关系的协整分析——基于全国54个国家级高新区的实证研究 [J].中央财经大学学报,2011 (8):13-17,53.

[182] 肖叶,邱磊,刘小兵.地方政府竞争、财政支出偏向与区域技术创新 [J].经济管理,2019,41 (7):20-35.

[183] 谢德仁,林乐.管理层语调能预示公司未来业绩吗?——基于我国上市公司年度业绩说明会的文本分析 [J].会计研究,2015 (2):20-27,93.

[184] 谢获宝,吴壮倩,惠丽丽.税收征管、营改增与企业技术创新

投入 [J]. 财经论丛, 2020 (7): 33 - 42.

[185] 熊园, 王瑞. 中国税负属国际较低水平 [N]. 人民日报海外版, 2007 - 05 - 26.

[186] 许伟, 陈斌开. 税收激励和企业投资——基于 2004 ~ 2009 年增值税转型的自然实验 [J]. 管理世界, 2016 (5): 9 - 17.

[187] 许文瀚, 朱朝晖, 万源星. 上市公司创新活动对年报文本信息影响研究 [J]. 科研管理, 2020, 41 (11): 124 - 132.

[188] 薛爽, 肖泽忠, 潘妙丽. 管理层讨论与分析是否提供了有用信息? ——基于亏损上市公司的实证探索 [J]. 管理世界, 2010 (5): 130 - 140.

[189] [英] 亚当·斯密. 国富论 [M]. 胡长明译. 北京: 人民日报出版社, 2009.

[190] 杨灿明. 基层财政管理体制改革研究 [J]. 当代财经, 2006 (4): 23 - 28.

[191] 杨林, 沈春蕾. 减税降费赋能中小企业高质量发展了吗? ——基于中小板和创业板上市公司的实证研究 [J]. 经济体制改革, 2021 (2): 194 - 200.

[192] 杨龙见, 尹恒. 县级政府财力与支出责任: 来自财政层级的视角 [J]. 金融研究, 2015 (4): 82 - 98.

[193] 杨青, 胡洋, 孙刚, 黄蓝. 如何协调减税降费与去杠杆? ——基于地方政府行为的视角 [J]. 财经论丛, 2022 (2): 15 - 25.

[194] 杨杨, 杜剑. 我国区域税负公平探析——以税收与税源的关系为研究视角 [J]. 税务与经济, 2011 (6): 77 - 83.

[195] 杨杨, 杨兵. 税收优惠、企业家市场信心与企业投资——基于上市公司年报文本挖掘的实证 [J]. 税务研究, 2020 (7): 86 - 94.

[196] 姚凯辛, 李为, 项后军. 财政压力、地方债务与企业杠杆率分化 [J]. 南方金融, 2022 (6): 30 - 41.

[197] 叶康涛, 刘行. 税收征管、所得税成本与盈余管理 [J]. 管理世界, 2011 (5): 140 - 148.

[198] 易纲，宋旺．中国金融资产结构演进：1991－2007 [J]．经济研究，2008（8）：4－15．

[199] 易靖韬，张修平，王化成．企业异质性、高管过度自信与企业创新绩效 [J]．南开管理评论，2015，18（6）：101－112．

[200] 尹李峰，李淼，缪小林．减税降费是否带来地方债风险？——基于高质量税源的中介效应分析 [J]．财政研究，2021（3）：56－69．

[201] 于海云，赵增耀，李晓钟．民营企业创新绩效影响因素研究——企业家信心的研究视角 [J]．科研管理，2013，34（9）：97－104．

[202] 于明哲，黄乃静，梁坤华．互联网保险发展对农村居民健康的影响研究——来自中国家庭追踪调查的微观证据 [J]．中国软科学，2022（7）：140－150．

[203] 余明桂，李文贵，潘红波．管理者过度自信与企业风险承担 [J]．金融研究，2013（1）：149－163．

[204] 余倩，邹甘娜．双减力度、地方政府负担加剧与财政收支结构优化 [J]．现代财经（天津财经大学学报），2022，42（6）：111－129．

[205] 余新创．中国制造业企业增值税税负粘性研究——基于 A 股上市公司的实证分析 [J]．中央财经大学学报，2020（2）：18－28．

[206] 虞义华，赵奇锋，鞠晓生．发明家高管与企业创新 [J]．中国工业经济，2018（3）：136－154．

[207] 袁建军．政府行为结构与地方政府创新——提升政府创新能力的微观视角 [J]．行政论坛，2012，19（3）：32－36．

[208] 袁振超，饶品贵．会计信息可比性与投资效率 [J]．会计研究，2018（6）：39－46．

[209] 约翰·伊特韦尔，默里·米尔盖特，彼得·纽曼．新帕尔格雷夫经济学大辞典（第三卷）[M]．陈岱孙，董辅祁，罗元明等译．北京：经济科学出版社，1996．

[210] 约瑟夫·E·斯蒂格利茨．公共部门经济学（第三版）[M]．郭庆旺译．北京：中国人民大学出版社，2016．

[211] 曾庆生，陈信元．国家控股、超额雇员与劳动力成本 [J]．经

济研究，2006（5）：74 - 86.

[212] 张德勇. 深化资源税改革中的租、税、费关系探讨 [C]. 中国财政学会 2017 年年会暨第 21 次全国财政理论研讨会，中国财政学会，2017：35 - 41.

[213] 张峰，刘曦苑，武立东，殷西乐. 产品创新还是服务转型：经济政策不确定性与制造业创新选择 [J]. 中国工业经济，2019（7）：101 - 118.

[214] 张光利，钱先航，许进. 经济政策不确定性能够影响企业现金持有行为吗 [J]. 管理评论，2017，29（9）：15 - 27.

[215] 张海亮，汤兆博，王海军. 短期阵痛积蓄了新动能吗？——"三去一降一补" 对企业绩效的影响研究 [J]. 经济与管理研究，2018（11）：78 - 91.

[216] 张金昌，潘艺，黄静. 实体经济 "降成本" 效果评价 [J]. 财政科学，2020（10）：23 - 31.

[217] 张凯强. 长期经济增长视角下减税降费政策的理论逻辑 [J]. 当代经济管理，2022（10）：1 - 10.

[218] 张敏，童丽静，许浩然. 社会网络与企业风险承担——基于我国上市公司的经验证据 [J]. 管理世界，2015（11）：161 - 175.

[219] 张世敬，高文亮. 减税降费政策对实体企业信心提升效应研究——基于企业现金决策行为的视角 [J]. 宏观经济研究，2022（7）：53 - 64.

[220] 张维迎，盛斌. 企业家：经济增长的国王 [M]. 上海：世纪出版集团，2014.

[221] 张璇，张计宝，闫续文，李春涛. "营改增" 与企业创新——基于企业税负的视角 [J]. 财政研究，2019（3）：63 - 78.

[222] 张晏，龚六堂. 分税制改革、财政分权与中国经济增长 [J]. 经济学（季刊），2005（4）：75 - 108.

[223] 赵健宇，陆正飞. 养老保险缴费比例会影响企业生产效率吗？[J]. 经济研究. 2018，53（10）：97 - 112.

［224］赵仁杰，范子英．税费替代：增值税减税、非税收入征管与企业投资［J］．金融研究，2021（1）：71-90.

［225］钟欣．财政部称中国税负并不高 福布斯排行榜不科学［N］．南方都市报，2007-12-03.

［226］周强．新税负痛苦指数分析及启示——基于中国宏观税负加权［J］．人民论坛，2015（5）：82-85.

［227］周雪光．"逆向软预算约束"：一个政府行为的组织分析［J］．中国社会科学，2005（2）：132-143，207.

［228］朱冰．《劳动合同法》和公司并购绩效——基于双重差分模型的实证检验［J］．会计研究，2020（6）：108-133.

［229］朱军，张淑翠，李建强．突发疫情的经济影响与财政干预政策评估［J］．经济与管理评论，2020，36（3）：21-32.

［230］祝丽敏，赵晶，孙泽君．社会责任承担能提升企业信心吗？——企业参与精准扶贫的实证研究［J］．经济管理，2021，43（4）：71-87.

［231］朱喜安．也谈我国当前的税负水平［J］．税务与经济，1998（6）：11-14.

［232］竹志奇，曹青，王涛．"稳增长"目标下结构性减税降费最优规则研究——基于TANK-DSGE模型的分析［J］．财经论丛，2022（12）：13-25.

［233］庄序莹，周子轩．地方财政压力会影响企业税负粘性吗——一种企业税负"痛感"的解释［J］．当代财经，2022（6）：37-49.

［234］邹丽敏．影响工业企业增值税税收负担率的因素及分析［J］．经济与管理研究，2008（5）：72-75.

［235］Acemoglu D. Why not a political Coase theorem? Social conflict, commitment, and polities［J］. Journal of Comparative Economics, 2003, 31（4）: 620-652.

［236］Adizes I. Corporate life cycles: How and why corporations grow and die and what to do about it［M］. New Jersey: Prentice Hall, 1988.

［237］ Aghion P, N, Bloom R Blundell, and P Howwit. Competition and innovation: An inverted-U relationship ［J］. Quarterly Journal of Economics, 2005, 120 (2): 701 - 728.

［238］ Almeida H, and M Campello. Financial constraints, asset tangibility, and corporate investment ［J］. Review of Financial Studies, 2004, 20 (5): 1429 - 1460.

［239］ Arrow K. Economic welfare and the allocation of resources for invention ［R］. Readings in Industrial Economics, 1972 (2): 219 - 236.

［240］ Atkinson A B, J E Stiglitz. The design of tax structure: Direct versus indirect taxation ［J］. Journal of Public Economics, 1976, 6 (1 - 2): 55 - 75.

［241］ Auerbach A, Hassett K. Tax policy and business fixed investment in the United States ［J］. Journal of Public Economics, 1992, 47 (2): 141 - 170.

［242］ Autor D H, Kerr W R, Kugler A D. Does employment protection reduce productivity? Evidence from US States ［J］. Economic Journal, 2007, 117 (521): 189 - 217.

［243］ Bahl W. Fiscal decentralization as development policy ［J］. Public Budgeting & Finance, 2004 (1): 59 - 71.

［244］ Bailey S. J. Local Government economics ［M］. Palgrave Macmillan, London, 1999: 109 - 124.

［245］ Bardach E. The Implementation game: What happens after a bill becomes a law ［M］. Cambridge, Mass. : MIT Press, 1977.

［246］ Barsky R B, E R Sims. Information, animal spirits, and the meaning of innovations in consumer confidence ［J］. American Economics Review, 2012, 102 (4): 1343 - 1377.

［247］ Bates T W, Kahle K M and Stulz R M. Why do U. S. firms hold so much more cash than they used to? ［J］. Journal of Finance, 2009, 64 (5): 1985 - 2021.

［248］ Baumol W and Bradford D F. Optimal departures from marginal cost pricing ［J］. The American Economic Review, 1970, 60 (3): 265 – 283.

［249］ Baumol W J. Entrepreneurship: Productive, unproductive, and destructive ［J］. Journal of Business Venturing, 1996, 11 (1): 3 – 22.

［250］ Bergeaud A, Poitiron Y, Raimbault J. Classifying patents based on their semantic content ［R］. Plos One, 2017, 12 (4): 1 – 42.

［251］ Bergh Donald D, Brian L Connelly, David J Ketchen Jr, Lu M Shannon. Signalling theory and equilibrium in strategic management research: An assessment and a research agenda ［J］. Journal of Mangemet Studies, 2014, 51 (8): 1334 – 1360.

［252］ Bernanke B S, Gertler M, and Gilchrist S. Chapter 21 The financial accelerator in a quantitative business cycle framework ［A］. Handbook of Macroeconomics, 1999: 1341 – 1393.

［253］ Bloom N, Bond S, Reenen J V. Uncertainty and investment dynamics ［J］. Review of Economic Studies, 2007, 74 (2): 391 – 415.

［254］ Bloom N, John V R, and Heidi W. A toolkit of policies topromote innovation ［J］. Journal of Economic Perspectives, 2019, 33 (3): 163 – 184.

［255］ Branzei O, Ursacki-Bryant T J, Vertinsky I and Zhang W. The transformation of green strategies in Chinese firms: Matching corporate environmental responses and individual principles ［J］. Strategic Management Journal, 2004, 25: 1075 – 1095.

［256］ Brian C L. Robert E H, Laszlo T and Samuel C. Ownership as a form of corporate governance ［J］. Journal of Management Studies, 2010, 47 (8): 1561 – 1589.

［257］ Brixi, Hana Polackova, Schick, Allen. Government at risk: Contingent liabilities and fiscal risk ［R］. World Bank Publications, 2002: 232.

［258］ Bronzini R, Piselli P. The impact of R&D subsidies on firm innovation ［J］. Research Policy, 2016, 45 (2): 442 – 457.

［259］ Cai J, Y Chen, X Wang. The impact of corporate taxes on firm innovation: Evidence from the corporate tax collection reform in China ［C］. NBER Working Paper, 2018, No. 25146.

［260］ Campello M, Larrain M. Enlarging the contracting space: Collateral menus, access to credit and economic activity ［J］. The Review of Financial Studies, 2016, 29 （2）: 349－383.

［261］ Carbonnier C. Who pays sales taxes? Evidence from French VAT reforms: 1987－1999 ［J］. Journal of Public Economics, 2007, 91 （5）: 1219－1229.

［262］ Chamley C. Optimal taxation of capital income in general equilibrium with infinite lives ［J］. Econometrica, 1986, 54 （3）: 607－622.

［263］ Charles W Calomiris, and Carlos D Ramirez. The role of financial relationships in the history of American corporate finance ［J］. Journal of Applied Corporate Finance, 1996, 9: 52－74.

［264］ Chava S, Oettl A, Subramanian A, et al. Banking deregulation and innovation ［J］. Journal of Financial Economics, 2013, 109 （3）: 759－774.

［265］ Chen S X. The effect of a fiscal squeeze on tax enforcement: Evidence from a natural experiment in China ［J］. Journal of Public Economics, 2017, 147: 62－76.

［266］ Coles J L, Daniel N D, Naveen L. Managerial incentives and risk-taking ［J］. Journal of Financial Economics, 2005, 79 （2）: 431－468.

［267］ Cornaggia J, Mao Y, Tian X, and Wolfe B. Does banking competition affect innovation? ［J］. Journal of Financial Economics, 2015, 115 （1）: 189－209.

［268］ Czarnitzki D, Hanel P, Rosa J M. Evaluating the impact of R&D tax credits on innovation: A micro-econometric study on Canadian firms ［J］. Research Policy, 2011 （2）: 217－221.

［269］ Diamond Peter A and Mirrlees James A. Optimal taxation and public production II: Tax rules ［J］. American Economic Review, 1971, 61 （3）:

261 – 339.

[270] Dickinson V. Cash flow patterns as a proxy for firm life cycle [J]. The Accounting Review, 2011, 86: 1964 – 1994.

[271] Dixit A K, Pindyck R S. Investment under uncertainty [M]. Princeton, NJ: Princeton University Press, 1994.

[272] Edwards A S, Schwab C M, Shevlin T. Financial constraints and cash tax savings [J]. The Accounting Review, 2015, 91 (3): 859 – 881.

[273] Farmer R E. Animal spirits, persistent unemployment and the belief function [C]. NBER Working Paper No. 16522, 2010.

[274] Fazzari S M, and M J Athey. Asymmetric information, financing constraints, and investment [J]. The Review of Economics and Statistics, 1987 (3): 481 – 487.

[275] Francis J R, Pinnuck M, and Watanabe O. Auditor style and financial statement comparability [J]. The Accounting Revies, 2014, 89 (2): 605 – 633.

[276] Gale W and P Orszag. Budget deficits, national saving, and interest rates [R]. Brookings Papers on Economic Activity, 2004 (2): 101 – 187.

[277] Giesecke J A and Nhi T H. Modelling value-added tax in the presence of multi production and differentiated exemptions [J]. Journal of Asian Economics, 2010, 21 (2): 156 – 173.

[278] Goggin Malcolm L. Implementation theory and practice: Toward a third generation [M]. Scott, Foresman/Little Brown Higher, 1990.

[279] Greiner L E. Evolution and revolution as organizations grow [J]. Harvard Business Review, 1998, 76 (3): 55 – 68.

[280] Gulen H, and Ion M. Policy uncertainty and corporate investment [J]. Review of Financial Studies, 2016, 29 (3): 523 – 564.

[281] Gustavo M C. Motivating innovation [J]. Journal of Finance, 2011 (66): 1823 – 1860.

[282] Haire M. Biological models and empirical history of the growth of

organizations： Modern organizational theory ［M］. New York： John Wiley and Sons，1959.

［283］ Hall B H，P Moncada-paternò-castello，S Montresor，and A Vezzani. Financing constraints，R&D investments and innovative performances： New empirical evidence at the firm level for Europe ［J］. Economics of Innovation & New Technology，2016，25（3）：1 – 14.

［284］ Harrison S G，Weder M. Did sunspot forces cause the great depression? ［J］. Journal of Monetary Economics，2006，53（7）：1327 – 1339.

［285］ Hayward M L A，Shepherd D A，Griffin D W. A hubris theory of entrepreneurship ［J］. Management Science，2006，52（2）：160 – 172.

［286］ Heath C and Tversky A. Preference and belief： Ambiguity and competence in choice under uncertainty ［J］. Journal of Risk and Uncertainty，1991（4）：5 – 28.

［287］ Heckman J J. Sample selection bias as a specification error ［J］. Econometrica，1979，47（1）：153 – 161.

［288］ Hopenhayn H A. Firm microstructure and aggregate productivity ［J］. Journal of Money，Credit and Banking，2011，43（5）：111 – 145.

［289］ Howell Robert J. Perception from the first-person perspective ［J］. Philosophy，March 2016，24（1）：187 – 213.

［290］ Hsu P H，Tian X，Xu Y. Financial development and innovation： Cross-country evidence ［J］. Journal of Financial Economics ，2014，112（1）：116 – 135.

［291］ Ilmolaa Leena，Osmo Kuusi. Filters of weak signals hinder foresight： Monitoring weak signals efficiently in corporate decision-making ［J］. Futures，2006，38（8）：908 – 924.

［292］ John K，Litov L and Yeung B. Corporate governance and risk-taking ［J］. The Journal of Finance，2008，63（4）：1679 – 1728.

［293］ Kester George W. Market timing asset-mixed decisions： An empirical study ［J］. The Financial Revies，1984，19（3）：80 – 160.

[294] Laffer A. The Laffer curve: Past, present and future [R]. The Heritage Foundation, 2004, No. 1765.

[295] Lee C Y. The differential effects of public R&D support on firm R&D: Theory and evidence from multi-country data [J]. Technovation, 2011, 31 (5/6): 256 – 269.

[296] Li H, Zhou L. Political turnover and economic performance: The incentive role of personnel control in China [J]. Journal of Public Economics, 2005, 89 (9 – 10): 1743 – 1762.

[297] Manzon Gil B, W R Smith. The effect of the economic recovery Tax Act of 1981 and the Tax Reform Act of 1986 on the distribution of effective tax rates [J]. Journal of Accounting and Public Policy, 1994, 13 (4): 349 – 362.

[298] McNamara R K, Sullivan J, Richtand N M. Omega-3 fatty acid deficiency augments amphetamine-induced behavioral sensitization in adult mice: Prevention by chronic lithium treatment [J]. Psychiatr Research, 2008, 42 (6): 458 – 526.

[299] Medina L, Schneider E F . Shadow economies around the world: New results for 158 countries over 1991 – 2015 [C]. CESifo Working Paper Series, 2017 (7).

[300] Mirrlees J A. An exploration in the theory of optimum income taxation [J]. The Review of Economic Studies, 1971, 38 (2): 175 – 208.

[301] Mirrlees J A. Optimal taxation and government finance [M]. Harvard University Press, 1994.

[302] Modigliani F and Miller M H. Corporate income taxes and the cost of capital: A correction [J]. American Economic Review, 1963, 53: 433 – 443.

[303] Musgrave R A. The theory of public finance: A study in public economy [M]. McGraw-Hill, New York, 1959.

[304] Myers S C. Determinants of corporate borrowing [J]. Journal of

Financial Economics, November 1977, 5 (2): 147 - 175.

[305] Myers S, Majluf N. Corporate investment and financing decisions when firms have information that investors do not have [J]. Journal of Financial Economics, 1984, 13 (1): 187 - 221.

[306] Myles G D. Public economics [M]. Cambridge, UK: Cambridge University Press. 1995: 97 - 412.

[307] Nanda R, Nicholas T. Did bank distress stifle innovation during the Great Depression? [J]. Journal of Financial Economics, 2014, 114 (2): 273 - 292.

[308] Neary J P. Pitfalls in the theory of international trade policy: Concertina reforms of tariffs, and subsidies to high-technology industries [J]. The Scandinavian Journal of Economics, 1998, 100 (1): 210 - 212.

[309] Opler T, Pinkowitz L Stulz, R and Williamson R. The determinants and implications of corporate cash holdings [J]. Journal of Financial Economics, 1999, 52 (1): 3 - 46.

[310] Pastor L, Veronesi P. Political uncertainty and risk premia [J]. Journal of Financial Economics, 2013 (110): 520 - 545.

[311] Pigou A C, M A. A study in public finance [M]. Macmillan & Co, Ltd, 1928: xvii, 323.

[312] Preacher K J and Hayes A F. Asymptotic and resampling strategies for assessing and comparing indirect effects in multiple mediator models [J]. Behavior Research Methods, 2008, 40 (3): 879 - 891.

[313] Ramsey F P. A contribution to the theory of taxation [J]. Economic Journal, 1927, 37 (3): 47 - 61.

[314] Raphael A Espinoza, Ananthakrishnan Prasad. Nonperforming loans in the GCC banking system and their macroeconomic effects [R]. IMF Working Papers, 2010, 10 (224).

[315] Rego S O and Wilson R. Equity risk incentives and corporate tax aggressiveness [J]. Journal of Accounting Research, 2012, 50 (3): 775 -

810.

[316] Rein M and Rabinovitz F. Implementation: A throretical perspective [M]. Cambridge, MA: Massachusette Institute of Technology Press, 1978.

[317] Rosen H S, Gayer T. Public finance [M]. New York: McGraw-Hill Higher Education, 2010: 252 – 262.

[318] Sabatier P and Mazmanian D. The Implementation of public policy: A framework of analysis [J]. Policy Studies Journal, 1980, 8 (4): 538 – 560.

[319] Sandmo Agnar. Optimal taxation: An introduction to the literature [J]. Journal of Public Economics, 1976, 6 (1 – 2): 37 – 54.

[320] Schwartz E. Patents and R&D as real options [C]. NBER Working Paper 2003, No. 10114.

[321] Shevlin T and Porter S. The corporate tax comeback in 1987: Some further evidence [J]. Journal of the American Taxation Association, 1992, 14 (1): 58 – 79.

[322] Siegfried J. Effective average U. S. corporation income tax rates [J]. National Tax Journal, 1974, 27: 245 – 259.

[323] Sliwka D. Trust as a signal of a social norm and the hidden costs of incentive schemes [J]. American Economic Revies, 2007, 97 (3): 999 – 1012.

[324] Spence M. Competitive and optimal responses to signals: An analysis of efficiency and distribution [J]. Journal of Economic Theory, 1974, 7 (3): 296 – 332.

[325] Stern David P. Representation of magnetic fields in space [J]. Reviews of Geophysics, 1976, 14 (2): 199 – 214.

[326] Stickney C P and McGee V E. Effective corporate tax rates: The effect of size, capital intensity, leverage and other factors [J]. Journal of Accounting and Public Policy, 1982 (1): 125 – 152.

［327］Timothy M Osberg and J Sidney Shrauger. Self-prediction：Exploring the parameters of accuracy ［J］. Journal of Personality and Social Psychology, 1986, 51 (5)：1044 – 1057.

［328］Van Horn C E, D S Van Meter. Policy implementation process：A conceptual framework ［M］. Administration and Society, 1975 (6)：445.

［329］Weisbach M S, Almeida H and Campello M. The cash flows sensitivity of cash ［J］. Journal of Finance, 2004, 59 (4)：1777 – 1804.

后　记

　　经过三年多的酝酿、构思、写作、斟酌、修改、完善、补充等繁琐的流程，本书总算被圆满地画上了句号。合上书稿，感慨万千，既像万里征程踏出了关键一步，又像茫茫书海中找到了一个自己兴趣盎然的研究方向。这其中的酸甜苦辣只有经历了才有所感悟。固然，自己的努力与辛苦劳作是书稿顺利完成的基础，但更重要的是来自各方的支持与帮助，这些支持与帮助就像雪中送炭，让我倍感温暖，激励着我不断前行。

　　首先，要感谢的是国家社会科学基金委员会的资助。正是因为国家社会科学基金项目的立项，促使我不断探究政府减税降费政策的议题，深挖政策作用于企业微观经济主体的各种后果。既加深了自己以前关于企业创新投资的研究内容，又开拓了新的视角，即从政府的视角研究政策经济后果。研究过程不仅夯实了理论功底，还学到了诸多的方法论技能。无疑地，这种鞭策与激励是我科研道路上一束明亮的灯光，让我备受鼓舞，踔厉奋发，砥砺前行。

　　其次，要感谢学校提供的平台以及学校、学院科研部门同事辛苦、无私的支持和帮助。为了鼓励老师们在科研道路上不断前进，学校出台了多项激励政策，聘请专家指导老师们申报各类基金、哲社科项目等，在整个校园兴起了科研风，激发了老师们的斗志，丰富了校园文化。学校与学院科研部门的同事们也兢兢业业，不辞劳苦地提醒老师们项目申报的时间进度、格式规范等多种注意事项，为老师们的科研工作添砖加瓦。在此，特别感谢李琳老师在寒假期间细致、到位、热心、无私的指导与帮助。

　　再次，要感谢我的同事与学生。其中，邱保印博士在论文的写作、修改、投稿等方面提供了诸多的宝贵建议，邱博士具有扎实的理论功底、独到的研究视野、强劲的方法论运用，是位兢兢业业的科研人。感谢邱博士无私的支持和帮助。感谢我的硕士生庄安艺同学，她在数据的收集、整理方面做了大量工作，庄同学思维敏捷，学习能力与动手能力较强，能够理论联系实际，擅于捕捉研究问题，是科研道路上不可多得的好帮手。此外，感谢硕士生许迎春、龚丽华、张玥、朱心悦、王俞滢、张艺馨、刘可馨等在手工数据收集与整理方面的辛苦工作。

最后，感谢我的家人，家始终是温暖的港湾。丈夫惠丰廷和儿子惠思理的支持是我完成书稿的底气，也是我科研道路上的陪伴者。他们无言的理解、支持、宽容和包容是我职业生涯中不可或缺的组成部分，我的任何点滴进步、成就都与他们息息相关。借此机会，真诚地说一声：感恩有你们同在，感谢有你们陪伴！

吕久琴

2024 年 8 月于浙江杭州小和山高教园区